JN493770

현장중심

항공객실서비스 업무 기본

수정판

Cengage

***Basic Theory of Cabin Service*, Revised Edition**

Park Soo Jin

ISBN-13: 978-89-6218-582-9

Cengage Learning Korea Ltd.
14F YTN Newsquare 76 Sangamsan-ro
Mapo-gu Seoul 03926 Korea

photo credit
cover © SERGII IAREMENKO/SCIENCE PHOTO LIBRARY via Getty Images

Printed in Korea
Print Number: 01 Print Year: 2025

Basic Theory of Cabin Service

현장중심

항공객실서비스 업무 기본

수정판

박수진 지음

Cengage

Australia • Brazil • Canada • Mexico • Singapore • United Kingdom • United States

현장중심
항공객실서비스 업무 기본 수정판

초판 1쇄 발행 | 2023년 3월 13일
수정판 1쇄 발행 | 2025년 3월 7일

지은이 | 박수진
발행인 | 리리안후아, 탄록민
편집기획 | 김민정
발행처 | 센게이지러닝코리아㈜
등록번호 | 제313-2007-000074호(2007.3.19.)
주 소 | 서울시 마포구 상암산로 76 YTN 뉴스퀘어 14층
이메일 | asia.infokorea@cengage.com
홈페이지 | www.cengage.co.kr

ISBN-13 | 978-89-6218-582-9

정가 25,000원

머리말

4차 산업혁명에 발맞춰 항공 산업은 외형과 질적인 면에서 비약적으로 성장하고 있다. 이처럼 급변하는 환경 속에서 항공사들이 다양한 노력을 기울이는 가운데 자사만의 차별화된 서비스가 부각되는 오늘날, 객실승무원의 인적 서비스가 항공사의 운명을 좌우한다고 해도 과언이 아니다. 따라서 모든 항공사는 인적 서비스를 강화하기 위해 끊임없이 연구·개발하고 있다.

한편 교육 현장에서는 산업 현장의 직무를 수행하는 데 필요한 지식, 기술, 태도를 국가적 차원에서 표준화한 NCS(National Competency Standards)의 모듈을 익히고 능력을 갖춘 인재를 키우기 위해 노력하고 있다. 이에 '현장 중심'의 교육이 확대될 수 있도록 항공 산업 및 교육 현실을 반영하여 이 책을 펴내게 되었다.

이 책은 최근 항공사의 객실 업무와 NCS의 능력 단위인 항공 서비스 기본 업무의 모듈을 바탕으로 객실 서비스의 기본 개념과 전반적인 내용을 쉽게 파악할 수 있도록 구성했다.

첫째, 항공 객실 서비스 관련 전공 학생뿐만 아니라 항공 객실 서비스에 관심을 가진 일반인도 내용을 쉽게 이해할 수 있도록 현장감 있는 실물 사진 자료를 다수 실었다. 둘째, 항공 객실 서비스는 물론이고 항공 여객 운송 산업 전반에 걸친 내용을 포함하여 항공 여객 운송 산업의 이해를 도모했다. 셋째, 항공사 취업을 준비하는 예비 객실승무원이 면접 자료로 활용할 수 있는 항공 상식을 담고 있다. 이 책이 항공 객실승무직에 대한 이해를 향상하고, 객실승무원이 되기 위해 도전하는 이들이 그 꿈을 실현하는 데 도움이 되길 바란다.

끝으로, 학생들의 니즈를 수렴하고 현장감 있는 사진 자료를 만드는 데 기꺼이 참여해준 인하공업전문대학 항공운항과 학생들에게 고마움을 전한다. 학생들과 함께할 수 있어 뜻 깊은 시간이었다. 또한 자료를 제공하고 내용을 감수해준 현장 승무원들과 선생님들에게 깊이 감사드리며, 책이 나오기까지 물심양면으로 지원해준 센게이지 관계자분들에게도 감사 인사를 전한다.

2025년 2월

박수진

NCS 들어가기

1. 국가직무능력표준의 개념

국가직무능력표준(National Competency Standards, NCS)은 산업 현장에서 직무를 수행하는 데 필요한 지식, 기술, 소양 등을 국가가 산업 부문별, 수준별로 체계화하여 국가적 차원에서 표준화한 것이다.

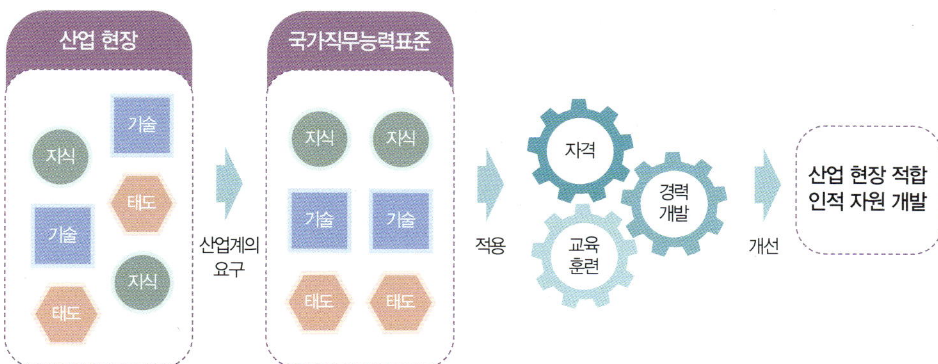

2. 국가직무능력표준의 구성

- 직무는 국가직무능력표준 분류 체계의 세분류를 의미하며, 원칙상 세분류 단위에서 표준이 개발된다.
- 능력 단위는 국가직무능력표준 분류 체계상 세분류의 하위 단위로서 국가직무능력표준의 기본 구성 요소에 해당한다.

※ 능력 단위는 능력 단위 분류 번호, 능력 단위 명칭, 능력 단위 정의, 능력 단위 요소(수행 준거, 지식·기술·태도), 적용 범위 및 작업 상황, 평가 지침, 직업 기초 능력으로 구성됨

구성 항목	내용
능력 단위 분류 번호(competency unit code)	• 능력 단위를 구분하기 위해 부여하는 일련번호로서 열두 자리로 표현
능력 단위 명칭(competency unit title)	• 능력 단위의 명칭을 기입한 것
능력 단위 정의(competency unit description)	• 능력 단위의 목적, 업무 수행 및 활용 범위를 개략적으로 기술
능력 단위 요소(competency unit element)	• 능력 단위를 구성하는 중요한 핵심 하위 능력을 기술
수행 준거(performance criteria)	• 능력 단위 요소별로 성취 여부를 판단하기 위해 개인이 도달해야 하는 수행의 기준을 제시
지식·기술·태도(KSA)	• 능력 단위 요소를 수행하는 데 필요한 지식·기술·태도
적용 범위 및 작업 상황(range of variable)	• 능력 단위를 수행하는 데 관련되는 범위와 물리적 혹은 환경적 조건 • 능력 단위를 수행하는 데 관련되는 자료, 서류, 장비, 도구, 재료
평가 지침(guide of assessment)	• 능력 단위의 성취 여부를 평가하는 방법과 평가 시 고려해야 할 사항
직업 기초 능력(key competency)	• 능력 단위별로 업무 수행을 위해 기본적으로 갖추어야 할 직업 능력

3. 국가직무능력표준의 수준 체계

수준	직무 수준 정의
8수준	해당 분야의 최고도 이론 및 지식을 활용하여 새로운 이론을 창조하고, 최고도의 숙련으로 광범위한 기술적 작업을 수행할 수 있으며, 조직 및 업무 전반에 대한 권한과 책임이 부여된 수준
	[지식 기술] • 해당 분야에 대한 최고도의 이론 및 지식을 활용하여 새로운 이론을 창조할 수 있는 수준 • 최고도의 숙련으로 광범위한 기술적 작업을 수행할 수 있는 수준
	[역량] • 조직 및 업무 전반에 대한 권한과 책임이 부여된 수준
	[경력] • 7수준에서 2~4년 정도의 계속 업무 후 도달 가능한 수준
7수준	해당 분야의 전문화된 이론 및 지식을 활용하여 고도의 숙련으로 광범위한 작업을 수행할 수 있으며, 타인의 결과에 대해 의무와 책임이 필요한 수준
	[지식 기술] • 해당 분야의 전문화된 이론 및 지식을 활용할 수 있고, 근접 분야의 이론 및 지식을 사용할 수 있는 수준 • 고도의 숙련으로 광범위한 작업을 수행하는 수준
	[역량] • 타인의 결과에 대해 의무와 책임이 필요한 수준
	[경력] • 6수준에서 2~4년 정도의 계속 업무 후 도달 가능한 수준
6수준	독립적인 권한 내에서 해당 분야의 이론 및 지식을 자유롭게 활용하고, 일반적인 숙련으로 다양한 과업을 수행하며, 타인에게 해당 분야의 지식 및 노하우를 전달할 수 있는 수준
	[지식 기술] • 해당 분야의 이론 및 지식을 자유롭게 활용할 수 있는 수준 • 일반적인 숙련으로 다양한 과업을 수행할 수 있는 수준
	[역량] • 타인에게 해당 분야의 지식 및 노하우를 전달할 수 있는 수준 • 독립적인 권한 내에서 과업을 수행할 수 있는 수준
	[경력] • 5수준에서 1~3년 정도의 계속 업무 후 도달 가능한 수준
5수준	포괄적인 권한 내에서 해당 분야의 이론 및 지식을 사용하여 매우 복잡하고 비일상적인 과업을 수행하고, 타인에게 해당 분야의 지식을 전달할 수 있는 수준
	[지식 기술] • 해당 분야의 이론 및 지식을 사용할 수 있는 수준 • 매우 복잡하고 비일상적인 과업을 수행할 수 있는 수준
	[역량] • 타인에게 해당 분야의 지식을 전달할 수 있는 수준 • 포괄적인 권한 내에서 과업을 수행할 수 있는 수준

수준	직무 수준 정의
5수준	[경력] • 4수준에서 1~3년 정도의 계속 업무 후 도달 가능한 수준
4수준	일반적인 권한 내에서 해당 분야의 이론 및 지식을 제한적으로 사용하여 복잡하고 다양한 과업을 수행할 수 있는 수준
	[지식 기술] • 해당 분야의 이론 및 지식을 제한적으로 사용할 수 있는 수준 • 복잡하고 다양한 과업을 수행할 수 있는 수준
	[역량] • 일반적인 권한 내에서 과업을 수행할 수 있는 수준
	[경력] • 3수준에서 1~3년 정도의 계속 업무 후 도달 가능한 수준
3수준	제한된 권한 내에서 해당 분야의 기초 이론 및 일반 지식을 사용하여 다소 복잡한 과업을 수행할 수 있는 수준
	[지식 기술] • 해당 분야의 기초 이론 및 일반 지식을 사용할 수 있는 수준 • 다소 복잡한 과업을 수행할 수 있는 수준
	[역량] • 제한된 권한 내에서 과업을 수행할 수 있는 수준
	[경력] • 2수준에서 1~3년 정도의 계속 업무 후 도달 가능한 수준
2수준	일반적인 지시 및 감독하에 해당 분야의 일반 지식을 사용하여 절차화되고 일상적인 과업을 수행할 수 있는 수준
	[지식 기술] • 해당 분야의 일반 지식을 사용할 수 있는 수준 • 절차화되고 일상적인 과업을 수행할 수 있는 수준
	[역량] • 일반적인 지시 및 감독하에 과업을 수행할 수 있는 수준
	[경력] • 1수준에서 6~12개월 정도의 계속 업무 후 도달 가능한 수준
1수준	구체적인 지시 및 철저한 감독하에 문자 이해, 계산 능력 등 기초적인 일반 지식을 사용하여 단순하고 반복적인 과업을 수행할 수 있는 수준
	[지식 기술] • 문자 이해, 계산 능력 등 기초적인 일반 지식을 사용할 수 있는 수준 • 단순하고 반복적인 과업을 수행할 수 있는 수준
	[역량] • 구체적인 지시 및 철저한 감독하에 과업을 수행할 수 있는 수준

NCS 항공 객실 서비스 직무 살펴보기

1. NCS 항공 객실 서비스 직무의 정의

항공 객실 서비스란 객실 안전 관리, 승객 탑승 전 준비, 승객 탑승 서비스, 이륙 전 서비스, 비행 중 서비스, 착륙 전 서비스, 착륙 후 서비스, 승객 하기 후 관리, 응급 환자 대처, 객실 승무 관리를 하는 일이다.

2. NCS 항공 객실 서비스 직무의 분류 체계

대분류	중분류	소분류	세분류
12. 이용·숙박·여행·오락·스포츠	03. 관광·레저	01. 여행 서비스	01. 여행상품 개발 02. 여행상품 상담 03. 국내여행 안내 04. 해외여행 안내 05. 항공 객실 서비스

3. NCS 항공 객실 서비스 직무의 훈련 이수 체계도

수준		여행상품 개발	여행상품 상담	국내여행 안내	해외여행 안내	항공 객실 서비스
5수준	고급	여행상품 시장 조사 여행상품 상품성 검토 여행상품 샘플 구성 여행상품 샘플 투어 여행상품 자원 관리 여행상품 출시 여행상품 관리 여행상품 교육 훈련 여행상품 STP 전략 여행상품 마케팅 믹스	여행상품 상담 교육			
4수준	중급	여행상품 원가 분석	상품 설명 여행 요금 상담 교통편 예약 여행상품 계약 여행 고객 관리 교통편 발권 지상 수배 여행 서류 확인			객실 승무 관리
3수준	초급		고객 응대 상품 추천 상품 설명 자료 작성 상담 고객 관리	국내여행 안내 행사 준비 영접(meeting) 교통편 탑승 후 오리엔테이션 관광 자원 해설 국내여행 안내 행사 진행 국내여행 안내 시 안전 관리 국내여행 고객 만족 관리 환송(sending) 국내여행 안내 정산·보고	국외여행 안내 행사 확정 확인 국외여행 안내 사전 정보 확인 기내 업무 입국 업무 국외여행 행사 관리 국외여행 시 안전 관리 국외여행 고객 만족 관리 국외여행 정산·보고 출국 업무	기내 안전 관리 승객 탑승 전 준비 승객 탑승 및 이륙 전 서비스 비행 중 서비스 착륙 전 서비스 착륙 후 서비스 승객 하기 후 관리 응급 환자 대처 항공 기내 방송 업무 고객 만족 서비스
2수준		여행상품 시장 조사 지원 여행상품 원가 조사 여행상품 교육 훈련 지원	여행상품 상담 교육 지원 교통편 조회 여행 서류 확인 지원	국내여행 안내 행사 지시서 확인 영접(meeting) 지원 환송(sending) 지원	국외여행 안내 행사 정보 파악 국외여행 안내 사전 정보 지원 출국장 업무	기내 음료 서비스 항공 서비스 업무 기본 항공 서비스 매너
–		직업 기초 능력				
수준 / 직종		여행상품 개발	여행상품 상담	국내여행 안내	해외여행 안내	항공 객실 서비스

4. NCS 항공 객실 서비스 직무의 능력 단위 및 능력 단위 요소

분류 번호	능력 단위	수준	능력 단위 요소
1203010501_15v2	기내 안전 관리	3	승객 탑승 전 안전·보안 점검하기
			항공기 이착륙 전 안전·보안 관리하기
			비행 중 안전·보안 관리하기
			착륙 후 안전·보안 점검 관리하기
			비상사태 발생 시 대응하기
			상황별 안전 안내 방송하기
1203010502_13v1	승객 탑승 전 준비	3	기내 서비스 용품 점검하기
			서비스 설비 및 기물 점검하기
			특별 서비스 요청 사항 점검하기
1203010503_16v2	승객 탑승 및 이륙 전 서비스	3	탑승 위치 대기하기
			탑승권 재확인하기
			좌석 안내하기
			수하물 정리 지원하기
			특수 고객 지원하기
			탑승 환영 안내 방송하기
1203010504_13v1	비행 중 서비스	3	기내 음료 제공하기
			기내식 제공하기
			기내 오락물 제공하기
			면세품 판매하기
			객실 상태 점검하기
1203010505_16v2	착륙 전 서비스	3	입국 서류 배포 및 작성 지원하기
			기내 용품 회수하기
			기내 서비스 용품 및 면세품 재고 확인하기
			목적지 도착 안내 방송하기
1203010506_16v2	착륙 후 서비스	3	도착 안내 방송하기
			승객 하기 지원하기
			특수 고객 지원하기

분류 번호	능력 단위	수준	능력 단위 요소
1203010507_13v1	승객 하기 후 관리	3	유실물 점검하기
			잔류 승객 점검하기
			기내 설비 점검하기
			기내 용품 인수·인계하기
1203010508_13v1	응급 환자 대처	3	응급 환자 발생 상황 파악·보고하기
			응급 환자 초기 대응하기
			응급 환자 후속 관리하기
			환자 대처 상황 기록하기
1203010509_16v2	객실승무 관리	4	객실승무원별 근무 배정하기
			운항·객실 간 정보 공유하기
			불만 승객 대처하기
			출·도착 서류 작성·관리하기
			객실 서비스 관리하기
1203010510_16v1	기내 음료 서비스	2	기내 음료 파악하기
			기내 음료 제공하기
1203010511_16v1	항공 서비스 업무 기본	2	항공 서비스 관련 서류 확인하기
			항공 여객 정보 확인하기
1203010512_16v1	항공 기내 방송 업무	3	항공 기내 방송 준비하기
			정상적 상황 방송하기
			비정상적 상황 방송하기
			비상 상황 방송하기
1203010513_16v1	고객 만족 서비스	3	서비스 마인드 함양하기
			이미지 메이킹하기
			불만 고객 대처하기
1203010514_16v1	항공 서비스 매너	2	기본 매너 갖추기
			항공 서비스 매너 관리하기

출처: NCS 홈페이지(http://www.ncs.go.kr)

항공 객실 서비스 직무의 능력 단위별 세부 내용

항공 서비스 업무 기본

분류 번호: 1203010511_16v1

능력 단위 명칭: 항공 서비스 업무 기본

능력 단위 정의: 항공 서비스 업무 기본이란 항공 서비스 관련 서류를 확인하고 항공 여객 정보를 확인하는 능력이다.

능력 단위 요소	수행 준거
1203010511_16v1.1 항공 서비스 관련 서류 확인하기	1.1 객실 서비스 규정에 따라 담당 구역별 도착지 입국에 필요한 서류를 배포할 수 있다. 1.2 객실 서비스 규정에 따라 도착지 국가의 출입국 규정을 숙지하여 승객에게 정확히 안내할 수 있다. 1.3 객실 서비스 규정에 따라 도착 전 입국에 필요한 서류의 작성 여부를 점검하고 조치할 수 있다. 1.4 객실 서비스 규정에 따라 특수 고객에게 필요한 서류 작성에 협조할 수 있다.
	[지식] • 객실 서비스 규정 이해 • 국가별 출입국 규정에 대한 지식 • 국가별 입국 서류 작성법에 대한 지식 • 고객 특성
	[기술] • 국가별 출입국 서류 작성 기술 • 외국어 능력 • 문서 작성 기술

능력 단위 요소	수행 준거
1203010511_16v1.1 항공 서비스 관련 서류 확인하기	**[태도]** • 고객 지향적인 태도 • 관련 규정 사항 준수 • 적극적인 태도 • 친절한 자세 • 정확성 유지
1203010511_16v1.2 항공 여객 정보 확인하기	2.1 고객의 요구에 따라 항공편 예약 스케줄을 파악할 수 있다. 2.2 항공편 운임에 따라 예약 등급을 파악할 수 있다. 2.3 항공 여객 조건에 따라 항공편을 파악할 수 있다.
	[지식] • 항공편별 이동 스케줄 • 항공편별 운임 체계 • 항공편 예약 등급
	[기술] • 항공 예약 시스템(CRS/GDS) 활용 능력 • 항공 예약 용어 실무 능력 • 항공 여객 운임 분석 능력
	[태도] • 정확하고 세심한 업무 처리 태도 • 항공 여객 관련 규정 준수

차례

CHAPTER 02 유관 부서 및 공항 서비스

CHAPTER 03 항공기 객실승무원 관련 규정

CHAPTER 04 항공기 객실 서비스의 내용 및 용품

CHAPTER 05 항공기 객실승무원의 업무 절차

CHAPTER 06 항공 여객 운송 업무

CHAPTER

01

항공기의 종류와 구조

1. 항공기의 종류
2. 항공기의 외부 구조
3. 항공기의 내부 구조
4. 항공기 객실 시스템
5. 객실 등급

01 항공기의 종류

1) 제작사에 따른 분류

항공기는 객실 서비스에서 가장 기본이 되는 시설 요소이다. 전 세계의 민간 항공사는 대부분 미국의 보잉(Boeing)과 유럽의 컨소시엄 회사인 에어버스(Airbus)가 제작한 항공기를 도입하고 있다.

민간 항공사는 자사의 정책에 따라 보잉과 에어버스의 기종을 선택한다. 이러한 항공기의 제원이나 성능상의 차이는 거의 없으며, 내부 인테리어와 좌석 배치 등을 달리하여 운영하고 있다. 또한 자사의 이미지를 담은 고유한 디자인으로 항공기의 외장과 객실을 디자인하는데, 이는 항공사 CIP(corporate identity program)의 일환으로서 고객에게 기업의 이미지를 각인하고 관심을 유발하는 중요한 요소이기도 하다.

대한항공(Korean Air)은 창립 15주년을 맞이한 1984년에 새로운 경영 체제를 구축하고, 제2의 도약을 상징하는 새로운 이미지를 심기 위해 상징 마크를 비롯해 항공기의 외장을 지금의 모습으로 바꾸었다. 현재 대한항공의 상징 마크는 국적기로서의 이미지를 강렬하게 부각하기 위해 음양 원리를 담은 태극 문양을 응용한 것이다. 또한 외장의 기조색인 담청색은 무궁한 미래와 창공을 상징하며, 기조색을 받치는 중앙부의 은백 선은 항공기 하부 동체의 백색과 더불어 무궁한 발

Senohrabek/Shutterstock.com

B747

Rebius/Shutterstock.com

B747-8i

Senohrabek/Shutterstock.com

B777

Markus Mainka/Shutterstock.com

B737

Santiparp Wattanaporn/Shutterstock.com

A380

G Tipene/Shutterstock.com

A330

여객기의 종류

▶▶ 우리나라에서 운항 중인 여객기의 종류

제작사	중·대형기(wide body)	소형기(narrow body)
보잉	B787, B777, B767, B747	B737
에어버스	A380, A350, A330	A321, A320, A220

▶ 우리나라 항공사가 보유한 여객기

항공사	여객기	총 보유 대수
대한항공	B787, B777, B747, B737, A380, A330, A321, A220	165
아시아나항공	B777, B767, B747, A380, A350, A330, A321	80
진에어	B777, B737	31
제주항공	B737	42
티웨이항공	B737, A330	37
에어부산	A321, A320	21
에어서울	A321	6
에어로케이	A320	6
에어프레미아	B787	5
이스타항공	B737	15

출처: ATIS 항공기술정보시스템(http://atis.koca.go.kr), 2025년 2월 기준

전과 실현의 의지를 상징한다.

1988년 창립한 아시아나항공(Asiana Airlines)은 후발 항공사로서 기존 항공사와 경쟁하기 위해 장기적인 경영 전략의 일환으로 창업 초기부터 CIP를 도입했다. 한국의 전통미와 서정성을 강조한 '색동 여인 환영상'과 함께 항공기 수직 꼬리 날개의 색동 줄무늬는 우리 고유의 친절성을 내포하고 있다.

2) 크기에 따른 분류

(1) 중·대형기

대형기에는 좌우에 비상구(exit door)가 8~16개 있다. 객실 구역은 메인덱(main deck)과 어퍼덱(upper deck, A380과 B747의 경우)으로 구분되며, 다시 각 구역은 앞쪽에서부터 A, B, C, D, E(M/D)와 U, V, W(U/D) 등의 존(zone)으로 구분된다.

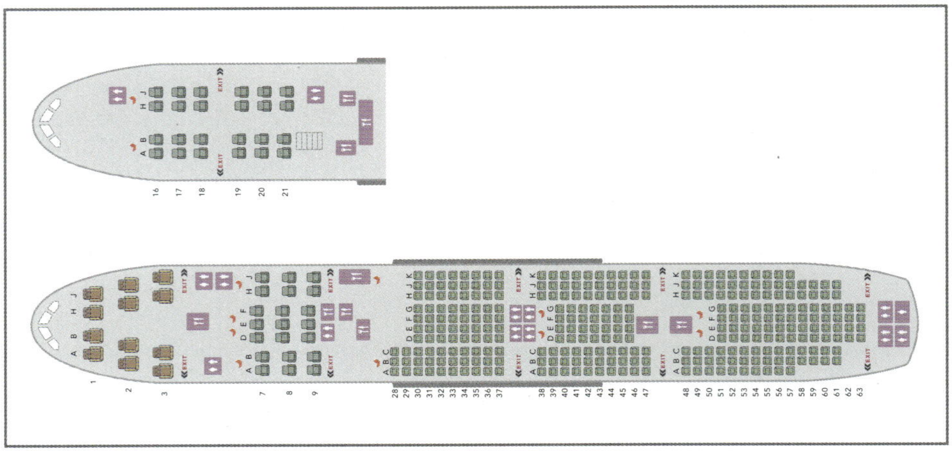

B747-400

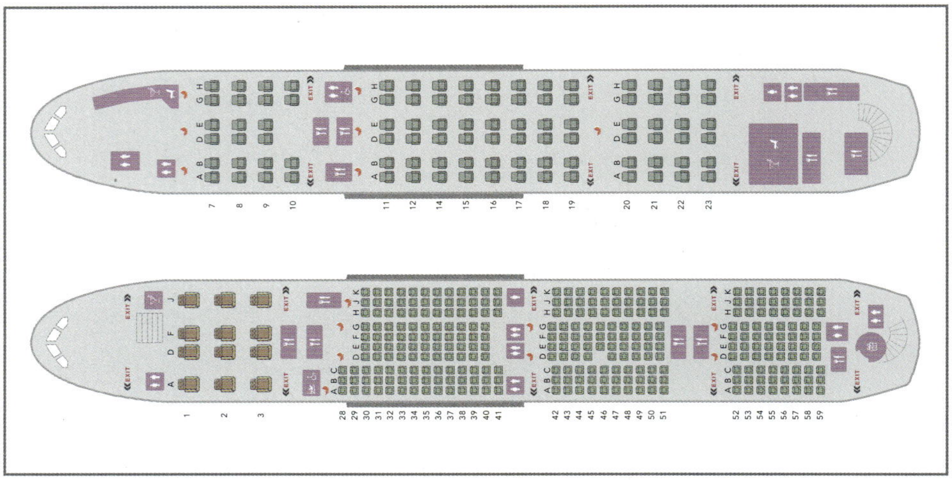

A380

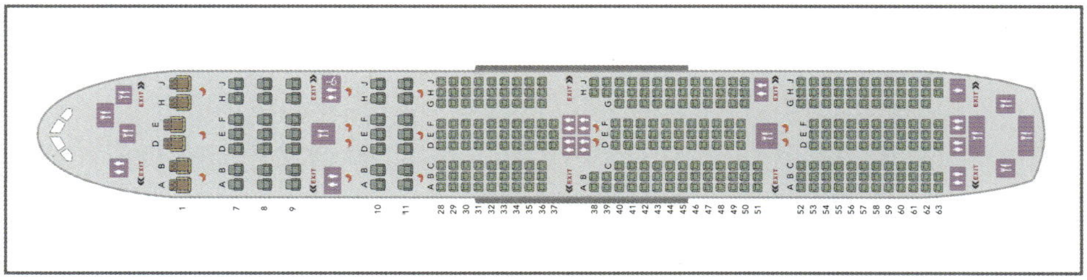

B777-300

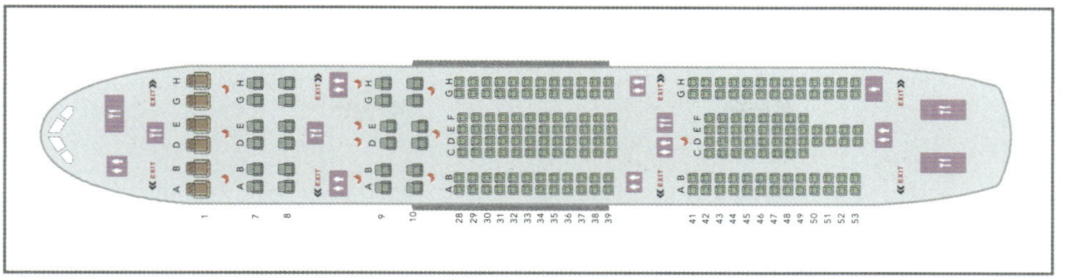

A330-200

(2) 소형기

소형기에는 좌우에 비상구가 6~8개 있으며, 객실의 구역을 나누기보다는 전방(forward, FWD), 후방(after, AFT) 개념으로 근무 구역을 설정한다.

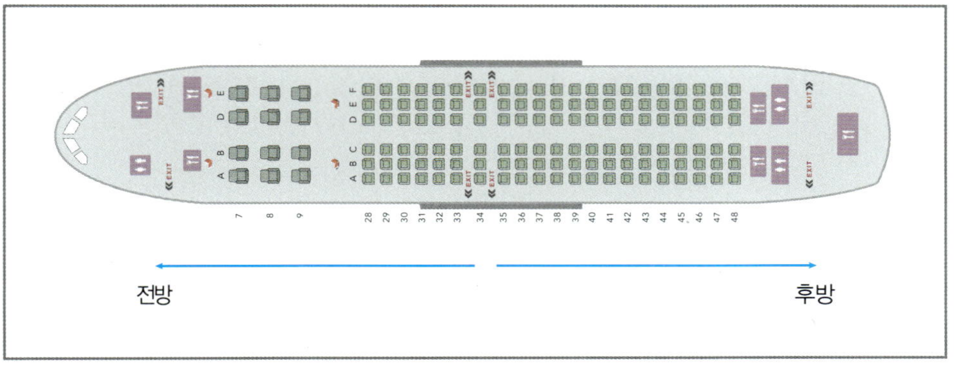

B737-800

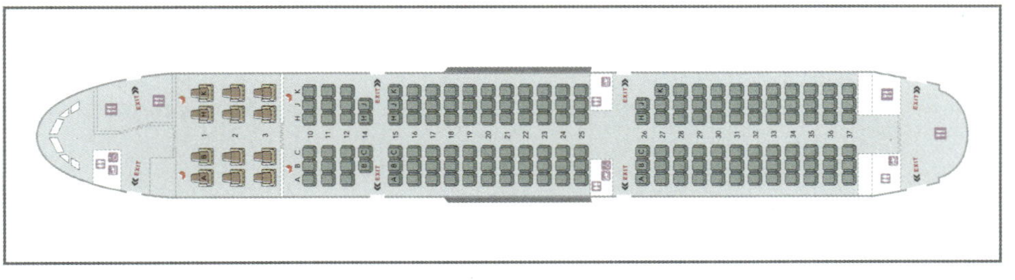

A321-200

3) 항공기의 타입과 버전

B747, B777, B787, B737, A380, A330, A220 등은 항공기 타입을 가리킨다. 항공기는 같은 타입이라 하더라도 크기나 객실 구조, 좌석 수가 상이한 경우 이를 구분하기 위해 버전을 표시한다. 예를 들어 B777-200은 B777-300에 비해 동체 길이가 짧고 도어의 개수(B777-200은 8개, B777-300은 10개)가 다르다.

Thiago B Trevisan/Shutterstock.com

B777-200

viper-zero/Shutterstock.com

B777-300

4) 항공기의 제원

항공기의 제원으로는 제조사, 최대 운항 거리, 운항 속도, 전장(항공기 노즈에서 꼬리날개 끝까지의 길이, 즉 항공기의 길이), 전폭(항공기 한쪽 날개 끝에서 반대쪽 날개 끝까지의 길이), 전고(지상에서 항공기의 가장 높은 부분까지의 길이), 장착 좌석 수, 최소 탑승 승무원 수 등이 있다.

예를 들어 우리나라 항공사에서 운용하는 대표적인 항공기인 A380과 B787의 제원은 다음과 같다.

A380의 제원

제조사	최대 운항 거리	운항 속도	전장	전폭	전고
에어버스	13,473km	912km/hr	72.72m	79.75m	24.09m

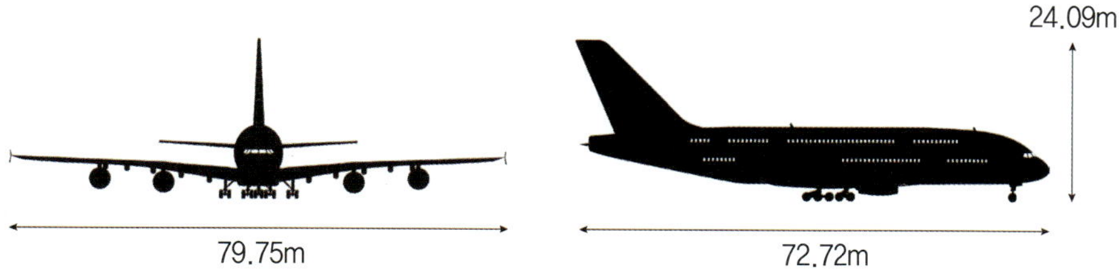

B787의 제원

제조사	최대 운항 거리	운항 속도	전장	전폭	전고
보잉	12,592km	912km/hr	62.8m	60.1m	17m

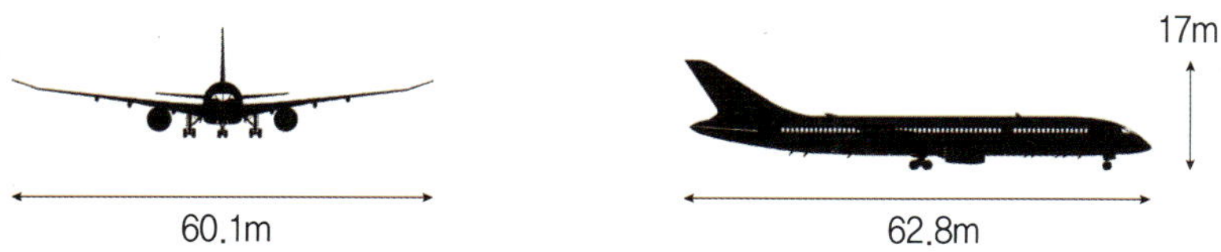

항공기의 제원

제조사	항공기를 만든 회사
최대 운항 거리	항공기가 운항할 수 있는 최대 거리
운항 속도	항공기의 평균 운항 속도
전장	항공기 노즈에서 꼬리날개 끝까지의 길이(항공기의 길이)
전폭	항공기 한쪽 날개 끝에서 반대쪽 날개 끝까지의 길이
전고	지상에서 항공기의 가장 높은 부분까지의 길이

5) 항공기 등록 기호

항공기 등록 기호(registration)는 항공기의 개별 기체 인식 기호로, 국제민간항공기구(International Civil Aviation Organization, ICAO)에 속한 가맹국의 민간 항공기를 인식하기 위함이 목적이다. 항공기 등록 기호는 영어 알파벳과 숫자를 조합하여 표기하는데, 우리나라는 HL, 미국은 N, 일본은 JA, 중화인민공화국은 B, 독일은 D, 영국은 G를 사용한다.

예를 들어 우리나라 항공기 등록 기호인 HL7401에서 첫 번째 숫자는 항공기를 나타내며, 7은 제트 엔진을 의미한다. 그리고 두 번째 숫자인 4는 엔진의 개수를, 나머지 숫자는 일련번호를 의미한다.

H L	7	4	0 1
국적	항공기 구분	엔진의 개수	일련번호
HL: 한국 JA: 일본 P: 북한 N: 미국 G: 영국 C: 캐나다 D: 독일	1, 2: 피스톤 엔진 3, 4, 5: 터보프롭 엔진 7, 8: 제트 엔진 6: 피스톤 엔진 헬리콥터 9: 터보 엔진 헬리콥터	1: 1개 0, 2, 5, 7, 8: 2개 4, 6: 4개	등록 순서

Media_works/Shutterstock.com

TY Lim/Shutterstock.com

02 항공기의 외부 구조

1) 동체

항공기의 동체는 조종실(cockpit), 객실(cabin), 화물칸(cargo compartment)으로 구분되고, 조종실은 동체의 최전방에 위치한다. 둥근 동체는 위아래 공간이 구분되어 있으며, 위쪽은 승객이 탑승하는 객실로, 아래쪽은 화물칸으로 이용된다.

Denis Kabelev/Shutterstock.com

vaalaa/Shutterstock.com

2) 날개

(1) 주날개

① 플랩(flap)

저속에서 양력을 증대하기 위해 날개의 면적과 받음각(angle of attack)을 증가시키는 고양력 장치를 통틀어 플랩이라고 한다. 이착륙 시 플랩을 통해 저속에서도 많은 양력을 얻음으로써 활주 거리를 줄일 수 있다.

Moment/Moment via Getty Images

Grafner/iStock/Getty Images Plus via Getty Images

② 스포일러(spoiler)

항공기의 주날개에는 양력을 증가시키는 장치뿐만 아니라 감소시키는 장치도 부착되어 있는데, 이를 일반적으로 스포일러라고 한다. 스포일러는 공중에서 빠르게 하강할 때 주로 사용되며, 착륙 후 활주 시에는 공기 저항을 증가시키고 브레이크 효과를 높임으로써 활주 거리를 줄이는 데 도움이 된다.

powerbeephoto/iStock/Getty Images Plus via Getty Images

③ 에일러론(aileron)

주날개의 윙릿과 플랩 사이에 위치한 에일러론은 항공기가 선회(rolling)할 때, 즉 오른쪽이나 왼쪽으로 경사지게 함으로써 일정 지점을 중심으로 돌 때 작동한다. 도착지 공항의 혼잡 또는 기상 상태로 착륙이 지연되는 경우, 회항 또는 다이버트(divert)로 급히 기름을 버려야 할 때(dumping) 주로 사용된다.

④ 윙릿(winglet)

주날개 끝에 수직 방향으로 달린 작은 날개 모양 구조물로, 항공기마다 디자인이 다양하다. 비행 중 항공기의 날개 끝에는 공기 저항을 유발하는 소용돌이 현상이 발생하는데, 윙릿은 이를 줄여주는 역할을 한다. 소용돌이 현상이 줄어들면 공기 저항이 감소함으로써 연료가 절약되므로 항공기 운용의 경제성이 향상된다.

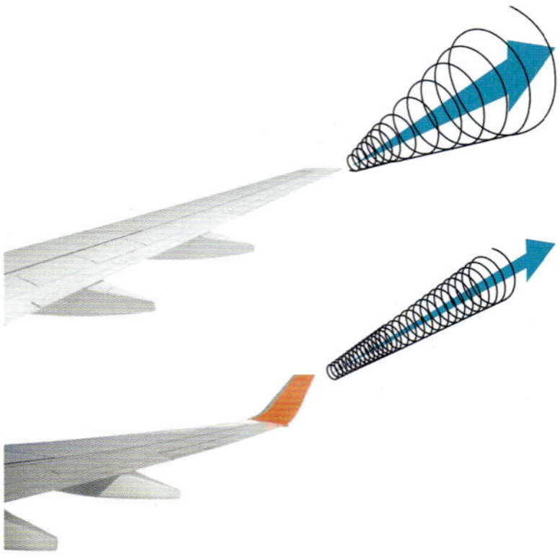

25krunya/iStock/Getty Images Plus via Getty Images

(2) 꼬리날개

① 러더(rudder, 방향타)

수직 꼬리날개의 뒷부분에 달려 있으며, 항공기의 세로축을 중심으로 기수가 좌우로 움직이게 한다(yawing, 빗놀이 운동). 또한 이착륙 시 방향을 잡아주고, 한쪽 엔진이 작동하지 않을 때의 불균형을 바로잡는 역할을 한다.

② 엘리베이터(elevator, 승강타)

대개 수평 꼬리날개의 뒷부분에 달려 있으며, 항공기의 가로축을 중심으로 기수가 상하로 움직이게 한다(pitching, 키놀이 운동). 예를 들어 항공기가 이륙할 때 기수를 올려 상승시키는 작용을 한다.

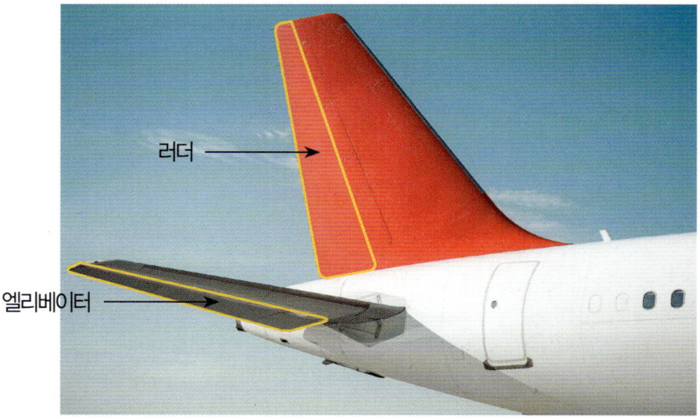

Andrii Baidak/iStock/Getty Images Plus via Getty Images

비행기의 이륙 원리

비행기에 작용하는 힘에는 양력, 중력, 항력, 추력이 있다. 양력은 물체를 아래에서 위로 뜨게 하는 힘, 중력은 물체를 지상으로 당기는 힘, 항력은 물체를 뒤로 당기는 힘, 추력은 물체를 앞으로 가게 하는 힘이다. 이 중에서 물체를 띄우는 직접적인 힘인 양력이 중력보다 크면 물체가 위로 뜬다.

참고영상

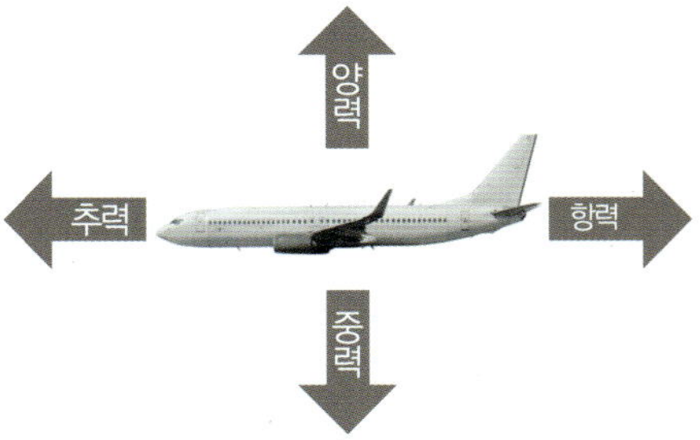

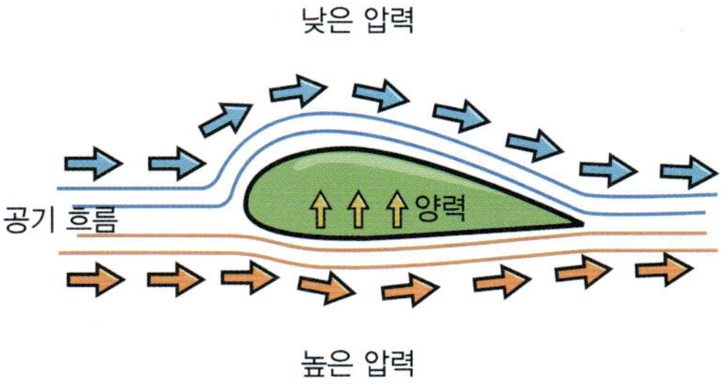

베르누이 법칙에 따르면 속도와 압력은 반비례한다. 공기 흐름의 속도가 빠른 날개 위쪽의 압력은 낮아지고 속도가 낮은 날개 아래쪽의 압력은 높아진다. 이때 압력이 높은 곳에서 낮은 곳으로 이동하므로 양력이 발생하여 비행기가 위로 뜨게 된다.

3) 동력 장치

(1) 엔진

엔진(engine)은 동력을 공급하는 기관으로, 항공기가 운항하는 데 가장 중요한 역할을 한다. 엔진은 내부에서 연소시킨 고온의 가스를 분출함으로써 뉴턴의 세 번째 운동 법칙인 작용-반작용 원리에 의해 추력을 얻는다. 엔진은 종류에 따라 구성 요소가 다르지만 일반적으로 공기 유입구, 압축기, 연소실, 터빈, 샤프트, 후연기, 배기구 등으로 이루어져 있다.

항공기의 종류에 따라 2~4개의 엔진이 장착되는데, 엔진이 2개이면 쌍발기, 3개이면 삼발기, 4개이면 사발기라고 부르기도 한다. 그리고 엔진 번호는 항공기 내부에서 조종실을 바라보는 시점으로 주날개 왼쪽부터 1, 2, 3, 4로 지정한다. 엔진이 2개인 경우 왼쪽 엔진이 No.1, 오른쪽 엔진이 No.2이며, 엔진이 4개

인 B747의 경우 주날개의 맨 왼쪽에 있는 엔진이 No.1, 맨 오른쪽에 있는 엔진이 No.4이다. 최근에는 출력이 크게 향상되고 고장이 잘 나지 않는 등 기술이 발전함에 따라 경제성을 높이기 위해 엔진이 2개인 항공기를 많이 개발하고 있다.

(2) 보조 동력 장치

보조 동력 장치(auxiliary power unit, APU)는 항공기에 보조적인 동력을 공급하는 기관으로, 엔진의 시동을 걸거나 전기와 공기를 기내에 공급하는 데 주로 사용된다. 보통은 항공기가 지상에 있을 때와 이착륙 도중에 보조 동력 장치가 사용된다. 다시 말해 주엔진이 꺼져 있을 때와 주엔진에 많은 추력이 필요할 때 사용되며, 순항 단계에 들어가면 연료 소모를 줄이기 위해 보조 동력 장치를 끈다. 보조 동력 장치가 꺼진 상태에서는 주엔진이 기내에 전기와 공기를 공급하는 역할을 맡는다.

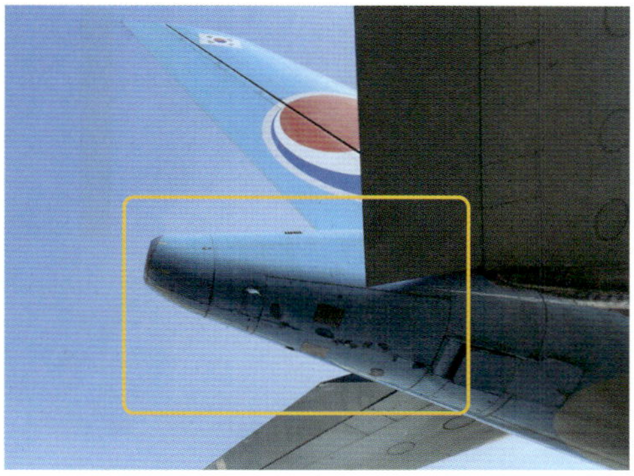

(3) 외부 동력 공급 장치

외부 동력 공급 장치(ground power unit, GPU)는 항공기가 지상에 주기할 때 엔진과 보조 동력 장치를 작동하지 않은 상태에서 항공기에 동력을 제공하는 장비이다.

4) 착륙 장치

랜딩기어(landing gear)라고도 하는 착륙 장치는 항공기 동체를 지지하는 구조물과 바퀴로 이루어져 있다. 위치에 따라 메인 랜딩기어(main landing gear), 노즈 랜딩기어(nose landing gear)로 구분되며, 이착륙 및 지상 이동 시 방향 조절, 항공기의 하중 지지, 충격 흡수, 제동 기능을 한다.

항공기의 타이어는 이착륙 시의 순간적 충격(impulsive load), 고속(high speed), 고하중(heavy load), 고열(heat generation) 등을 충분히 감당할 수 있으면서도 이륙 후 랜딩기어를 접을 때 무리가 없어야 하므로 가볍고 작지만 강하고 튼튼하게 설계 및 제작된다. 또한 타이어 내부에는 불화성 기체인 질소가 들어 있다. 타이어의 수명은 착륙 횟수에 따라 달라지는데, 통상적으로 250~350회 정도 이착륙하면 교체한다. 항공기의 타이어는 안전과 직결되는 항공기의 핵심 구성품 중 하나이므로 정비 부서는 안전한 이착륙을 위해 매일 타이어의 적정 압력, 결함, 마모 상태 등을 점검한다.

Lukas Wunderlich/Shutterstock.com

03 항공기의 내부 구조

항공기의 내부는 조종실, 객실, 승무원 구역, 항공기 출입구/탈출구 등으로 이루어져 있다. 조종실은 항공기의 전방에 위치하며, 객실에는 승객 좌석, 승무원 휴식 공간, 화장실, 코트룸, 선반, 객실승무원이 식음료를 준비하는 갤리(기내 주방) 등이 있다.

1) 조종실

조종실(cockpit)은 운항승무원이 항공기를 조종하는 공간으로, 대부분의 여객기는 안전과 보안을 확보하기 위해 객실과 조종실이 분리되어 있다. 조종실에는 운항을 위한 각종 조종 시스템, 조종간, 계기판 등 항공기를 통제할 수 있는 모든 것이 구비되어 있으며, 기장/부기장 좌석과 항공기관사, 항법사가 앉을 수 있는 추가 좌석이 있다(항공 기술 및 시스템 등의 발달로 현재 대부분의 민간 여객기에는 항공기관사와 항법사가 동승하지 않는다).

조종실에는 비상시 즉시 사용할 수 있도록 각종 비상 장비(소화기, 손도끼, 산소 공급 장치 등)가 비치되어 있고, 비상 탈출을 위한 비상 탈출구가 있다. 또한 조종실과 객실 간의 원활한 커뮤니케이션을 위한 인터폰 시스템, 승객에게 정보

를 제공하기 위한 PA(public address) 시스템, 관제사와 교신하기 위한 통신 시스템 등이 갖춰져 있다.

조종실은 항공기를 안전하게 운항하는 데 매우 중요한 곳이므로 방탄문을 설치하고, 운항 중에는 항상 잠금 상태를 유지한다. 또한 투 크루 룰(two-crew rule)을 적용하여 안전 및 보안에 만전을 기하고 있다. 과거에는 조종실 출입 통제가 철저하지 않았으나 2001년의 9·11 테러 이후 항공 안전·보안 제도가 전면적으로 개정되었으며, 그 일환으로 조종실 문을 방탄문으로 제작하고 시건 장치를 갖추게 되었다.

■ 조종실의 좌석

- captain seat: 조종실 내 전방 2개의 좌석 중 왼쪽에 기장이 착석한다.
- first officer seat: 조종실 내 전방 2개의 좌석 중 오른쪽 좌석에 부기장이 착석한다.
- observer seat: 조종사 좌석의 뒷열에 있는 1~2개의 좌석에는 교관 등이 착석한다.

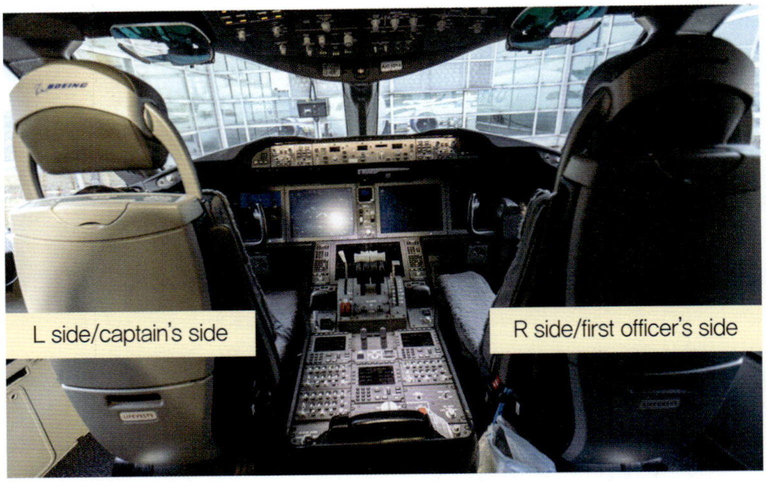

■ 조종실의 커뮤니케이션 시스템

- **항공 교통관제**: 항공 교통관제(air traffic control, ATC)와의 통신에 사용된다.
- radio company system: 운항 중 다른 항공기 및 지상과의 통신에 사용된다.
- inter phone system: 항공기 내에서 운항승무원과 객실승무원의 통신에 사용된다.
- PA system: 운항승무원이 승객에게 정보를 전달하기 위해 사용하는 방송 시스템이다.

■ 조종실의 비상 장비

- 할론 소화기, PBE(protective breathing equipment), 석면 장갑, 손도끼, 승무원용 구명복, 손전등, ELS(emergency light switch)

(1) 투 크루 룰

조종실 내부에는 항상 2명 이상의 승무원이 상주해야 한다는 규정이다. 만약 2명의 운항승무원이 근무하는 비행 중 한 사람이 부득이하게 자리를 비울 때는 객실승무원이 인원수를 채워야 한다. 이때 객실승무원은 조종석에 앉거나 계기판을 조작하면 안 된다.

저먼윙스 여객기 추락 사고

스페인 바르셀로나를 출발하여 독일 뒤셀도르프로 향하던 저먼윙스 A320 여객기가 2015년 3월 24일 오전 11시경 프랑스 동남 알프스 산악 지대에 추락하여 승객과 승무원 150명이 모두 사망했다. 기장이 화장실에 간 사이 조종실에 혼자 있던 부기장이 고의로 항공기를 추락시킨 것이 사고의 원인으로 추정된다. 이 사고 이후 항공사들은 조종실 내부에 반드시 2명 이상이 있도록 규정을 바꾸고, 운항승무원이 용무가 있어 조종실을 비우는 경우 객실승무원이 조종실에 대기하는 절차를 신설했다. 운항승무원 대신 조종실에 들어간 객실승무원은 조종석에 착석할 수 없다.

(2) 조종실 출입 인가

운항 중에는 항상 조종실 출입문을 잠가야 하며, 아무나 조종실에 출입한다면 안전 운항에 심각한 문제가 발생할 수 있으므로 출입 인가를 받은 사람만 출입이 가능하다. 조종실 출입이 가능한 사람은 해당 항공편의 운항승무원, 객실승무원, 운항 관련 운송 직원이고, 그 밖의 사람이 조종실에 출입하려면 회사에서 발급한 조종실 출입 인가 서류를 소지해야 한다.

▶ **조종실 출입 인가 서류**

서류	발행권자
cockpit auth	항공사 운항 승무부 담당 인원
항공기 출입 요구서	국토교통부장관 또는 지방항공청장

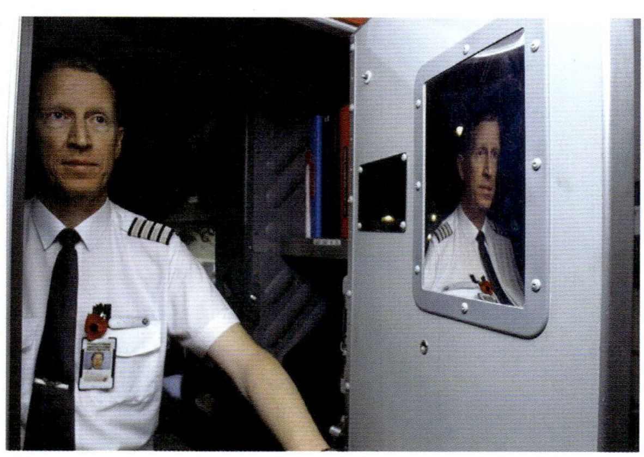

PA Images via Getty Images

별지 제8호 서식: 항공기출입요구서

국토교통부
Ministry of Land, Infrastructure and Transport
Republic of Korea

항공기출입요구서
REQUEST FOR ACCESS TO AIRCRAFT

발급번호 제OP-   호

이 항공기출입요구서를 소지한 자는 항공안전법 제77조 및 제132조와 운항기술기준 8.1.8.11의 규정에 의하여 항공기의 조종실출입 수행자임을 증명합니다.
Pursuant to the Aviation Act and Flight Safety Regulations, access to aircraft is requested for the person herein named.

☐ 항공기 탑승 ☐ on a must fly / ☐ 관찰·점검좌석 제공 ☐ space available basis from

검사관 성명 Inspector's name		**검사관 소속·직급** Inspector's Title		**증명서 번호** Credential No.	
항공사명 Name of Operator					
검사일자 Date		**시간** Time		**비행편명** flight No.	

점검노선
THE ROUTE(S) TO BE FLOWN

From	**To**	**검사관 서명** Inspector's Signature
From	**To**	

목적 PURPOSE

년 월 일

국토교통부장관 또는 지방항공청장 (직인)

Memitina/iStock/Getty Images Plus

(3) 조종실 출입 절차

① 조종실에 들어갈 때(2인 1조)

- 객실승무원은 인터폰으로 출입 의사를 밝히고 운항승무원의 허가를 받는다.
- 객실승무원은 조종실 출입문 부근의 화장실과 갤리에 승객이 있는지 확인한다.
- 객실승무원 1명은 조종실 출입문 앞에서 객실을 향해 대기하며, 수상한 사람이 없는지 주시한다.
- 조종실 앞에 설치된 커튼을 닫아 조종실 내부가 노출되지 않게 한다.
- 사전에 약속된 신호를 한 후 조종실 벽면에 설치된 키패드의 출입 번호를 누르고, 운항승무원이 문을 열면 들어가서 즉시 문을 닫는다.

② 조종실에서 나올 때(2인 1조)

- 조종실에서 나온다는 것을 객실 내 다른 객실승무원에게 인터폰으로 알리고, 커튼을 닫아달라고 요청한다.
- 조종실에 들어갈 때와 마찬가지로, 대기하는 객실승무원은 조종실 출입문 부근의 화장실과 갤리에 승객이 있는지 확인한다.

• 대기하는 객실승무원은 조종실 출입문 앞에서 객실을 향해 대기하며, 수상한 사람이 없는지 주시한다.
• 조종실에서 나오는 승무원은 조종실 출입문 안쪽에 장착된 렌즈를 통해 외부의 안전을 확인한 뒤 문을 열고 나와 즉시 닫는다.

2) 항공기 도어(비상 탈출구)

항공기 도어는 평상시에는 승객이 탑승하고 하기하는 문으로 사용되고 비상 상황에는 비상 탈출구로 사용된다. 기종에 따라 도어의 모양과 개수가 다르고 부속품의 세부 명칭도 조금씩 다르나 기본적인 기능은 유사하다. 항공기 도어는 좌측, 우측에 따라 다음과 같이 명칭을 부여한다.

• L 사이드: L1, L2, L3, L4, L5, UL
• R 사이드: R1, R2, R3, R4, R5, UR

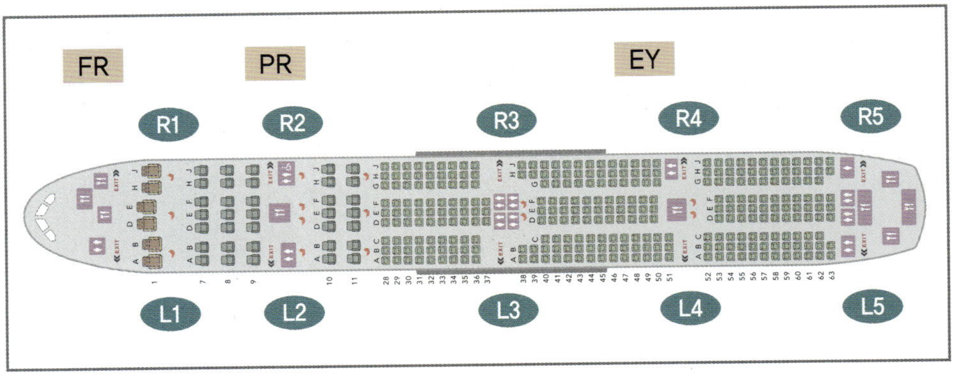

그리고 항공기 도어는 비상구 표시등, 도어 오퍼레이팅 핸들(door operating handle), 어시스트 핸들(assist handle), 뷰잉 윈도(viewing window), 도어 모드 셀렉트 패널(door mode select panel), 슬라이드 버슬(slide bustle), 세이프티 핀(safety pin), 이스케이프 슬라이드(escape slide), 거스트 록 릴리스 핸들(gust lock release handle) 등으로 구성되어 있다.

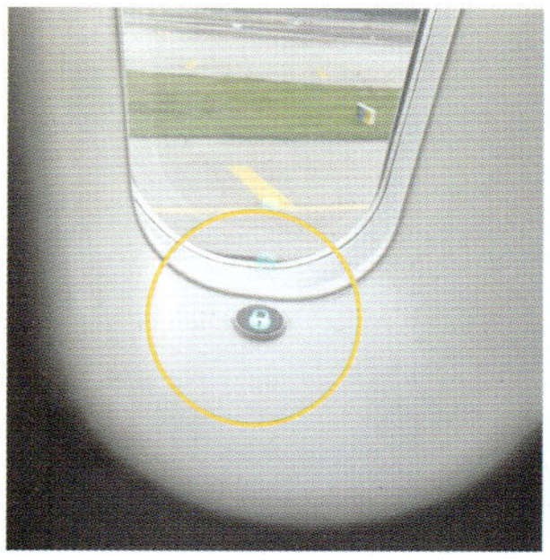

door locking indicator

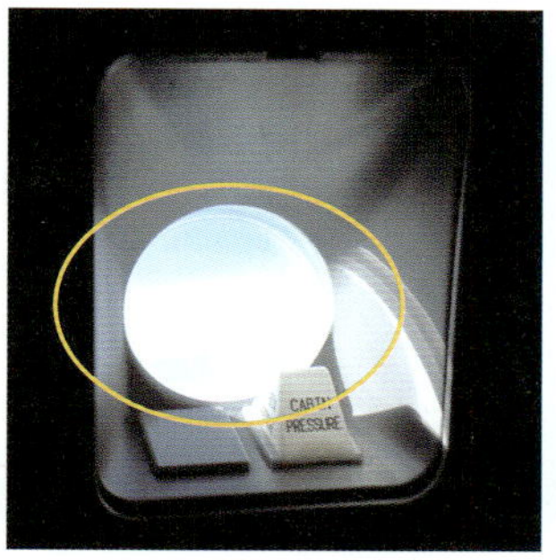

viewing window

cabin pressure warning light

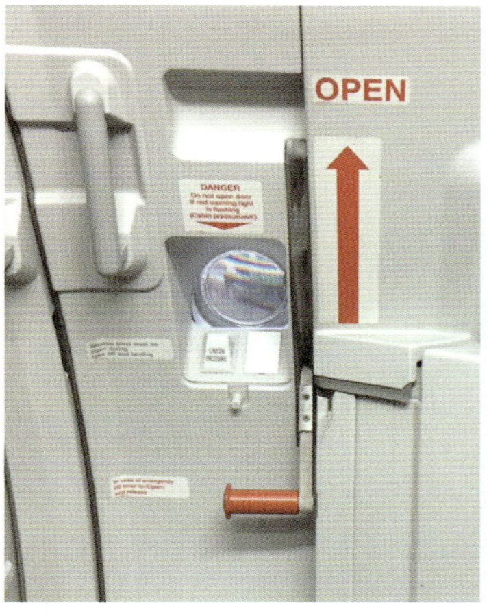

door operating handle

assist handle

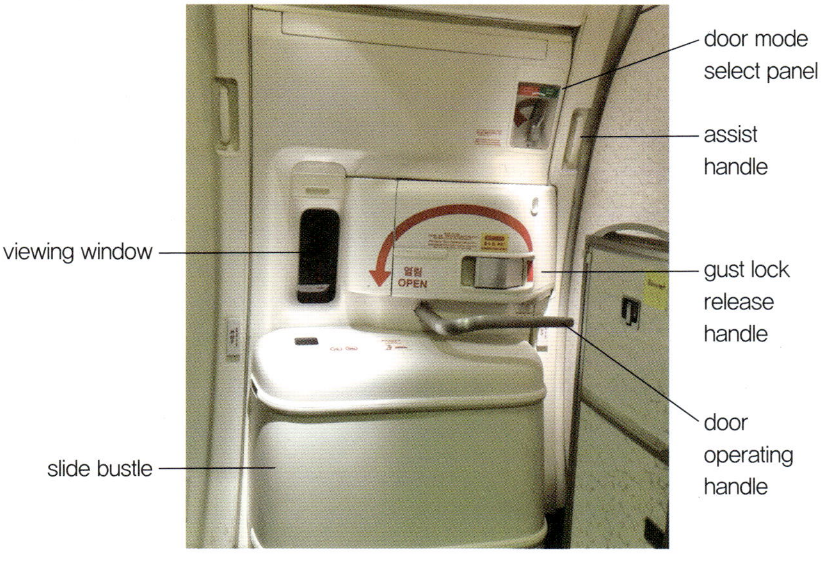

항공기 도어는 개방 시 슬라이드/래프트의 오작동이 발생할 가능성이 있어 도어를 다룰 때 상당한 주의가 필요하며, 도어 모드 변경 및 개방 절차를 준수하여 개폐해야 한다.

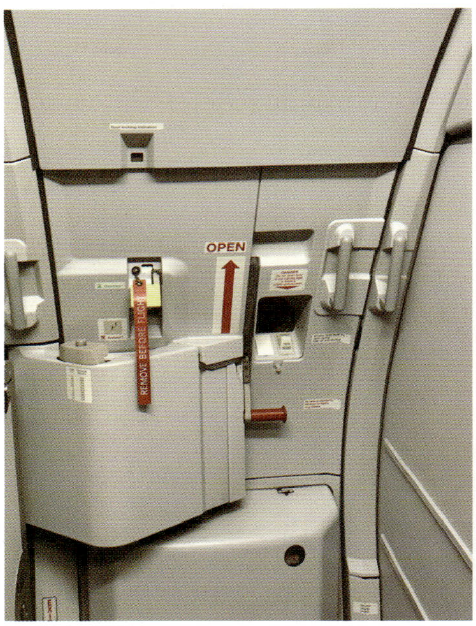

(1) 도어 모드 변경

- 항공기 출발 시: 정상 위치(disarmed) → 팽창 위치(armed)
- 항공기 도착 시: 팽창 위치(armed) → 정상 위치(disarmed)

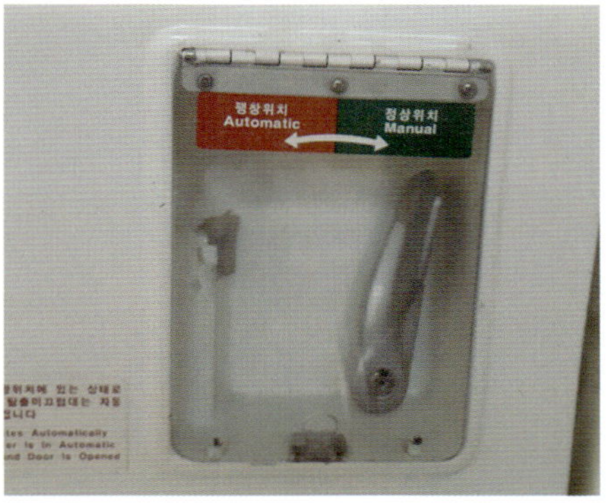

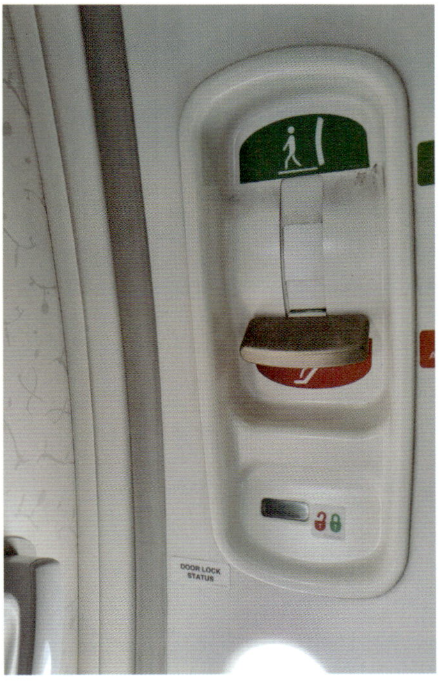

(2) 정상 시 도어 열기

- 항공기 내부의 좌석벨트 착용 표시등(fasten seat belt sign)이 꺼진 상태인지 확인한다.
- 도어 모드 레버가 그린 밴드(green band)에 있는지 확인한다.
- 어시스트 핸들을 잡고 도어 오퍼레이팅 핸들을 'open' 방향으로 돌린다.
- 어시스트 핸들을 잡고 도어가 동체에 거스트 록(gust lock)이 될 때까지 바깥쪽으로 힘껏 민다.

(3) 정상 시 도어 닫기

- 승무원 추락 방지용 세이프티 스트랩(safety strap)이 원위치인지 확인한다.
- 어시스트 핸들을 잡고 도어 중간에 달려 있는 거스트 록 릴리스 핸들을 당겨 거스트 록을 해제한다.
- 어시스트 핸들을 잡은 채 도어를 항공기 내부 쪽으로 힘껏 당긴다.
- 도어가 거의 닫혔을 때 도어 오퍼레이팅 핸들을 화살표 반대 방향으로 힘껏 밀어 도어를 완전히 닫는다.
- 도어 로킹 인디케이터(door locking indicator)가 'locked'인지 확인한다.

3) 객실

(1) 승객 좌석

승객 좌석(passenger seat)은 머리 받침대(headrest), 좌석벨트(seat belt), 팔걸이(arm rest), 좌석 포켓(seat pocket), 접이식 테이블(folding table), 개인용 모니터(individual monitor) 등으로 구성되어 있다. 팔걸이에는 기내 편의 시설 조절 장치와 좌석 등받이 각도를 조절할 수 있는 좌석 젖힘 버튼(reclining button)이 부착되어 있다.

좌석 상단에는 승객의 짐을 보관하는 선반(overhead bin)이 있고, 좌석 하단에는 짐을 고정하는 고정 장치(restraint bar)가 있다. 또한 좌석 하단에는 비상 착수 시 사용할 수 있는 구명조끼(life vest)가 장착되어 있다.

항공기의 객실 내부 구분

항공기의 객실 내부는 기종에 따라 상이하나 대개는 도어를 기준으로 A, B, C, D, E(main deck), U/D(upper deck) 존 등으로 구분한다.

- A 존: 일등석(first class, FR)
- B, U/D 존: 비즈니스석(business class, prestige class)
- C, D, E 존: 일반석(economy class)

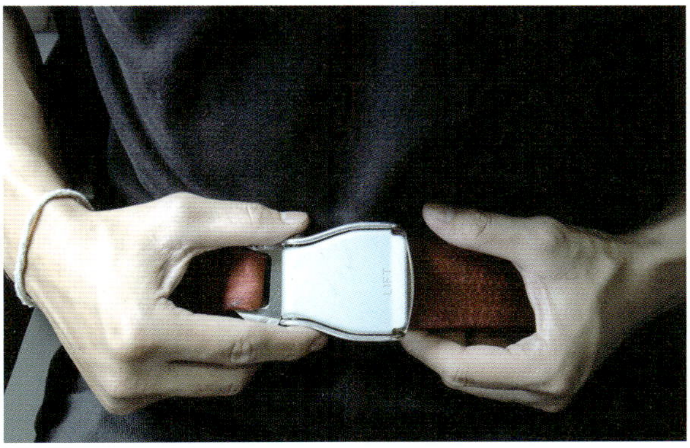

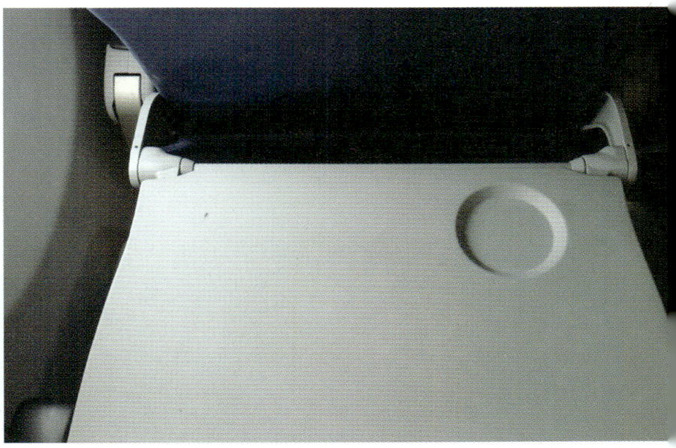

B777-300

(2) PSU

선반 아래에 부착된 PSU(passenger service unit)에는 금연 표시등(no smoking sign), 좌석벨트 표시등(seat belt sign), 비상용 산소마스크(emergency oxygen mask), 독서등(reading light), 승무원 호출 램프(attendant call light) 등이 있다.

(3) PCU

팔걸이 또는 모니터 하단에 있는 PCU(passenger control unit)에는 승무원 호출 버튼(attendant call button), 독서등, 기내 오락 서비스 등을 조절하는 버튼이 있다.

Zilan2000/Shutterstock.com

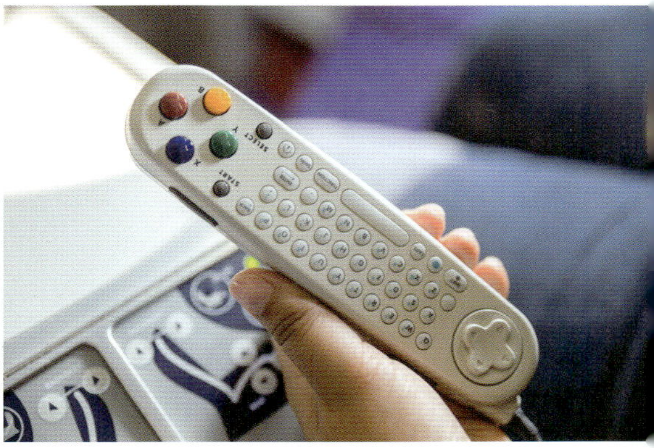

(4) 선반

승객의 가벼운 짐이나 코트, 베개, 담요 등을 넣을 수 있도록 승객 좌석 머리 위쪽에 설치된 공간을 말한다. 안전한 비행을 위해 선반 점검은 객실승무원의 필수 업무이다. 객실승무원은 승객 탑승 전과 하기 후에 선반의 보안 점검을 하고 유실물을 확인해야 한다. 선반에는 부상을 방지하기 위해 내부를 비추는 소형 거울이 부착되어 있어 객실승무원은 거울을 통해 점검을 수행한다. 또한 비행 중, 선반을 열고 닫을 때 물건이 떨어지지 않도록 유의해야 한다.

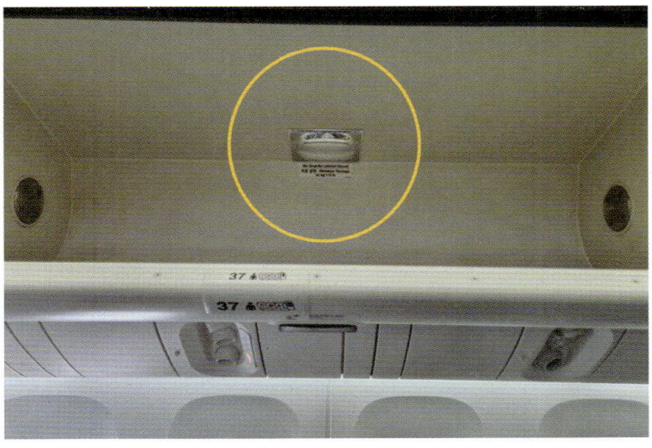

(5) 모니터

모니터(monitor)에는 고정식 모니터와 접히는 모니터가 있으며, 벽면 또는 천장에 장착되어 있다. 접히는 모니터의 경우 안전을 위해 이착륙 시에는 접혀 있어야 한다. 모니터를 통해 항공기 운항 정보(air show), 승객 안전 브리핑, 공동으로 알려주는 비행 정보 등을 상영한다.

Anton_Ivanov/Shutterstock.com

(6) 이동식 팔걸이

장애인 승객의 편리를 도모하기 위해 일반 좌석에는 움직일 수 있는 팔걸이(movable armrest)가 부착되어 있다. 팔걸이 하단 내부에 있는 버튼을 누르고 팔걸이를 들어 올려서 사용한다.

(7) 코트룸

코트룸(coat room)은 승객의 옷과 짐을 보관하는 공간으로, 상위 클래스의 경우 별도의 의류 보관 서비스를 제공하지만 일반석은 의류 보관 서비스를 제공하지 않는다. 이착륙 시 코트룸에 보관된 물건이 통로로 튀어나오지 않게 코트룸의 문을 잠그고, 보관 물품은 착륙 후 반드시 승객에게 돌려주어야 한다. 코트룸에 비상 장비나 구급약 등이 비치되어 있는 경우, 보관 물품이 이를 가리거나 꺼내는 데 방해가 되지 않도록 해야 한다.

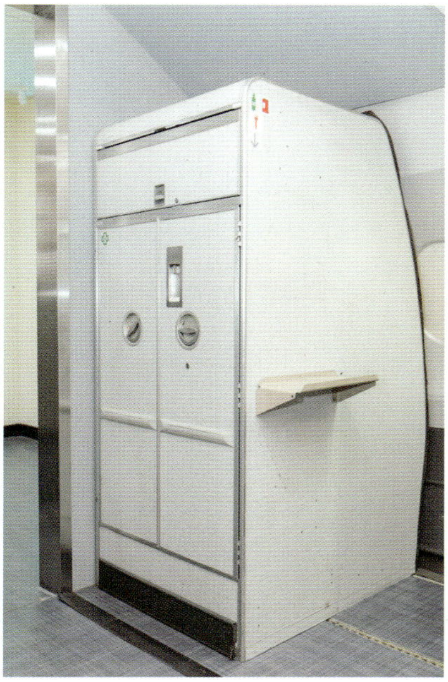

(8) 창문 덮개

승객 좌석의 창문 덮개(window shade)는 운항 중 자유롭게 열고 닫을 수 있으나, 비상구의 창문 덮개는 외부 상황을 확인할 수 있도록 항공기의 이착륙, 지상 이동 시 항상 열어두어야 한다.

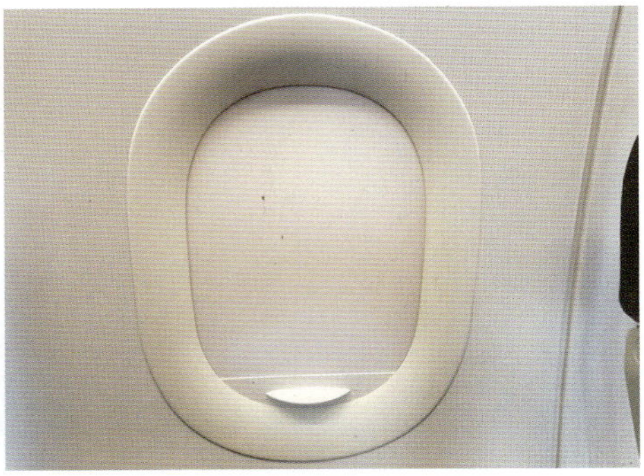

4) 화장실

기내 화장실(lavatory)은 일반 화장실, 장애인용 화장실, 여성 전용 화장실 등으로 구분된다. 승객 좌석 약 35개당 하나가 설치되며, 항공기의 전·중·후방에 배치되어 있다. 화장실의 기능이나 작동법은 거의 유사하나 기종에 따라 조금씩 차이가 있다. 화장실 내부에는 쓰레기통, 변기, 세면대, 거울, 승무원 호출 버튼, 기저귀 교환대, 스모크 디텍터(smoke detector, 연기 감지기) 등이 있으며, 많은 승객이 이용하는 공간이므로 청결을 유지해야 한다.

특히 화장실은 밀폐된 공간이라 흡연으로 인한 화재가 발생할 가능성이 크다. 또한 화장실에서 환자가 발생할 수도 있기 때문에 객실승무원은 안전 확보를 위해 업무 절차를 따라야 한다.

- 화장실 문은 대부분 접이식(folding door)이지만 일부 기종의 경우 핸들을 돌려서 여는 고정식 문이다.

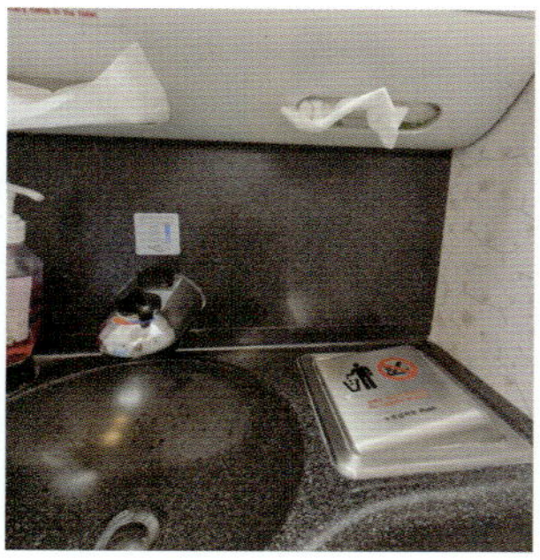

- 이착륙 시에는 화장실을 이용할 수 없으며 모든 승객이 좌석에 앉아 안전벨트를 착용해야 한다. 따라서 객실승무원은 이착륙 전에 화장실에 승객이 있는지 반드시 확인해야 한다. 만약 승객이 화장실에서 나오지 않으면 즉시 기장에게 보고하여 상황을 공유하고 필요한 조치를 취한다.

(1) 스모크 디텍터

스모크 디텍터는 화재가 발생했을 때 연기를 감지하고 경보음을 울리는 장치이며, 화장실 천장에 설치되어 있다. 항공기가 이륙하기 전에 객실승무원은 스모크 디텍터 주변에 이물질이 없는지 점검해야 한다.

- 테스트를 할 때는 스모크 디텍터 내의 셀프테스트 스위치를 누른다.
- 연기를 감지하면 해당 화장실에서 높은 경보음이 지속적으로 울리고, 스모크 디텍터의 알람 인디케이터 라이트(alarm indicator light)에 빨간 불이 들어온다.

- 리셋을 할 때는 끝이 뾰족한 물체로 스모크 디텍터 내의 리셋 홀을 누른다.
- 알람 인디케이터 라이트는 연기가 완전히 없어질 때까지 계속 점등된다.

Tip 스모크 디텍터 작동 시 객실승무원의 조치

- 해당 화장실에 화재가 발생했는지 점검한다.
- 화장실 안에 승객이 있는지 확인한다.
- 흡연의 경우 담배꽁초의 불씨가 완전히 꺼졌는지 확인한 후 기장에게 보고한다.
- 흡연하는 승객을 발견하면 제지하고 기내 불법 방해 행위임을 단호히 알린 후 경찰에 인계한다.

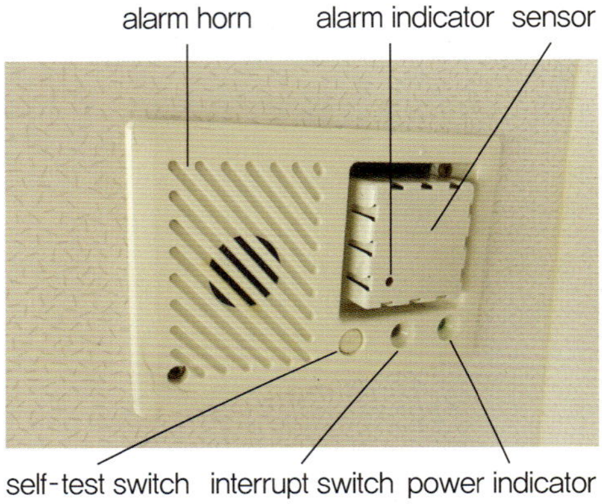

외장형 스모크 디텍터(구형)

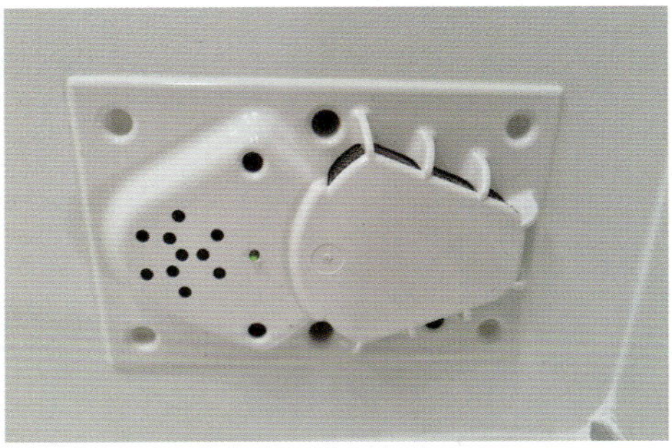

외장형 스모크 디텍터(신형)

화장실 천장의 스모크 디텍터

(2) 열감지형 소화기

화장실에 구비된 쓰레기통 내부에는 열감지형 소화기가 장착되어 있어, 쓰레기통 내부에서 화재가 발생하여 일정 온도에 도달하면 자동으로 소화액이 분사된다. 또한 쓰레기통 뚜껑에는 스프링이 달려 있어 자동으로 닫히는데, 이 스프링이 고장 나서 뚜껑이 닫히지 않았을 때 쓰레기통에 화재가 발생하면 산소가 차단되지 않아 큰 화재로 번질 수 있다. 게다가 쓰레기통 뚜껑이 닫히지 않은 상태에서는 열감지형 소화기가 작동할 정도의 온도에 도달하지 않음으로써 적정 시점에 화재를 진압하지 못할 수도 있다. 따라서 쓰레기통 뚜껑의 닫힘 상태를 점검하는 것이 매우 중요하다. 그리고 열감지형 소화기가 작동된 화장실은 폐쇄하여 사용하지 못하게 해야 한다.

열감지형 소화기

화장실의 쓰레기통 뚜껑

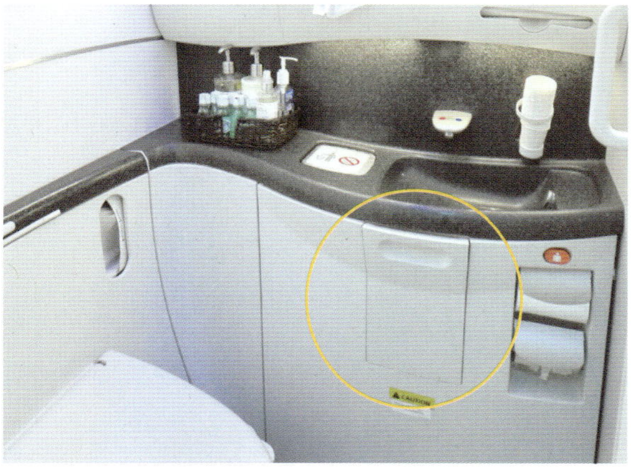

Maxene Huiyu/Shutterstock.com

왼쪽 사진에 표시된 부분을 열면 보이는 열감지형 소화기

5) 승무원 구역

(1) 승무원 좌석

항공기의 지상 이동 및 이착륙 시 객실승무원이 착석하는 승무원 좌석(jump seat)은 일반적으로 비상구 옆에 장착되어 있다. 또한 승무원 좌석은 비상사태가 발생했을 때 객실승무원이 비상 탈출을 지휘하는 곳이기도 하다. 승무원 좌석은 1인용과 2인용이 있으며, 좌석을 밑으로 내리면 펴지고 좌석으로 사용하지 않을 때는 저절로 접힌다. 만약 자동으로 접히지 않으면 비상 탈출에 방해가 되기 때문에 반드시 정비를 완료하고 운항해야 한다.

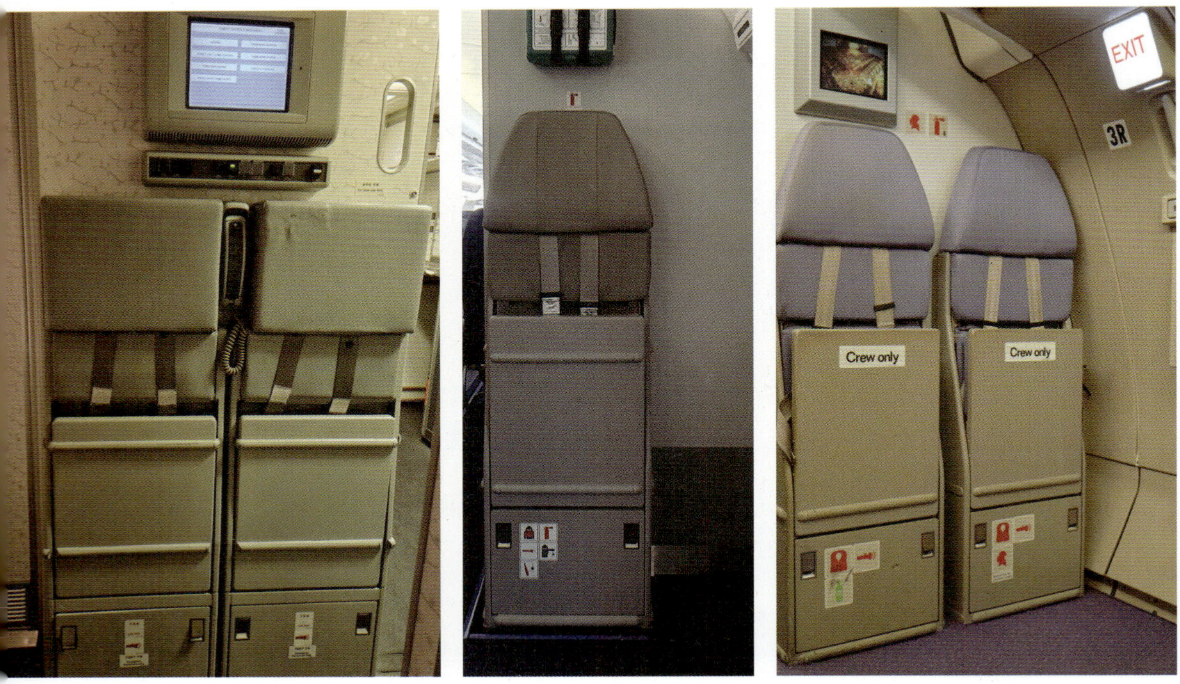

Yangxiong/Shutterstock.com

① 안전벨트

어깨끈 형태의 안전벨트(shoulder harness)로, 객실승무원은 항공기가 지상에서 이동할 때나 이착륙할 때 안전을 위해 반드시 착용해야 한다.

② 비상 장비

감압, 화재, 비상 탈출 등 비상사태가 발생했을 때 사용할 수 있도록 소화기, PBE(protective breathing equipment), 구명복, 산소통, 메가폰 등이 비치되어 있다.

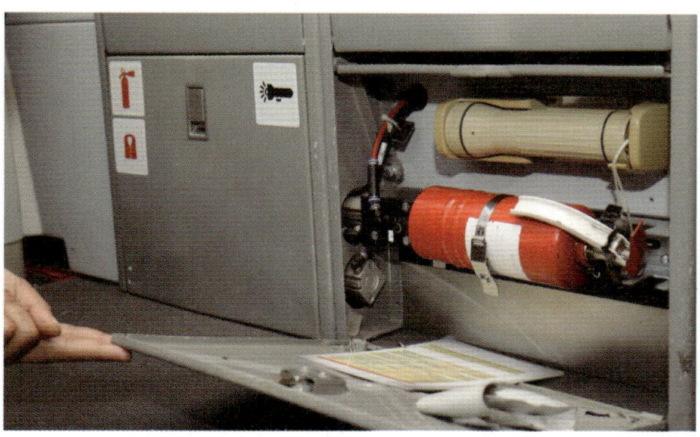

③ **인터폰과 PA 시스템**

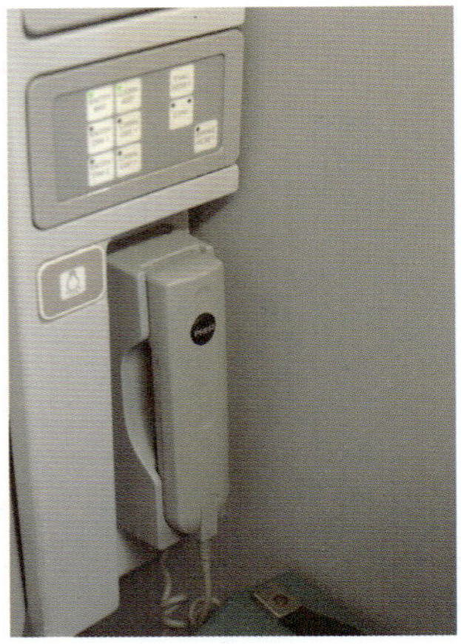

운항승무원과 객실승무원 또는 객실승무원과 객실승무원 사이에 비행 중 정보를 주고받을 때는 인터폰을 사용한다. PA 시스템은 승객에게 비행 정보를 제공하고 기내 안내 방송을 할 때 사용하는 것으로, 통신 시스템을 다룰 때 자세히 설명하겠다.

(2) 승무원 휴게실

장거리 비행 시 운항승무원과 객실승무원이 교대로 휴식을 취하는 휴식 공간으로, 대개 객실 뒤편 이층(upper deck)이나 객실 아래쪽에 위치한다. 승무원 휴게실(bunk, crew rest area)에는 승무원이 누워서 쉴 수 있는 침대와 독서등, 비상 장비, 비상 탈출구, 인터폰 시스템 등이 갖추어져 있다.

Jordan Tan/Shutterstock.com

In Pictures Ltd./Corbis via Getty Images

Jacek_Sopotnicki/iStock/Getty Images Plus

6) 갤리

여객기 내 갤리(galley)는 오랜 시간 여행하는 승객에게 식음료를 제공하기 위한 주방 공간이다. 갤리에는 오븐, 전자레인지, 냉장고, 커피 메이커, 전기 쓰레기통 등의 다양한 전자 기기가 전기 공급 장치에 연결되어 있으므로 전기 과부하 또는 객실승무원의 사용 절차 미준수 등에 의해 화재가 발생할 수도 있다. 따라서 객실승무원은 화재 예방을 위한 일상 안전 절차를 준수하고 장비 사용법을 익혀야 한다. 또한 캐리온 박스(carry-on box), 컴파트먼트(compartment) 등의 잠금 상태를 상시 확인하여 안전을 확보해야 한다. 이 절에서는 갤리에 있는 다양한 설비 중에서도 안전 설비를 자세히 살펴보자.

Jordan Tan/Shutterstock.com

KITTIKUN YOKSAP/Shutterstock.com

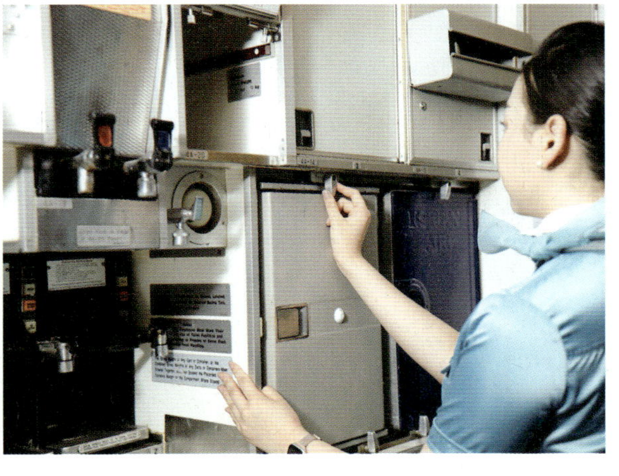

(1) 냉장고

차가운 음료를 서비스하거나 냉장이 필요한 음식을 보관하는 데 사용한다.

(2) 오븐과 전자레인지

케이터링 센터(catering center)에서 만든 기내식을 따뜻하게 데워 제공하기 위한 장비로, 메뉴에 따라 데우는 시간과 방법을 준수해야 한다. 항공사는 신규 메뉴를 내놓을 때 메뉴별 탑재 방법과 데우는 방법, 유의 사항 등을 사전에 공지한다. 객실승무원은 오븐이나 전자레인지를 사용할 때 내용물을 확인한 후 전원을 켜야 하며, 사용하지 않을 때는 반드시 닫힘과 잠금 상태를 유지하고 착륙 전에는 전원을 끈다.

오븐 내부

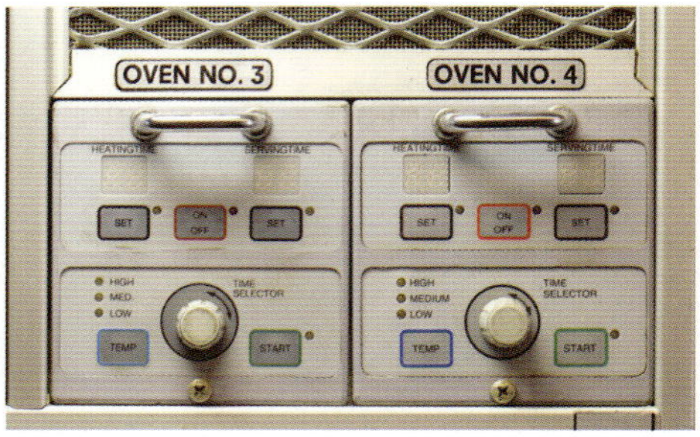

오븐 조절 스위치

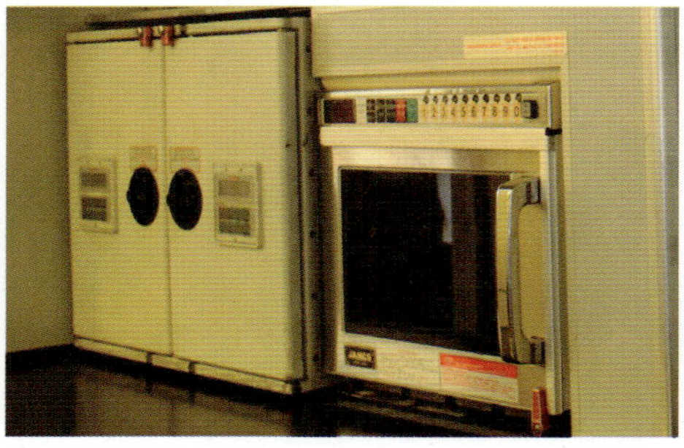

Jordan Tan/Shutterstock.com

전자레인지

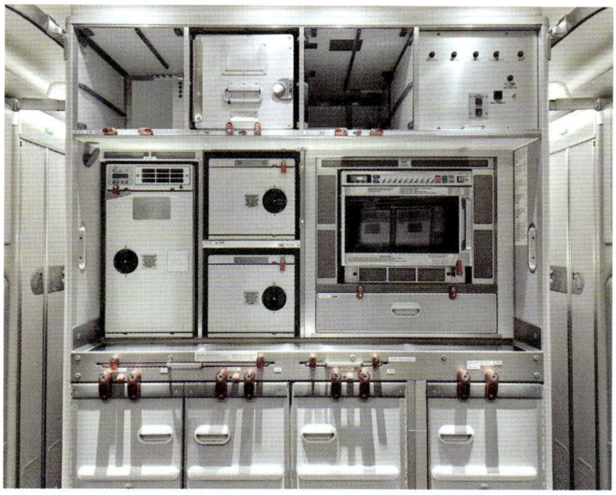

© Getty Images Bank

(3) 물품 보관함

객실 서비스 용품을 보관하는 장소로 컴파트먼트와 캐리온 박스가 있다. 기내 용품을 탑재하기 위해 갤리 등에 설치된 공간인 컴파트먼트는 항공기에 장착된 형태이므로 이동이 불가능하다. 반면에 캐리온 박스는 기내 물품 운반 용구로서 휴대하여 이동할 수 있는 상자 형태이며, 대개 알루미늄 재질이다.

일반적으로 항공기 내 모든 물품은 정해진 위치에 탑재되므로 사용 후에는 반드시 제자리에 놓아야 한다. 또한 항공기가 갑자기 흔들리면 보관함 속의 물건이

떨어질 우려가 있으므로 필요할 때만 열어서 사용하고 평상시에는 반드시 문을 닫고 고정해놓아야 한다.

(4) 커피 메이커와 워터 보일러

갤리에는 커피를 만드는 커피 메이커가 구비되어 있다. 일반적인 커피 메이커는 원두커피 팩을 넣어 브루잉한다. 커피 메이커는 온도 조절 장치에 의해 온도가 조절되고 과열 방지 장치가 장착되어 있다. 일부 기종에는 에스프레소, 카푸치노 등 커피 전문점에서 즐길 수 있는 다양한 커피를 만드는 커피 머신이 설치되어 있다. 커피 메이커의 커피 팩 트레이와 열판 등을 청결하게 유지해야 하며, 이착륙 시에는 커피 메이커의 포트가 비어 있고 열판의 전원이 꺼져 있어야 한다.

또한 워터 보일러(water boiler)는 라면, 국, 차 등을 제공하기 위해 뜨거운 물이 필요할 때 사용한다. 화재를 예방하고 객실승무원이 화상을 입지 않도록 커피 메이커와 워터 보일러를 작동하기 전에 핫워터 꼭지에서 기포가 없는 물이 나올 때까지 공기와 물을 빼내는 에어 블리딩(air bleeding)을 반드시 실시해야 한다.

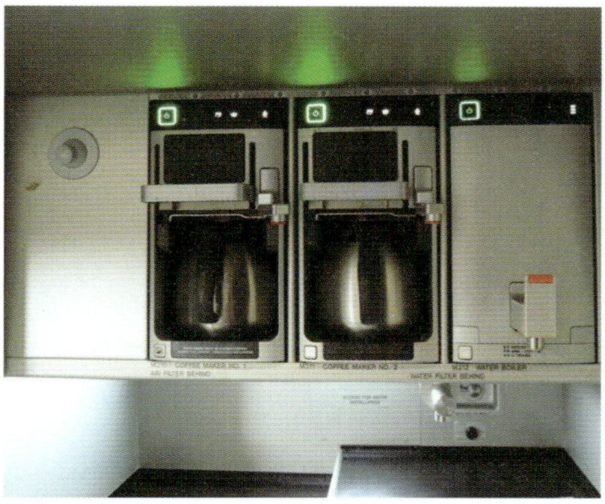

Louis.Roth/Shutterstock.com

Sergey Kohl/Shutterstock.com

(5) 트래시 컴팩터와 트래시 빈

트래시 컴팩터(trash compactor)는 기내에서 수거된 쓰레기를 효율적으로 처리하여 부피를 줄이는 쓰레기 압축기로 A380, B777, A330 등의 기종에 장착되어 있다. 전기로 작동하므로 액체나 젖은 음식물 쓰레기를 버리면 안 되며, 압축 시 위험하기 때문에 유리병과 같은 깨지는 물건도 버리면 안 된다. 작동 중에 트래시 컴팩터의 문을 열면 작동이 멈추고 고장이 날 수도 있으므로 유의해야 한다. 트래시 컴팩터가 설치되지 않은 기종의 경우 트래시 빈(trash bin)에 일반 쓰레기를 버린다.

트래시 컴팩터

트래시 빈

(6) 갤리 엘리베이터

복층으로 된 기종의 경우 기내식과 음료, 서비스 물품 및 기물의 탑재·운반을 용이하게 하기 위해 갤리에 엘리베이터가 설치되어 있다.

(7) 드레인

드레인(drain)은 비행 중 갤리에서 사용하고 남은 물을 버리는 장치이다. 버려진 물은 항공기 외부 밑부분에 설치된 드레인 마스터(drain master)를 통해 밖으로 배출된다. 장비의 청결을 유지하고 막히지 않도록 순수한 물만 버려야 하며, 항공기가 지상 주기장에 있을 때 드레인에 오수를 버리면 주기장에 오수가 떨어질 수 있다. 특히 겨울철에 주기장에서 항공기 밖으로 배출된 오수가 얼면 항공기 아래에서 작업하는 사람들에게 위험을 초래할 수도 있으므로 지상에서는 드레인에 오수를 버리지 말아야 한다.

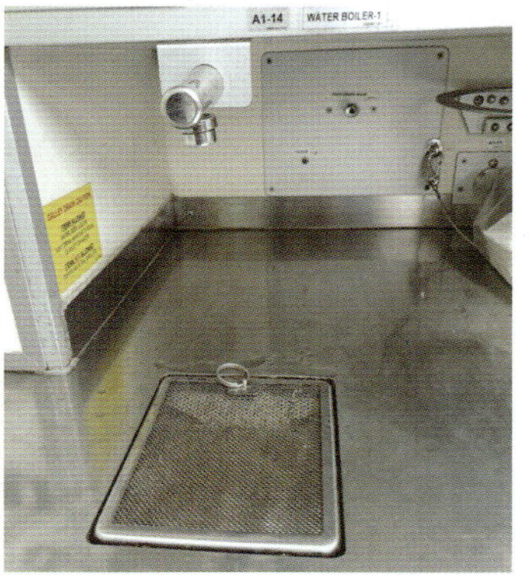

(8) 워터 셧오프 밸브

실습영상

워터 셧오프 밸브(water shutoff valve)는 갤리와 화장실에 누수가 발생했을 때 물 공급을 차단하는 장치로, 물 공급선 주변에 있다. 밸브를 off에 놓으면 물 공급이 차단된다.

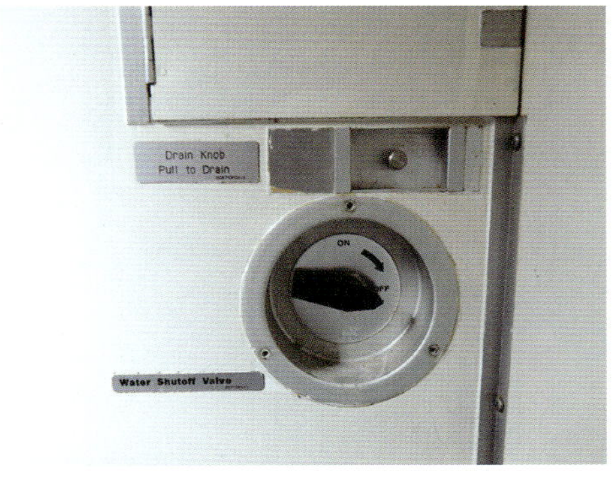

밸브를 off에 놓은 상태

밸브를 on에 놓은 상태

(9) 서킷 브레이커

실습영상

전자 기기의 과부하를 예방하는 설비인 서킷 브레이커(circuit breaker)는 갤리의 오븐, 냉장고, 커피 메이커 등과 연결되어 있다. 화재가 발생했을 때 자동으로 버튼이 튀어나와 전력 공급을 차단한다.

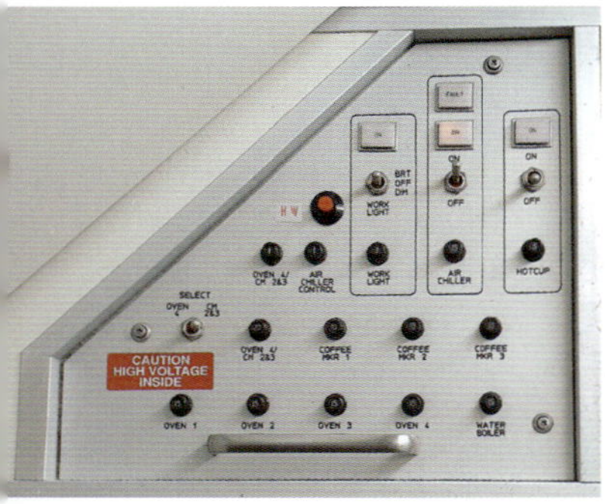

(10) 마스터 파워 셧오프 스위치

마스터 파워 셧오프 스위치(master power shutoff switch)는 갤리 내 전체 전자 기기의 전원을 통제하는 스위치로, 이 또한 전자 기기의 과부하를 예방하는 설비이다.

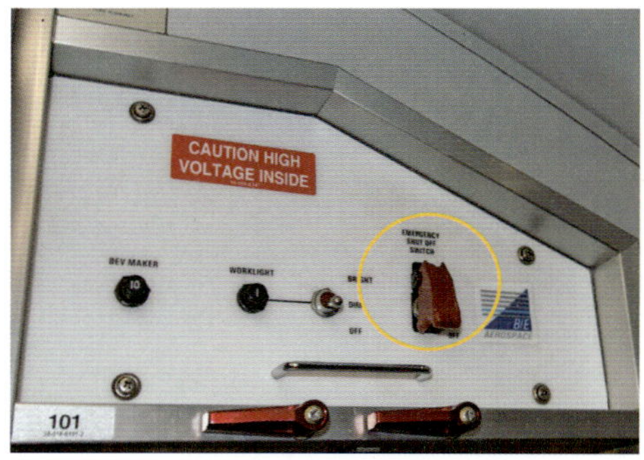

Almaz Mustafin/Shutterstock.com

(11) 비상벨

각 갤리에는 항공기 테러나 납치 등이 발생했을 때 조종실로 연락하는 비상벨(hijacking warning bell)이 장착되어 있다.

04 항공기 객실 시스템

1) 제어 장치

제어 장치(control system)는 기내에서 제공하는 영화, 음악 등의 엔터테인먼트 서비스 관련 시스템과 항공기 운항 정보, 기내 온도 조절, 객실 조명 등을 제어하는 장치를 말한다. 일반적으로 항공기 전방의 사무장 좌석 옆에 있으며, 기종에 따라 설치 장소와 세부 조절 패널이 상이하다.

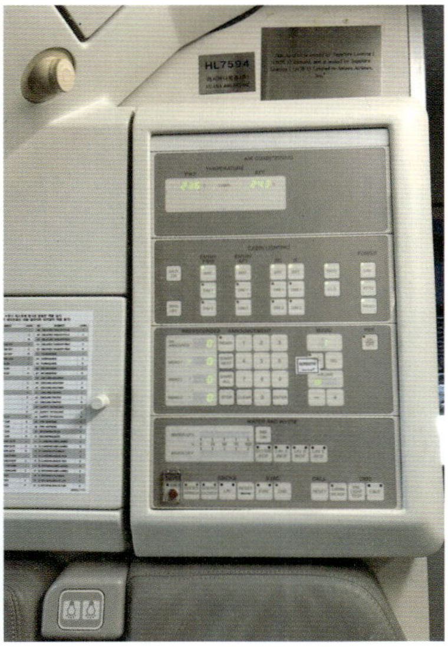

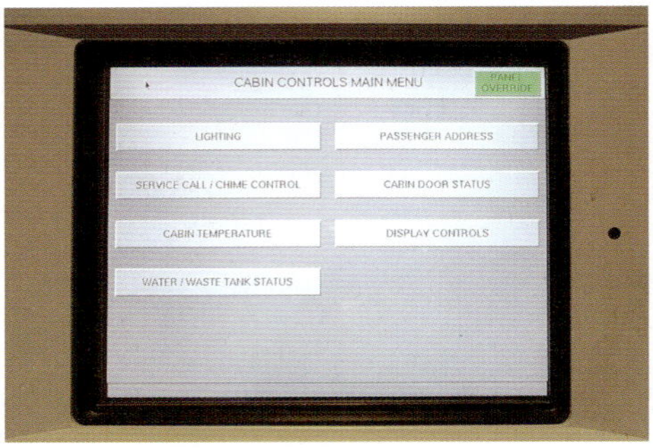

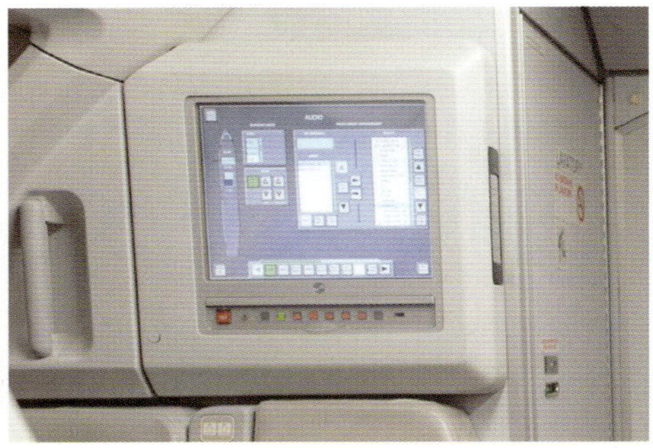

Sorbis/Shutterstock.com

(1) 온도 조절 장치

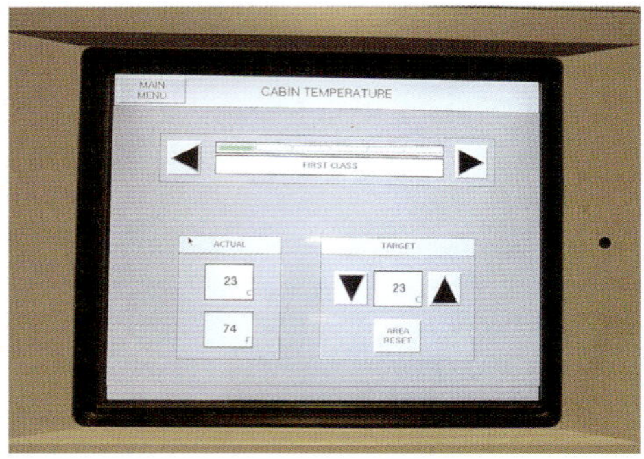

항공기의 구역별로 온도를 올리거나 내리는 장치이다. 승객 수, 외부 온도, 기내 환경에 따라 적정한 온도(보통 24±1℃)를 유지하여 쾌적한 환경을 조성한다.

(2) 조명 조절 장치

객실의 조명은 승객 탑승, 이착륙, 서비스, 휴식, 승객 하기 등의 비행 단계와 서비스 시점에 따라 풀브라이트(full bright), 브라이트(bright), 미디엄(medium), 딤(dim), 나이트(night) 등으로 조절한다.

(3) 도어 패널

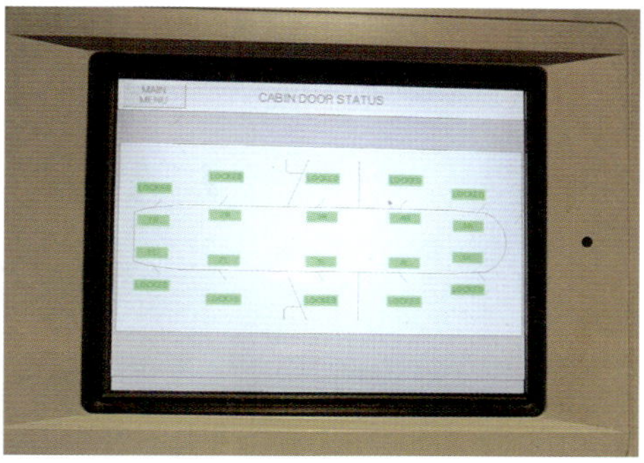

도어 패널(door panel)의 도어/슬라이드 버튼을 누르면 객실 도어의 닫힘 상태와 비상 탈출 장비(escape device)의 상태를 확인할 수 있다. 기종에 따라 상이하나 대개 빨간색은 도어가 열린 상태임을 나타내고, 호박색은 도어가 닫혀 있으나 슬라이드 모드가 disarmed인 상태를, 초록색은 도어가 닫혀 있고 슬라이드 모드가 armed인 상태를 나타낸다.

(4) 객실 식수량, 오물량 확인

항공기가 출발하기 전 객실 사무장은 정해진 용량의 음용수가 탑재되었는지 확인하고, 부족한 경우 정비사를 통해 음용수를 주문해야 한다. 또한 오물량 지시 화면에서 항공기에 설치된 오물 탱크의 잔량을 확인하고 오물 탱크를 비우도록 조치해야 한다.

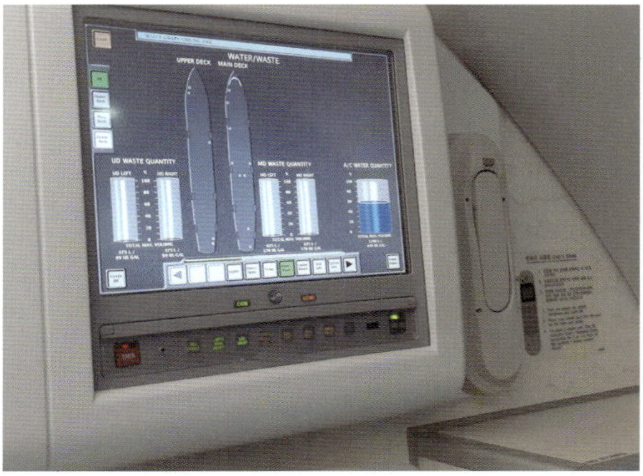

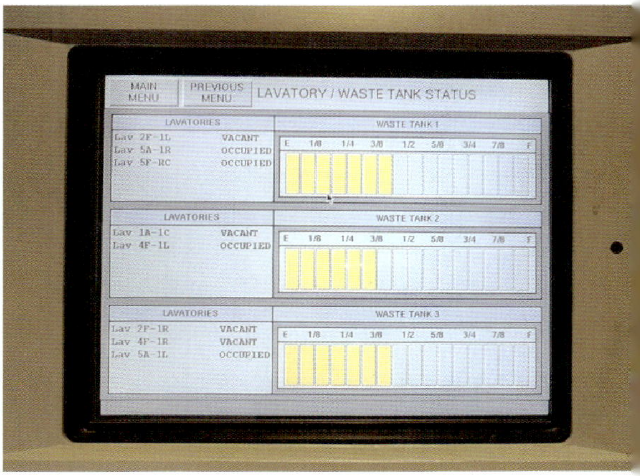

(5) AVOD 마스터 파워 스위치

각 승객 좌석의 AVOD(audio video on demand) 전원 공급을 조절하는 메인 스위치로, 지상에서 스위치를 켜서 AVOD를 작동한다. 비행 중 AVOD에 장애가 발생하여 재부팅을 하는 경우, 시청하는 구역의 승객에게 양해를 구한 후 기내 방송으로 AVOD 오프를 공지하고 정해진 순서에 따라 AVOD 오프 작업을 수행해야 한다. AVOD를 껐다가 복구하는 데에는 평균 20~25분 정도가 소요되므로 AVOD 오프는 신중히 결정해야 한다. 일반적으로 토글스위치의 커버를 덮어두어 오작동을 방지한다.

2) 통신 시스템

기내에서 사용되는 통신 시스템에는 객실승무원과 객실승무원 또는 객실승무원과 운항승무원 사이에 사용하는 인터폰 시스템, 기내 방송을 하거나 비행 정보를 전달하는 PA 시스템, 승객이 승무원을 부를 때 사용하는 승객 호출(passenger call) 시스템이 있다. 핸드셋에 각 기능의 버튼이 있고, 비상구 또는 승무원 좌석 부근 천장이나 벽면에 마스터 콜 디스플레이(master call display)라는 인디케이터가 있다. 또한 최신 기종의 경우 갤리와 비상구 주변 패널에 호출 버튼을 누른 승객의 위치와 좌석 번호를 알려주는 인디케이터가 있어 즉각적인 응대가 가능하다.

마스터 콜 디스플레이

(1) PA 시스템

승객 또는 객실승무원에게 비행 정보를 전달하거나 기내 방송을 하는 시스템이다. 모든 승무권 구역에서 사용 가능하며, 클래스별로 방송할 수도 있고 전 객실에 방송할 수도 있다. 승객이 헤드폰으로 음악을 듣거나 영화를 감상하는 중이라도 승무원이 방송을 하거나 사전 녹음된 방송(pre-recorded announcements)을 작동한 경우 헤드폰을 통해 전달된다. 핸드셋의 PTT(push to talk) 버튼을 누르고 방송한다.

PA 우선순위

1. 조종실로부터의 PA
2. 객실로부터의 PA
3. 사전 녹음된 방송
4. 비디오 시스템의 오디오
5. 보딩 뮤직(boarding music)

(2) 인터폰 시스템

운항승무원과 객실승무원 또는 객실승무원과 객실승무원 사이에 일반적인 의사소통을 할 때 사용하며, 기종별로 조금 차이가 있으나 사용법은 비슷하다. 각 승무원 좌석과 승무원 휴게실에 핸드셋이 장착되어 있으며, 누군가를 호출할 때는 핸드셋을 들고 해당 구역을 나타내는 번호를 누르면 된다. 구역별 번호는 핸드셋에 표기되어 있다.

- all attendant call: 객실의 모든 승무원 구역과 조종실에 호출할 수 있다. all attendant call을 누르면 모든 승무원 구역에 차임이 울리고 모든 마스터 콜 디스플레이의 분홍색 불빛이 점멸한다.
- station to station call: 원하는 구역과 통화할 수 있다. 해당 구역에 차임이 울리고 해당 마스터 콜 디스플레이의 분홍색 불빛이 점멸한다.
- pilot call: 객실승무원이 운항승무원에게 연락할 때 사용하며 조종실 내 인터폰 시스템의 차임이 울린다.

(3) 승객 호출 시스템

승객이 좌석이나 화장실에서 객실승무원을 호출할 때 사용하는 시스템으로, 승객 좌석의 PCU, PSU 또는 화장실 내부에 설치되어 있다. 승객 좌석의 PCU, PSU로 객실승무원을 호출하면 PSU의 승무원 호출 표시등이 켜지고 마스터 콜 디스플레이에 파란색 불빛이 들어오며 차임이 울린다. 화장실에서 객실승무원을 호출하면 마스터 콜 디스플레이에 주황색 불빛이 들어오고 차임이 울리며, 해당 화장실 밖 콜 버튼 인디케이터에 주황색 조명이 켜진다.

구분	마스터 콜 디스플레이	차임
승무원 간 호출	분홍색 불빛 점등	딩~동(high-low)
화장실에서의 호출	주황색 불빛 점등	딩~
승객 좌석에서의 호출	파란색 불빛 점등	딩~

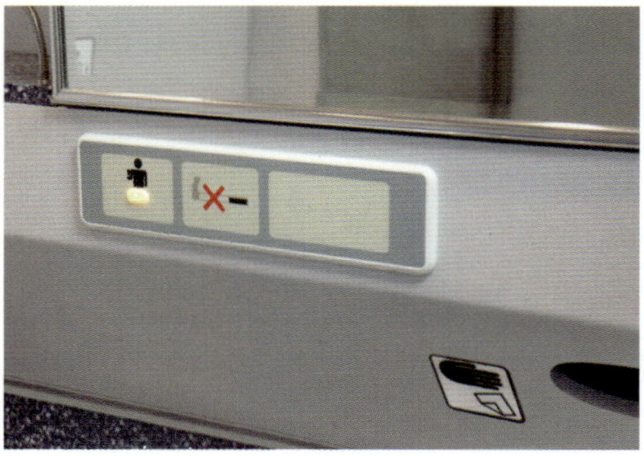

05 객실 등급

항공기의 객실 서비스 등급은 항공사에 따라 명칭이 다를 수 있으나 일반적으로 일등석(first class), 비즈니스석(business class), 일반석(economy class)으로 구분된다. 항공기의 구역 구분과 마찬가지로 객실 서비스 등급은 객실승무원의 근무 구역을 설정하는 주요 기준이 된다.

1) 일등석

일등석은 객실 전방부에 위치하며 좌석의 너비와 좌석 사이의 간격이 다른 등급보다 넓다. 쾌적하고 안락한 좌석 배치(seat configuration)로 일등석만의 독립된 분위기를 조성하는 것이 특징적이다.

Photo by Yunjin Lee

Photo by Yunjin Lee

Brostock/Shutterstock.com

Dmitry Birin/Shutterstock.com

2) 비즈니스석

일등석 바로 뒤 메인덱 또는 이층에 위치한 비즈니스석은 독립된 개별 좌석으로 구성되어 있다. 일등석에 준하는 분위기를 갖추고 있으며 프리미엄 와인과 최고급 기내식 등이 제공된다.

Photo by Yunjin Lee

Photo by Yunjin Lee

Stoyan Yotov/Shutterstock.com

Dmitry Birin/Shutterstock.com

3) 일반석

기종별로 차이가 있으나 소형기의 경우 약 100~200명, 중형기의 경우 약 250~300명, 대형기의 경우 약 300~400명이 탑승할 수 있는 일반 좌석을 말한다.

Marcin Kilarski/EyeEm via Getty Images

CHAPTER 02

유관 부서 및 공항 서비스

1. 여객 운송 업무와 유관 부서
2. 공항
3. 공항 지상 조업 서비스

01 여객 운송 업무와 유관 부서

1) 여객 운송 업무

항공사의 운항, 운송, 객실 서비스, 영업, 정비, 일반 지원 업무를 통틀어 항공 운송 업무라고 한다. 그리고 공항에서 여객과 화물을 직접 다루는 운송 업무 중 여객 탑승 수속 및 관련 업무를 여객 운송, 화물 탑재 및 취급 업무를 화물 운송이라고 한다.

여객 운송 업무는 여행객이 안전하고 쾌적한 여행을 할 수 있도록 항공사가 제공하는 서비스를 말하며, 여기에는 항공기 운항을 위한 준비, 여행 서류 확인, 좌석 배정, 수하물 접수, 출국 및 탑승 안내, 도착지 환승, 검역, 수하물 수취, 세관 등이 포함된다. 또한 VIP 및 귀빈 서비스, 환자 및 도움이 필요한 승객 서비스, 비정상 운항 시 안내, 숙식, 배상 등이 있다.

이러한 여객 운송 업무의 특성은 다음과 같다.

- **현장성:** 공항 현장에서 직접 항공기 정시 운항과 여객 서비스를 제공한다.
- **시한성:** 사전에 정해진 출발·도착 시각에 따라 항공기 정시 운항을 하기 위해 운항 준비 및 여객·화물 서비스를 일정 시간 내에 완료해야 한다.
- **종합성 및 상호 협력성:** 항공기 운항, 정비, 객실, 운송, 지상 조업 등 다양한

분야의 업무를 동시에 종합적으로 협력하여 진행하고, 관계 기관과 긴밀히 협조해야 한다.

2) 유관 부서

항공사가 승객에게 운송 서비스를 제공하는 데에는 여러 유관 부서의 직원들이 직간접적으로 관여하며, 이들의 서비스 마인드, 업무 수행 능력 등은 항공사의 서비스 품질을 결정짓는 중요한 요소이다. 항공 여객 운송업의 서비스 측면에서 볼 때 영업, 운송, 운항, 정비, 객실 업무는 밀접한 연관성이 있으며 유기적인 협조가 필요하다.

기본적으로 객실 업무는 승객 탑승과 하기 종료 시점을 기준으로 업무 범위가 정해진다. 그러나 항공기 지연, 회항, 긴급 착륙 등 비정상적인 경우에는 업무를 구분하기보다는 각 분야 간의 원활한 공조 체제가 이루어져야 한다. 또한 항공기가 도착하여 출발하기까지의 짧은 시간 동안 다음 비행을 위한 모든 객실 준비 작업이 공항에서 이루어지므로, 승객에게 양질의 객실 서비스를 제공하려면 공항에서의 적극적인 지원이 무엇보다 중요하다.

항공사의 영업, 운송, 운항, 정비, 케이터링, 지상 조업과 객실 서비스 업무는 밀접하게 연계되어 있으며, 이는 오른쪽 그림과 같이 정리할 수 있다.

(1) 운송 서비스

탑승 수속부터 항공기 출발, 항공기 도착 시부터 수하물 수취 시까지 공항의 여객 터미널에서 이루어지는 승객 관련 서비스를 말한다. 탑승 수속, 환승, 특수 고객 응대, 항공기 출·입항 보고, 탑재 관리 업무 등이 포함된다.

① 항공기 도어 개폐

항공기가 출발하거나 도착하여 도어를 개폐할 때 운송 직원과 객실승무원 간의 업무 협조는 필수적인 과정이며, 이때 항공기 출·입항에 관련된 각종 서류를

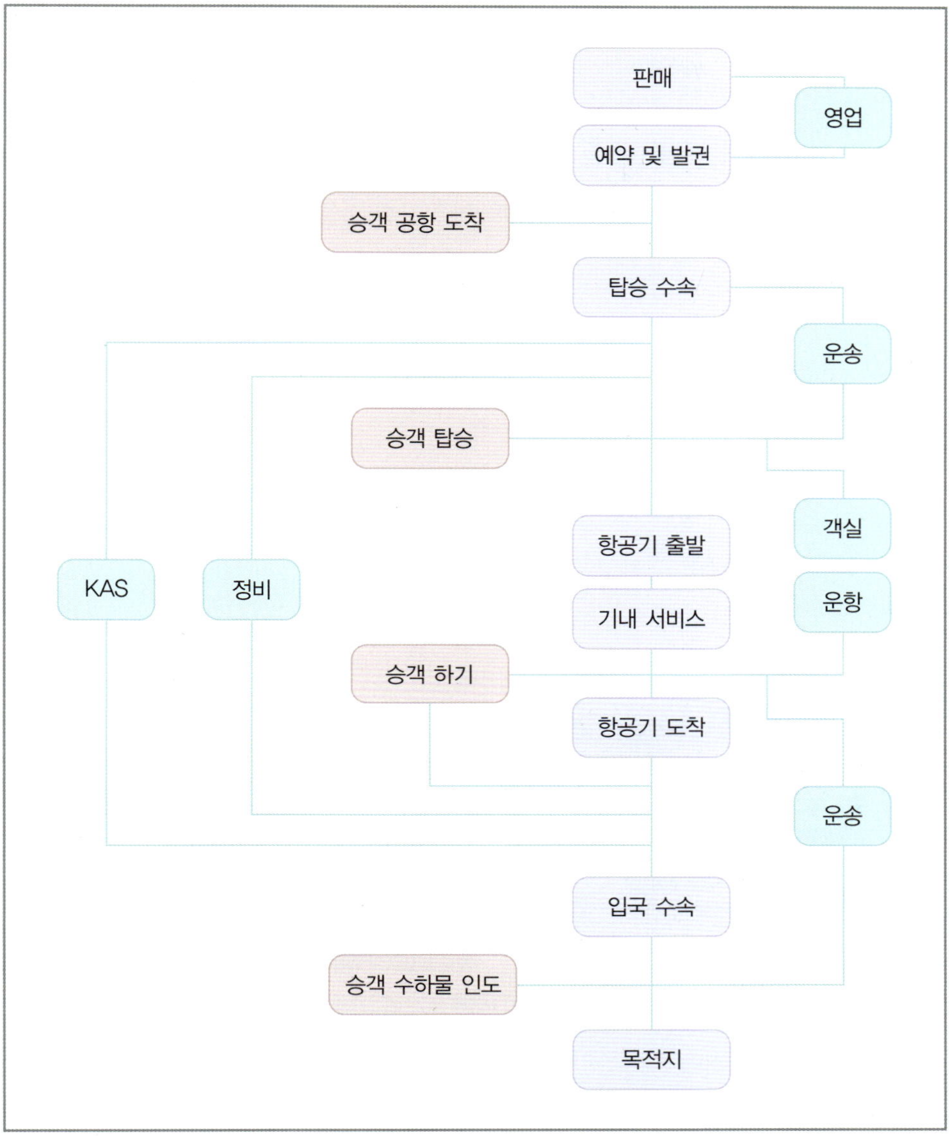

항공 운송 업무의 흐름

인수인계한다.

② 휴대 수하물 규제

승객의 과대/과다 휴대 수하물은 비행 중 난기류 등으로 기체가 흔들릴 때 승객에게 심각한 위해 요소가 되므로 규제한다.

(2) 운항 관리 서비스

목적지까지의 비행에 필요한 운항승무원의 비행 계획서 작성, 운항 브리핑 등의 서비스를 말한다. 운항 결정, 안전·보안 등 운항과 관련된 최종 책임은 기장에게 있으며, 기장은 비행 시작부터 종료 시점까지 총괄 업무를 지휘한다. 그러나 그 외 객실 서비스 등 객실 내에서의 모든 업무는 객실 사무장에게 그 책임이 있다.

(3) 정비 서비스

① 항공기 정비

항공기 운항 중 발생할 수 있는 위험 요인을 제거하기 위해 출발 전, 도착 후 절차에 따라 점검·정비를 하고 정비 일지 등을 작성한다.

Soeren Stache/picture alliance via Getty Images

Longfin Media/Shutterstock.com

② **전원 공급**

GPU(ground power unit)라는 장비를 항공기에 연결하여 지상에서 전원을 공급한다.

(4) 케이터링 서비스

항공기에 탑재되는 기내식, 기내 물품과 관련된 서비스로 기내식 생산, 품질 관리, 탑재, 하기, 유지·보관 등이 포함된다.

Ceri Breeze/Shutterstock.com

Ceri Breeze/Shutterstock.com

02 공항

1) 공항의 개요

국제민간항공기구(ICAO)는 공항을 "항공기의 도착, 출발이나 지상 이동을 위해 일부 또는 전체가 사용되는 건물, 시설물, 장비 등이 포함된 육지나 수상의 일정 구역"으로 정의하고 aerodrome으로 표기한다. 또한 미국 연방항공청(Federal Aviation Administration, FAA)은 "여객이나 화물을 항공기에 싣거나 내리기 위해 정기적으로 이용하는 착륙 지역"으로 정의하고 airport로 표기한다. 우리나라 항공시설법에서는 "항공기의 이착륙 및 여객·화물의 운송을 위한 시설과 그 부대시설 및 지원 시설 등 공항 시설을 갖춘 공공용 비행장으로서 국토교통부 장관이 그 명칭, 위치 및 구역을 지정·고시한 지역"으로 규정하고 있다.

2) 공항의 기능

항공기의 이착륙과 이동을 목적으로 설치된 육상 또는 수상의 일정 구역을 비행장이라고 하며, 이러한 비행장 중 항공 운송을 위해 공공용으로 상용되는 경우 공항이라고 한다. 따라서 공항은 항공기의 이착륙 장소일 뿐 아니라 항공 운송에

Tanjala Gica/Shutterstock.com

필요한 여객·화물 취급 시설, 항공기 급유 및 정비 시설, 국제공항의 경우 세관, 출입국 관리, 검역 시설 등 공공용의 제반 시설과 항공기의 안전 운항에 필요한 항행 안전시설이 포함된다.

3) 공항 시설

여객과 화물의 출발지, 중간지, 최종 목적지로서의 기능을 수행하는 공항은 안전한 운항을 위해 활주로 등 이착륙 지원 시설을 갖추고 있다. 항공기의 이착륙과 여객 및 화물의 원활한 처리를 위해 공항 시설은 활주로 등 기본 시설과 여객청사, 부대시설 등으로 이루어져 있다.

(1) 에어사이드

항공기의 이착륙을 지원하는 활주로, 유도로, 주기장, 항공관제 시설 등을 갖춘 곳과 보안 검사대, 출입국 검사대, 면세점, 항공사 라운지, 탑승 게이트 등 국제공항의 경우 출입국 심사 지역을 중심으로 일반인의 접근이 제한된 지역을 에어사이드(airside)라고 부른다.

① 활주로

항공기의 이착륙을 위한 지상 활주용 노면으로 가장 중요한 기본 시설이다. 항공기 기종에 따라 활주로의 길이와 폭이 결정되며, 또한 활주로의 규모와 수량에 따라 공항의 등급이 결정된다.

② 유도로

항공기가 활주로, 주기장, 정비 구역 등을 이동할 때 사용하는 지상 통로를 말한다. 항공기의 운항 횟수 등을 고려하여 시설의 규모가 결정된다.

Ceri Breeze/Shutterstock.com

Aerovista Luchtfotografie/Shutterstock.com

③ 주기장

항공기를 주기할 목적으로 사용하는 장소이다. 승객 탑승·하기, 화물 탑재·하역, 연료 주입, 정비 등을 위해 항공기가 머무르는 주기장은 여객 및 화물 청사 앞에 자리한다.

Mikhalis Makarov/Shutterstock.com

④ 항공관제 시설

■ 항공관제

항공기 간의 충돌 방지, 공항 시설물 및 기타 장애물과의 충돌 방지를 위해 항공기 조종사에게 필요한 각종 정보를 제공하여 항공 교통의 안전 및 질서를 유지하는 기능을 항공관제라고 한다. 이러한 항공관제 업무는 관제사가 수행한다.

■ 무선 시설

항공기의 안전 운항을 지원하는 시설로 정밀 진입용 시설인 계기 착륙 장치(instrument landing system, ILS)가 있다. 항공기의 안전 운항을 지원하기 위해 모든 공항에는 이와 같은 전파 시설이 설치되어 있으며, 항공기에도 공항의 장비와 교신할 수 있는 장비가 장착되어 있다. 조종사는 이러한 장비를 운용할 수 있는 능력을 갖추어야 한다.

■ 항공 등화 시설

악천후 또는 야간에 조종사가 육안으로 항공기 운항이 어려울 때 항공기의 이착륙을 지원하는 등화 시설로 진입등, 활주로등, 유도로등이 있다.

⑤ 면세점

외국으로 반출하거나 관세 면제를 받을 수 있는 사람이 사용하는 것을 조건으로 해외로 출국하는 내·외국인에게 관세, 내국세 등 과세가 면제된 상품을 판매하는 장소이다.

Grey82/Shutterstock.com

Mont592/Shutterstock.com

(2) 랜드사이드

여객 및 화물 처리 시설, 기타 부대시설, 주차장 등을 포함한 구역인 랜드사이드(land side)는 일반인이 자유로이 이동할 수 있는 장소이다. 국내선 여객 청사와 국제선 여객 청사로 나뉘며, 항공 여객의 안전한 운송을 지원하기 위해 항공사, 공항공사, 정부 기관과 승객의 편의를 위한 상업 시설이 입주해 있다. 또한 항공기 탑승권 발급 및 수하물 탁송을 위한 항공사 체크인 카운터, 보안 검색 시설, 세관, 출입국, 검역소, 보안 기관인 국정원, 검찰, 경찰과 문화재관리청 등이 상주한다.

Nghia Khanh/Shutterstock.com

Sorbis/Shutterstock.com

03 공항 지상 조업 서비스

공항 지상 조업 서비스는 항공기 재운항을 위해 공항에서 제공하는 제반 서비스로, 항공기가 지상에 도착하여 출발하기까지 항공기, 탑승객, 수하물 등과 관련된 다양한 업무 처리 절차를 의미한다. 이러한 서비스는 항공기의 안전한 이착륙과 원활한 운영을 위해 필요하며, 승객 및 화물 취급, 청소, 견인, 급유 등이 포함된다.

참고영상

① 기내 객실 청소 서비스

항공기 내부의 청결과 위생을 유지하기 위한 기내 청소는 항공기 운항 사이에 이루어진다. 좌석, 바닥, 테이블, 창문, 화장실 등 기내의 모든 부분을 철저히 청소하고 쓰레기를 수거하며, 필요한 경우 소독 작업을 하여 전염병 확산 등을 예방하는 등 위생에 주의를 기울인다. 이를 통해 승객에게 쾌적한 비행 환경을 제공하므로 기내 청소는 항공사의 이미지 관리에도 중요한 역할을 한다.

② 식용수 공급, 오물 처리 서비스

식용수 공급은 비행 중 승객과 승무원에게 안전하고 깨끗한 식수를 제공하는 서비스이다. 깨끗한 식수를 항공기에 직접 공급하도록 특별히 설계된 식수 트럭을 이용하여 항공기 내 전용 탱크에 식수를 저장하며, 이때 엄격한 위생 기준을

준수한다. 또한 항공기가 목적지 공항에 도착하면 비행 중 발생한 오물을 처리한다.

③ 항공기 급유 서비스

주기장에 설치된 급유 시설 또는 급유 장비를 이용하여 항공기에 연료를 넣으며, 대부분의 항공기는 주날개에 연료가 저장된다. 항공유는 등유와 거의 동일하여 연소성이 좋고 발열량이 크고 휘발성이 적당하며, 낮은 온도에서도 결빙이 잘 발생하지 않는다. 원칙적으로 급유는 승객이 탑승하기 전에 행해지지만 지연, 공항 사정 등의 이유로 승객이 탑승 중일 때 급유하기도 하는데, 이러한 경우 화재에 유의해야 한다.

M101Studio/Shutterstock.com

Jaromir Chalabala/EyeEm via Getty Images

④ **램프버스(ramp bus)**

공항 내 램프 구역 내에서 운영하는 차량으로, 여객 청사에서 원격지 주기장에 계류 중인 항공기까지 승객을 이송할 때 주로 사용한다.

Johnathan21/Shutterstock.com

⑤ **스텝카(step car)**

승객이 항공기에 탑승할 때 이용하는 계단이 장착된 차량을 말한다. 최근 대부분의 공항에서는 항공기 탑승에 브리지를 사용하지만, 브리지가 없거나 부족한 경우 스텝카를 사용한다.

Nahlik/Shutterstock.com

aapsky/iStock/Getty Images Plus

⑥ 브리지(bridge, 탑승교)

승객이 공항 터미널과 항공기 사이를 안전하고 편리하게 이동할 수 있는 시설이다. 브리지는 항공기가 터미널에 도착하거나 출발할 때 사용되며, 여객 터미널이나 탑승동의 주기장에 설치된다. 이를 통해 승객은 비행기까지 직접 걸어가거나 계단을 이용할 필요가 없으며, 기상 조건에 관계없이 안전하게 탑승하거나 하기할 수 있다.

EQRoy/Shutterstock.com

Sorbis/Shutterstock.com

⑦ 항공기 유도

안전하고 정확한 항공기 이동을 지원하는 중요한 작업으로, 항공기가 착륙한 후 계류장으로 이동하거나 이륙하기 위해 활주로로 이동할 때 지상에서 유도사가 수신호나 유도 차량을 사용하여 항공기를 안내하는 것을 말한다. 특히 항공기의 시야가 제한되거나 항공기가 좁은 공간에서 이동해야 하는 경우 유도사의 역할이 필수적이다.

⑧ 토잉(towing)

항공기 전방의 랜딩기어인 노즈기어에 토잉 차량을 연결하여 항공기의 동력이 아닌 차량의 동력으로 항공기를 옮기는 견인 작업을 말한다. 항공기는 대개 안전상의 이유로 자체 후진을 하지 않기 때문에 푸시백(push-back)을 하거나, 공항 내에서 항공기의 위치를 변경해야 할 때 토잉 작업이 이루어진다.

lozanona/iStock/Getty Images Plus

RICHARD A. BROOKS/AFP via Getty Images

⑨ 화물 하역

화물을 싣는 공간을 화물칸이라고 하며, 일반적으로 승객이 탑승하는 객실은 동체 상단부에, 화물칸은 동체 하단부에 위치한다. 화물만 운송하는 화물기는 동체가 모두 화물칸이라고 할 수 있다. 화물칸에는 승객의 수하물, 반려동물, 화물 등을 탑재하는데, 소형기의 경우 별도의 탑재 용기(unit load device, ULD)를 이용하지 않고 수하물을 적재하는 방식으로 탑재하고 중·대형기는 탑재 용기에 수하물 등을 담아 탑재한다.

⑩ 항공기 제빙(de-icing)·방빙(anti-icing)

동절기에 항공기 외부(조종면, 날개, 엔진, 동체 등)의 결빙을 제거하거나 방지하는 작업을 말한다. 날개와 동체에 쌓인 눈이나 얼음은 항공기가 이륙하는 데 필요한 양력을 감소시켜 위험할 수 있다. 따라서 제빙액을 살포하여 눈이나 얼음을 용해하고, 쌓이는 눈을 녹인다. 제빙액의 성능에 따라 일정 시간이 지나면 다시 눈이 쌓이거나 얼기 때문에 보통은 방빙 작업을 함께 실시한다. 제빙·방빙 작업을 완료한 항공기는 눈이 쌓이거나 얼기 전 제한 시간 이내에 이륙해야 하며, 만약 제한 시간을 초과하면 다시 제빙·방빙 작업을 실시한다.

Helen King/The Image Bank via Getty Images

Alexey_Lesik/iStock/Getty Images Plus

CHAPTER

03

항공기 객실승무원 관련 규정

1. 객실승무원의 정의와 기본 자질
2. 객실승무원의 임무와 책임
3. 객실승무원의 직급 체계와 직책별 임무
4. 객실승무원의 근무 규정
5. 객실승무원의 교육 훈련

01 객실승무원의 정의와 기본 자질

1) 객실승무원의 정의

항공사의 승무원은 크게 운항승무원(cockpit crew)과 객실승무원(cabin crew)으로 구분할 수 있다. 운항승무원은 항공안전법 제35조에 해당하는 자격 증명을 받고 항공기에 탑승하여 항공 업무에 종사하는 사람(항공안전법 제2조 16항)으로, 조종실에서 항공기를 조종하고 항공기 내 각종 기기를 조작하는 기장(captain)과 부기장(co-pilot)이 이에 해당한다.

Tip 항공안전법 제35조(자격 증명의 종류)

1. 운송용 조종사	2. 사업용 조종사	3. 자가용 조종사
4. 부조종사	5. 항공사	6. 항공기관사
7. 항공교통관제사	8. 항공정비사	9. 운항관리사

그리고 객실승무원은 항공기에 탑승하여 비상시 승객을 탈출시키는 등 승객의 안전을 위한 업무를 수행하는 사람을 말한다(항공안전법 제2조 17항). 또한 승객을 목적지까지 안전하고 편안하게 모시는 일을 수행하므로 비상시 필요한 조치

를 할 수 있는 지식과 능력뿐만 아니라 서비스 전문인의 자질도 갖추어야 한다. 국내 항공사의 경우 객실승무원 또는 스튜어드(steward), 스튜어디스(stewardess)라고 부르며, 해외 항공사의 경우 cabin-crew, cabin-attendant, flight-attendant라고 한다.

객실승무원은 항공기의 안전과 보안, 기내 객실 서비스를 담당하는 전문인으로서 근무 연한이나 직급에 따라 맡은 임무를 수행한다. 객실 업무를 수행하려면 신입 전문 훈련 및 직급과 경력에 따라 소정의 교육 과정을 이수하고 심사를 거쳐야 하며 외국어 능력, 서비스 전문 지식과 해당 자격증도 지녀야 한다. 또한 항공기의 안전 운항과 비상시 조치에 관한 지식과 능력을 갖출 수 있도록 안전 교육 훈련을 정기적으로 이수하고 안전 자격증을 취득해야 하며, 연 1회 이상 정기 건강검진 등을 통해 항공기 탑승 근무에 적합한 신체 및 건강 조건을 항상 유지해야 한다. 발병, 부상 등 신체 건강상의 사유로 근무에 부적합한 경우 승무원 자격이 일시 정지되거나 상실되기도 하며, 회복 후 업무에 복귀할 때는 항공사 보건 의료원의 심사를 받아야 한다.

최초의 객실승무원은 독일 루프트한자(Lufthansa)의 남성 승무원이었으나, 당

Bettmann via Getty Images

ullstein bild via Getty Images

시에는 승객에게 더욱 섬세한 보살핌을 제공할 수 있는 서비스 전문인이 필요하다는 인식이 보편적이었다. 그리고 승객에게 심리적 안정감을 제공하고 비행 중 환자 발생에 대비하여 간호사 자격증을 소지한 객실승무원이 필요하게 되었다. 이에 1930년 유나이티드항공(United Airlines)의 전신인 보잉에어트랜스포트(Boeing Air Transport)는 간호사 자격증을 소지한 엘런 처치(Ellen Church)를 여성 객실승무원으로 처음 채용했다. 이후 승객에게 좋은 평가를 받아 미국의 항공사는 물론이고 유럽 전역에서 여성 객실승무원을 탑승시키는 시도가 확대되었다.

우리나라에 여성 객실승무원이 처음 등장한 것은 광복 직후인 1948년이다. 당시 우리나라에 취항한 미국의 노스웨스트항공(Northwest Airlines)이 최초로 한국인 여성을 객실승무원으로 채용했다.

2) 객실승무원의 기본 자질

국제화 시대에 다양한 승객의 욕구를 충족할 수 있는 전문적인 객실승무원이 되기 위해서는 다음과 같은 자질이 필요하다.

- 기내라는 근무 환경에 적합한 건강한 신체와 체력을 갖추어야 한다. 기압, 습도, 온도, 고도 등의 항공기 내 환경과 스케줄 근무 형태의 특수성으로 인한 피로를 스스로 관리하고 항상 체력 유지에 신경 써야 한다.
- 글로벌 마인드와 외국어 의사소통 능력을 갖추어야 한다. 오늘날과 같은 글로벌 시대에 외국어 능력과 국제적 감각은 객실승무원에게 필수적이다.
- 회사 조직에 융화하고 원만한 인간관계를 형성하기 위해 노력해야 한다. 또한 일상생활에서도 타인을 배려할 줄 알아야 한다.
- 철저한 자기 관리 능력을 지녀야 한다. 객실승무원은 유니폼을 입고 있는 동안은 물론이고 출퇴근 중, 해외 체재 시 신분이 노출되기 쉽고 직무의 특성상 대중의 주목을 받기 때문에 세심한 자기 관리가 필요하다.
- 단정한 용모, 상냥한 말씨, 부드러운 매너를 항상 유지해야 한다. 객실승무

원은 대부분의 근무 시간 동안 승객을 접하기 때문에 대화법이나 승객 응대 매너는 기본적으로 갖추어야 할 요소이다.

- 객실승무원은 투철한 직업의식을 가지고 전문적인 업무 지식을 습득하는 데 최선을 다해야 한다.

02 객실승무원의 임무와 책임

비행 중 객실승무원이 수행하는 임무는 다음과 같이 크게 세 가지로 구분할 수 있다.

- 항공 안전 요원으로서 항공기의 안전 운항을 위해 기장을 보좌하여 승객의 안전 및 비상 탈출과 관련한 임무를 수행해야 한다.
- 항공 보안 요원으로서 기내에서 불법 방해 행위를 하는 승객에 대응하는 등 항공기와 승객의 보안을 위한 임무를 수행해야 한다.
- 서비스 요원으로서 투철한 서비스 마인드를 가지고 제반 규정과 서비스 절차에 따라 승객의 요구에 부응하는 최상의 서비스를 제공해야 한다. 이를 통해 안전하고 쾌적한 비행 환경을 유지하여 목적지까지 승객을 안전하고 편안하

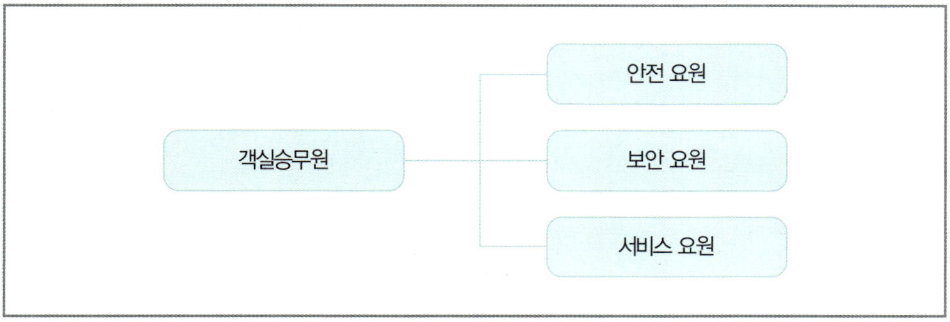

thipjang/Shutterstock.com

Akimov Igor/Shutterstock.com

안전

Alexander Hassenstein/Getty Images

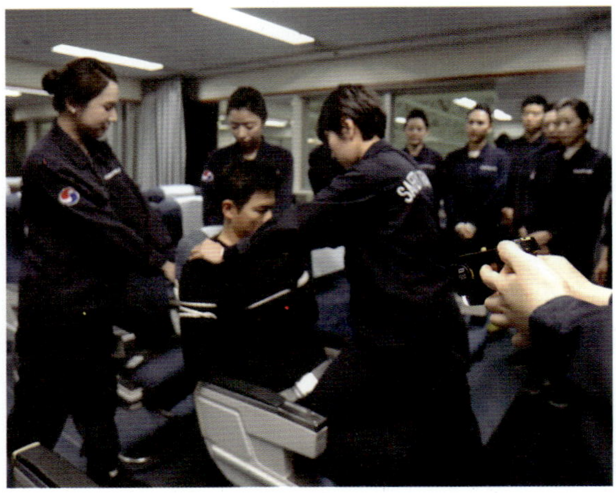

연합뉴스

보안

M101Studio/Shutterstock.com

Bignai/Shutterstock.com

서비스

게 모신다.

객실승무원은 직급과 직책, 근무 연한, 보유 코드에 따라 각기 다른 업무를 맡지만 모든 객실승무원은 다음과 같은 임무를 공통으로 수행한다.

1) 브리핑 참석 임무

객실승무원은 비행에 임하기 전에 지정된 시간 및 장소에서 객실 브리핑(cabin briefing)과 합동 브리핑(운항 브리핑)에 참석하여 해당 비행에 필요한 사항을 확인해야 한다. 이는 객실 업무의 특성상 꼭 필요한 일이며, 성공적인 비행을 위해 승무원 개인의 사전 비행 준비가 필수적으로 요구된다.

- **객실 브리핑**: 비행 근무 전 필요한 사항을 점검하고 해당 항공편의 비행 정보, 기종·노선·목적지의 특성, 안전·보안·서비스의 특성과 같은 정보를 공유하는 절차이다.
- **합동 브리핑**: 객실 브리핑을 마친 후 운항승무원과 객실승무원이 비행시간, 고도, 항로, 목적지 기상, 비상 절차 등의 정보를 공유하는 절차이다.

Alexey Smyshlyaev/Shutterstock.com

2) 비상·보안 장비 점검 및 보고 임무

실습영상

항공기에는 비상사태에 대처하기 위한 비상 장비, 응급 환자 발생 시 응급 처치를 할 수 있는 의료 장비, 테러 및 기내 업무 방해 행위 발생 시 제압하기 위한 보안 장비 등이 구비되어 있다. 객실승무원은 객실 안전사고를 예방하고 비상사태가 발생했을 때 신속히 대처할 수 있도록 기내에 탑재된 모든 비상·보안 장비와 시스템의 사용법을 숙지하여 승객과 승무원의 안전을 확보해야 한다.

승객이 탑승하기 전에 각 장비를 점검 요령에 따라 점검하고(상태, 수량 등), 이상을 발견했을 때는 보고 체계에 따라 객실 사무장, 정비사, 기장 등에게 보고하여 항공기가 출발하기 전에 교체해야 한다.

3) 보안 점검 임무

실습영상

객실승무원은 승객이 탑승하기 전에 항공기 보안 점검 체크리스트에 의거하여 담당 업무 구역의 보안 점검을 해야 한다. 이는 기내 불법 방해 행위에 사용될 수 있는 무기 또는 폭발물 등의 위험한 물건을 수색하는 절차이며, 보안 점검을 마친 후 객실 사무장에게 이상 유무를 보고해야 한다. 이후 모든 객실 보안 점검이

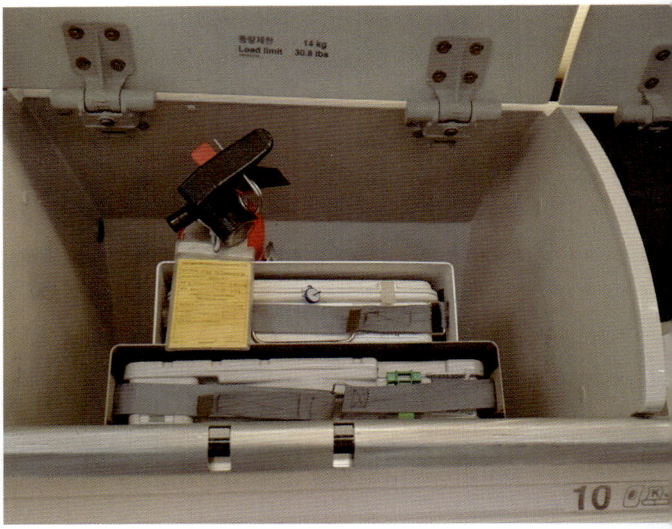

완료되면 객실사무장이 기장에게 이를 보고한다.

▶▶ 항공기 보안 점검 체크리스트

<table>
<tr><th colspan="2" rowspan="2">구분</th><th rowspan="2">점검 내용</th><th colspan="2">경계 수준</th></tr>
<tr><th>3, 2</th><th>1</th></tr>
<tr><td rowspan="15">객실</td><td rowspan="5">승객 좌석</td><td>좌석 상단</td><td></td><td></td></tr>
<tr><td>좌우 창측 벽면 구석진 곳</td><td></td><td></td></tr>
<tr><td>사이드월 스토위지 빈(B744 U/D)</td><td></td><td></td></tr>
<tr><td>좌석 포켓 내부</td><td></td><td></td></tr>
<tr><td>좌석 쿠션 하단, 구명복 보관 장소</td><td></td><td></td></tr>
<tr><td rowspan="3">통로</td><td>선반 내부</td><td></td><td></td></tr>
<tr><td>벌크헤드, 커튼 주위 구석진 곳</td><td></td><td></td></tr>
<tr><td>객실 바닥 부분</td><td></td><td></td></tr>
<tr><td rowspan="2">승무원 좌석</td><td>승무원 좌석, 구명복 보관 장소</td><td></td><td></td></tr>
<tr><td>비상 장비 보관 장소</td><td></td><td></td></tr>
<tr><td rowspan="3">도어</td><td>도어 주변 구석진 곳</td><td></td><td></td></tr>
<tr><td>코트룸 내부</td><td></td><td></td></tr>
<tr><td>잡지 진열대 내부</td><td></td><td></td></tr>
<tr><td>승무원 휴게실</td><td>승무원 휴게실(B744, B772, A332)</td><td></td><td></td></tr>
<tr><td>VCC</td><td>비디오 컨트롤 센터</td><td></td><td></td></tr>
<tr><td rowspan="6">화장실</td><td rowspan="2">설비</td><td>화장실 문, 벽, 천장 주위</td><td></td><td></td></tr>
<tr><td>변기 주변 구석진 곳</td><td></td><td></td></tr>
<tr><td rowspan="4">보관함</td><td>휴지, 화장지 보관함</td><td></td><td></td></tr>
<tr><td>세면대 하단 공간</td><td></td><td></td></tr>
<tr><td>쓰레기통</td><td></td><td></td></tr>
<tr><td>거울 뒷면 컴파트먼트 내부(B772, B773)</td><td></td><td></td></tr>
<tr><td rowspan="6">갤리</td><td rowspan="5">보관함</td><td>갤리 내 모든 보관 공간(오븐, 냉장고, 바 등)</td><td></td><td></td></tr>
<tr><td>천장, 벽, 바닥</td><td></td><td></td></tr>
<tr><td>쓰레기통, 타월 수거함</td><td></td><td></td></tr>
<tr><td>천장에 위치한 컴파트먼트</td><td></td><td></td></tr>
<tr><td>카트 리프트(엘리베이터) 내부(B744)</td><td></td><td></td></tr>
<tr><td>탑재 카트</td><td>카트 실링</td><td></td><td></td></tr>
</table>

Tip 항공보안법 제14조 4항

항공 운송 사업자는 매 비행 전에 항공기에 대한 보안 점검을 하여야 하며 세부 사항은 국토교통부령으로 정한다.

4) 기내 설비와 시스템 점검 임무

항공기가 출발하기 전에 지상에서 담당 정비사가 객실 설비와 각종 시스템을 점검한다. 그러나 설비의 특성상 지상에서는 제대로 작동했더라도 이륙 후 비정상적으로 작동할 가능성이 있으며, 항공기가 출발지를 떠나 목적지에 도착할 때까지 외부로부터 수리 등의 지원을 받을 수 없으므로 지상 점검은 필수이다. 따라서 객실승무원은 좌석, 갤리, 화장실, AVOD, PCU, 통신 시스템 등의 기내 설비를 철저히 점검하여 비행 중 승객의 편의를 도모해야 한다.

- **승객 좌석:** 리모컨, 식사 테이블, 좌석 벨트, 등받이 리클라인(recline), 독서등, 승무원 호출 버튼 등의 작동 여부를 확인한다.

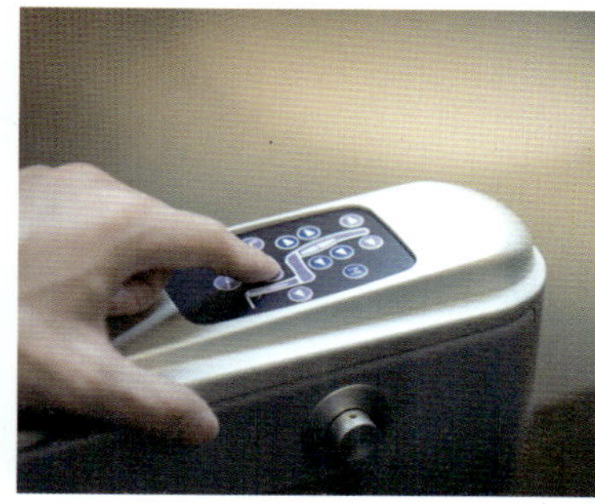

• 승무원 좌석: 안전벨트, 좌석 자동 접힘 상태를 확인한다.

Creative Credit/iStock/Getty Images Plus

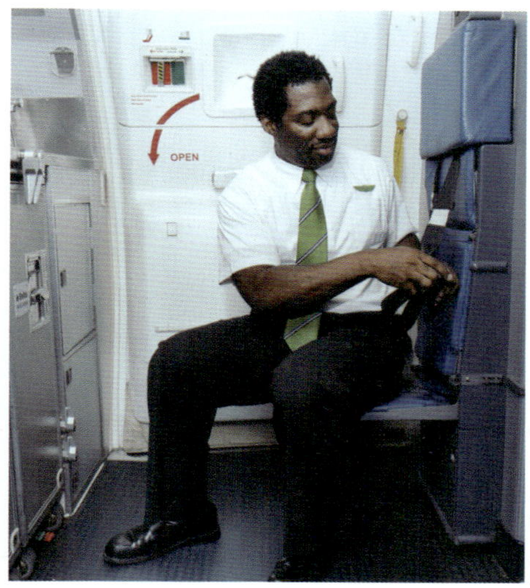

Brian Finke via Getty Images

• 갤리: 커피 메이커, 오븐, 워터 보일러, 트래시 컴팩터, 서비스 카트 보관 장소, 엘리베이터, 냉장고, 전자레인지, 드레인 등을 확인한다.

• **화장실**: 쓰레기통, 기저귀 교환대, 물 공급 장치, 변기 플러싱(flushing) 상태, 서비스 용품 보관 장소 등을 확인한다.

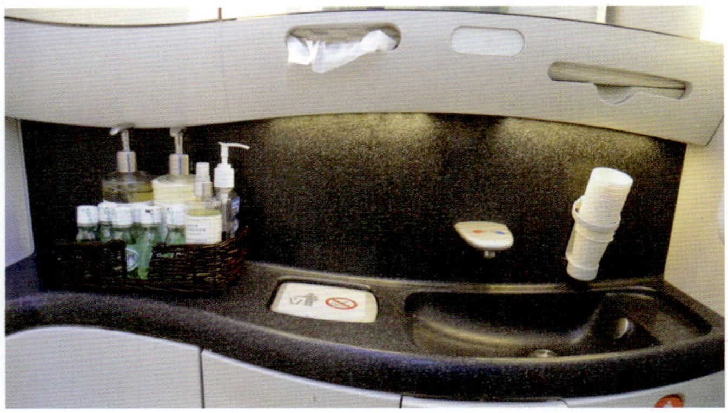

Maxene Huiyu/Shutterstock.com

• **AVOD 시스템**: 모니터, ISPS 등을 확인한다.

• **PA 시스템**: 모니터링을 통해 시스템을 점검한다.

5) 서비스 물품 및 면세품 점검 임무

비행 중 서비스를 위해 탑재되는 기용품과 서비스 용품은 그 종류와 양이 많은데, 그중 빠진 품목이 있다면 원활한 서비스를 제공하는 데 어려움을 겪는다. 그로 인해 승객이 고품질의 서비스를 받지 못하는 경우 고객 불만으로 이어질 수도 있으므로 지상에서의 사전 점검이 중요하다. 항공기가 출발한 후에는 외부로부터의 물품 전달이 불가한 항공 운송업의 특성상 서비스 물품의 종류, 수량, 상태, 유효 기간 등을 확인하고 보고해야 한다.

면세품 담당 승무원은 면세품 탑재 직원과 함께 기내에 탑재된 면세품을 인수인계해야 한다. 면세품은 고가의 상품이므로 정확하게 인수인계되지 않으면 비용 손실이 발생할 수 있다. 상품 개수, 품목, 파손 여부 등은 물론이고 판매에 필요한 쇼핑백, 판매용 단말기, 인쇄용지, 보조 용품, 실(seal) 등도 확인한다.

A380 기내 면세품 전시 공간

Tip 실(seal)

기내에 탑재되는 모든 카트, 캐리온 박스는 실을 사용하여 봉인한다. 항공사마다 실의 색깔이 다르다.

6) 일상 안전 업무

객실승무원은 기내 화재 및 감압, 난기류 등의 안전사고를 예방하고 사고 확률을 줄이기 위해 비행 업무 시 안전 의식을 바탕으로 사전에 대비할 수 있도록 해야 한다. 일상 안전 점검 시 이상을 발견하거나 기내 사고가 발생했을 때는 보고 체계에 따라 보고할 의무가 있으며 좌석벨트 착용 상태, 짐 보관, 전자 기기 사용 여부 등 다양한 안전 업무를 수행한다. 또한 항공기 이륙 전 실시하는 승객 브리핑(safety demonstration), 비상구열 좌석 승객 브리핑, 개별 브리핑도 객실승무원의 임무에 포함된다.

- 승객 브리핑: 항공기 이륙 전 비상시에 대비하여 객실승무원이 승객에게 모니터 또는 실연으로 보여주는 안전 내용을 말한다. 승객 브리핑은 금연, 좌석벨트 사용법, 비상 탈출구의 위치, 구명조끼 및 산소마스크의 위치와 사용법, 안전 정보 카드(safety information card) 안내 등으로 구성된다.

Akimov Igor/Shutterstock.com

MoreGallery/Shutterstock.com

- **비상구열 좌석 승객 브리핑:** 비상구열 좌석에 착석한 승객은 비상시 승무원을 도와 다른 승객의 탈출을 도와주어야 한다. 일반적으로 체크인 단계에서 비상구열 좌석 착석 승객의 책임에 대해 사전 동의 절차를 거치고, 이에 동의한 승객에 한하여 비상구열 좌석을 배정한다. 기내에서 객실승무원은 해당 승객에게 비상구열 좌석 승객 브리핑을 실시한다.
- **개별 브리핑:** 비상 탈출 시 도움이 필요한 승객(비동반 소아, 장애인, 노약자 등), 객실 구조상 모니터를 볼 수 없는 좌석에 앉은 승객에게는 개별적으로 승객 브리핑을 해야 한다. 또한 유아 동반 승객의 경우 구명복 등 필요한 사항에 대해 개별적으로 안내해야 한다.

7) 객실 서비스 임무

항공사마다 서비스의 내용과 순서에 약간의 차이가 있으나 대부분은 항공기 전체를 구역으로 구분하고, 업무가 배정된 객실승무원이 해당 구역에서 근무하는 서비스 담당제를 채택하고 있다. 객실승무원은 식음료 서비스, 기내 면세품 판매, 출입국 규정 안내, 휴대 수하물 관리, 특별 승객 응대, 기내 방송(in-flight announcement) 등을 수행한다.

photosounds/Shutterstock.com

Anadolu Agency via Getty Images

Richard Baker via Getty Images

Tip **기내 방송**

비행 중 서비스 내용, 시설 이용 방법, 여행에 필요한 각종 정보를 안내하는 한편, 비행 안전과 관련하여 승객을 효율적으로 통제함으로써 승객의 안락하고 안전한 여행을 보장하기 위해 하는 방송을 말한다.

앞서 언급한 바와 같이 객실승무원은 승객의 안전과 편의를 도모하기 위해 다양한 임무를 수행해야 하며, 이를 위해 국제항공운송협회(International Air Transportation Association, IATA)는 안전상 좌석 수에 따른 최소한의 객실승무원 수를 규정해놓았다. 이에 따라 각 항공사는 기종별로 객실승무원 일인당 책임지는 승객 수를 설정했다. 그리고 비상사태가 발생했을 때 승객이 안전하고 신속하게 탈출할 수 있도록 기종별 객실승무원의 최소 탑승 인원도 규정되어 있다.

03 객실승무원의 직급 체계와 직책별 임무

1) 객실승무원의 직급 체계

항공사마다 인사 제도 및 직급 체계와 호칭이 상이하나 대개 근무 연한, 업무 성과, 기여도 등에 따라 직급이 구분된다. 객실승무원의 경우 신입 사원으로 들어와 입사 교육을 수료하고 신입 승무원 전문 교육 훈련과 수습 비행을 마치면 인턴 승무원이 된다. 인턴 기간을 거쳐 정규 직원으로 전환된 후에는 회사의 규정에 따라 자격 심사를 거쳐 승격할 수 있다. 승격을 위해서는 근태 관리를 철저히 하고 회사에서 요구하는 자격을 갖추어야 한다.

▶▶ K 항공사 객실승무원의 직급 체계

구분	직급
CP(chief purser)	수석 사무장
SP(senior purser)	선임 사무장
PS(purser)	사무장
AP(assistant purser)	부사무장
FA(flight attendant)	남승무원, 여승무원

각국 항공사는 자국민 외 승객을 배려하고 객실 서비스의 충실화를 도모하기 위해 노선 취항국의 현지인을 승무원으로 채용하기도 한다. 자국 승무원과 외국인 승무원은 직위 및 직위별 체류 연한이 다르고 비행 스케줄 편성을 비롯한 행정적인 지원 체제가 별도로 운영된다. 직급 체계도 다르고 근무의 특성을 살려 직급별 호칭을 별도로 정한다.

Tip **직급과 직책**

- **직급:** 직무의 종류, 난이도, 권한과 역할, 책임의 정도가 비슷한 직위를 묶어 분류한 것으로, 조직의 구성원을 적절한 등급으로 나눈 것
- **직책:** 직위의 구체적인 권한과 책임을 동반한 보직

2) 객실승무원의 승무 직책별 임무

(1) 객실 사무장

객실 사무장(duty purser)은 해당 비행 구성 팀의 책임자이자 관리자이다. 따라서 회사의 방향을 객실승무원에게 전달하고, 회사가 정한 규정 내에서 고객 만족을 위한 서비스 계획을 수립한다. 객실 사무장은 구성원의 업무 성숙도를 파악하여 그 수준에 맞게 직무를 편성하고, 나아가 개개인의 업무 성숙도를 높이기 위해 기존 구성의 변화도 실행할 수 있다. 이를 위해서는 객관적으로 검증된 능력 외에도 비행 경험에 따른 통찰력, 판단력, 순발력, 리더십 등을 갖추어야 한다.

객실 사무장에게 주어진 관리자의 임무는 구성원의 욕구를 파악하여 팀의 업무 만족도를 높이는 것이다. 일반적으로 구성원의 욕구가 다양하기 때문에 성숙도나 취향에 따른 관리가 필요하며, 활기차게 일할 수 있는 동기를 부여하는 분위기를 조성해야 한다.

한편 객실 업무의 지도 관리 책임을 맡은 해당 비행편 책임자로서의 임무는 구체적으로 다음과 같다.

① 승무원의 업무 배정

비행 전일 노선의 특성, 승객 분포, 승객 수, 객실승무원의 자격과 경력, 적정 서비스 수준을 고려하여 업무를 할당한다. 비행시간 등을 고려하여 최고의 업무 효율을 올릴 수 있도록 해야 하며, 차상위 업무 수행 능력을 배양하기 위해 승무원 간에 적절히 업무 순환을 한다.

항공사는 승무원의 업무 능력을 객관화하기 위해 자격제를 실시하고 있다. 일등석, 비즈니스석과 같은 상위 클래스를 담당하는 승무원은 서양식 이론과 접객 매너 등 전문 교육을 이수해야 하며, 기내 방송을 담당하는 승무원은 방송 자격을 취득해야 해당 업무를 수행할 수 있다.

② 객실 브리핑 주관

비행 근무 전 회사의 안전 서비스 방침을 전파하고, 항공 여객 운송 전반에 관한 정보와 현장에서 습득한 객실 서비스 관련 지식을 바탕으로 고객 지향적인 관점에서 서비스 방침을 정하여 브리핑을 주관한다.

③ 기내 설비/장비 점검

항공기 안전을 위해 출발 전 정비사는 지상에서 기내 설비와 장비를 점검하고, 객실승무원은 탑승 후 추가적으로 재점검을 한다. 이때 객실 사무장은 PA를 통해 객실승무원에게 비상·보안 장비 점검 및 보안 점검을 지시하고, 객실 사무장 또한 자신이 담당한 구역의 비상·보안 장비 점검 및 보안 점검을 실시한다.

객실승무원은 비행 중 비정상 작동에 대비하여 자체적으로 해결할 수 있는 업무 능력을 배양해야 한다. 또한 기내 설비에 문제가 발생했을 때는 반드시 CL(cabin log)에 기재하고, 목적지 공항에 도착한 후 정비사에게 알려야 한다.

> **Tip CL(cabin log)**
>
> 객실 내 설비에 관한 기록을 남기는 일지이다. 비행 중 문제가 발생한 곳의 위치와 그 내용을 객실 사무장이 간략히 기입하고, 도착 후 항공기 정비사가 CL을 확인하여 문제를 해결한다.

④ 객실 서비스 관리 감독

기내에서 이루어지는 물적 서비스는 기내식과 음료 제공, 면세품 판매, 영화 상영 등 다양하다. 정해진 비행시간에 다수의 승객에게 표준화된 서비스를 제공하기 위해 항공사는 서비스 규정에 세부적인 지침을 정해두고 객실승무원은 이를 행한다. 객실 사무장은 객실 서비스가 원활하게 진행되도록 구성원을 지도하고 서비스의 흐름을 조절하며, 승객의 서비스 만족도를 확인해야 한다.

⑤ 항공기 출·입항 서류, 승객 출입국 서류 관리

항공 운송 산업의 특성상 항공기는 항공사의 자국과 취항국의 경계를 넘나드는데, 이때 자국은 물론 취항국에서 항공기 출입국 허가를 받아야 한다. 이와 관련된 서류는 기내에 탑재되며, 객실 사무장은 관련 제반 서류를 작성 및 관리하고 목적지에 도착한 후 항공사의 지상 직원에게 인계하거나 취항국의 해당 공무원에게 직접 전달해야 한다. 또한 승객이 해당 국가에 출입국하기 위해 작성하는 서류를 관리한다.

⑥ 기내 방송 관리 및 감독

기내 방송은 항공기 출발과 도착에 관한 안내, 안전한 항공 여행과 쾌적한 객실 서비스 내용 등 그 종류가 다양하다. 기내 방송은 다수의 승객에게 정보를 알려주는 것이 목적이므로 정확한 내용 전달이 중요하며, 객실 사무장은 담당 승무원의 방송 능력을 파악하여 적절히 수행하도록 관리해야 한다.

⑦ 객실승무원 지도 및 현장 문제점 등 서비스 개선 사항 보고

비행 중 구성원의 현장 교육을 담당하고, 현장의 소리에 귀 기울여 문제점을 파악함으로써 서비스의 개선을 도모한다. 개선이 필요한 사항은 회사에 보고하여 서비스 경쟁력을 키워야 한다.

Tip 리포트(report)

비행 근무 중 발생한 비정상적인 상황에 대해 구두, 유선, 팩스, 서면 등으로 담당 부서에 보고하는 것을 말한다. 이는 각 항공사의 보고서 형식에 맞게 적시에 효율적으로 이루어져야 한다.

⑧ 해외 체재 시 승무원 관리 및 해외 지사와의 업무 연계 체계 유지

국제선 비행 근무 시 객실승무원은 귀국편에 오르기까지 해외에 머무르는데, 이때 객실 사무장은 해당 비행편의 구성원을 통솔할 책임이 있다. 투숙 호텔에 도착하면 체재 시 객실승무원이 준수해야 할 사항을 간단히 브리핑하고 해외 지사와의 정보 교류, 업무 연계 체계를 유지해야 한다.

⑨ 운항승무원과의 커뮤니케이션

안전 비행을 위해 운항승무원과의 유기적인 커뮤니케이션을 유지해야 한다. 비행 전 운항 브리핑 시점에 운항승무원과 비행 전반에 관한 정보를 교류하고, 비행 중에는 수시로 안전 운항에 관한 정보를 듣고 기내 상황을 통보해야 한다.

⑩ 안전 업무 총괄 책임

비상·보안 장비 점검 등 일상 안전을 위한 감독과 사고 예방을 위한 업무를 수행하고 감압, 화재 등의 비상사태가 발생했을 때 대처해야 한다.

⑪ 서비스 업무 총괄 책임

상위 클래스의 서비스 업무에 가담해야 하며 특별식 제공, 특별 요청 승객 케어, 인식 서비스, 기내 엔터테인먼트 시스템, 기내 온도, 조명 관리 등 서비스의 전반적인 업무에 책임이 있다.

(2) 객실 부사무장

객실 부사무장(assistant purser)은 객실 사무장의 업무를 보좌하며, 객실 사무장이 임무를 수행할 수 없을 때 위임받은 업무를 대행한다. 따라서 객실 사무장의 임무를 수행할 수 있도록 미리 준비하는 자세가 필요하다.

① 객실 브리핑 준비

브리핑 및 비행에 필요한 자료를 준비하고, 항공기와 객실승무원의 출입국 절차를 점검하며, 수습 승무원이 동승한 경우 현장 훈련 지도 및 평가도 수행한다.

② 시스템, 서비스 아이템, 청소 상태 점검

항공기가 출발하기 전, 목적지에 도착하기 전에 갤리에 탑재된 면세품, 보세품 등 모든 서비스 관련 용품의 탑재와 하기 상태를 확인한다. 또한 AVOD, 조명, 온도 조절 장치 등 각종 설비의 이상 유무를 확인하고 청소 상태 등 객실의 청결을 관리한다.

③ 일반석 안전·서비스 업무 총괄

일반석의 서비스 업무에 가담하고 SPCL PAX 케어, 특별식 제공, 인식 서비스, 갤리 브리핑(galley briefing) 주관, 기내 쾌적성 점검, 출·입항 서류 준비, 서비스 물품 인수인계, 일상 안전 업무 등을 담당한다. 객실 사무장이 비행 중 서비스 시 상위 클래스의 서비스 업무에 가담하므로 일반석의 서비스에 관여하기 어렵기 때문에 객실 부사무장이 일반석의 서비스를 총괄한다. 그러나 객실 업무의 총책임은 객실 사무장에게 있다.

(3) 일반 승무원

일반 승무원(cabin crew)은 자신에게 할당된 듀티 코드(duty code)에 맞는 객실 서비스 업무를 담당하고 비행 안전 업무를 수행해야 한다. 항공사의 객실승무원 업무 규정집에는 객실승무원의 포지션에 따른 업무 내용이 상세하게 규정되어 있다. 일반 승무원의 업무 포지션은 비행마다 바뀌기 때문에 비행에 임하기 전 해당 포지션의 업무 내용을 반드시 파악해야 한다.

▶▶ 국제선 객실승무원의 업무 예시(K 항공사 자료 재구성)

항공기 탑승 전	승객 탑승 전	승객 탑승 시-이륙 전
□ 필수 휴대품 확인 • 여권(비자) • ID 카드 • 승무원 등록증 • 객실승무원 업무 교본(태블릿) □ 업무/공지 사항 확인 □ 비행 정보 확인 • 브리핑 시트 정보 숙지 • 도착지 정보 숙지 • 기타 관련 사항 □ 비행 준비 서류 • liquor inventory list(필요시) • SPML tag □ 객실 브리핑 참석 □ 운항 브리핑 참석	□ 개인 짐 정리 □ 비상·보안 장비 점검 □ 보안 점검 □ 설비 및 시스템 점검 • AVOD, 승객 호출 버튼, 좌석 설비, 독서등 □ 기내 청소 상태 점검 • 좌석, 통로, 오버헤드 빈, 좌석 포켓, 코트룸, 화장실 등 □ 서비스 물품 탑재 확인 및 준비 • 화장실 용품 • 이어폰 • child giveaway □ 갤리 정리 정돈 □ 통로 정리 정돈 □ 시니어 업무 지원	□ 담당 구역 스탠바이 • 환영 인사 • 좌석 안내 □ 휴대 수하물 정리 □ 승객 핸들링 □ 비상구열 좌석 승객 응대 □ 세이프티 체크 • 승객 휴대 수하물 정위치 여부 • 오버헤드 빈 닫힘 상태 • 서비스 카트 정위치 보관 상태 • 승객 착석 및 좌석벨트 착용 상태 • 좌석/트레이 테이블/개인용 모니터 원위치 상태 • 화장실/코트룸 닫힘 상태 • 도어 모드 변경 □ 환영 인사 □ 안전 업무 수행 • 객실 및 갤리 내 유동물 고정 등 □ 레디 포지션 및 30-second review □ 이어폰, 어메니티 키트 서비스

비행 중	착륙 준비	착륙 후
□ 갤리 브리핑 □ 식전주, 식사, 뜨거운 음료 서비스 □ 식사 회수, 통로 정리 □ 화장실 체크 • 화장실 용품/비품 리필 • 최소 30분 간격 점검 □ 기내 판매 보조 □ 승객 케어 □ 입국 서류 배포 및 협조 □ 특별 승객 케어 • UM 탑승 시 편지 작성 □ 셀프 서비스 바 정돈 □ 워크 어라운드	□ 갤리 디브리핑 □ 서류 작성 재확인 • 승객 입국 서류 • liquor inventory list 작성 및 제출 □ 보관품 반환 □ 객실 정리 정돈 □ 특별 승객 케어 □ 안전 업무 수행 및 착륙 준비 • 목적지 근접 시그널 후 -승객 휴대 수하물 보관 상태 점검	□ 세이프티 체크(도어 모드 변경) □ 하기 인사 □ 특별 승객 하기 협조 □ 화장실 용품 회수 □ 보안 점검 및 유실물 확인 • 좌석 • 통로 • 오버헤드 빈 • 화장실, 코트룸 등 □ 디브리핑 참여 • 객실 사무장에게 특이 사항 보고

Tip **듀티 코드(duty code)**

객실승무원은 해당 비행편의 서비스 구역별로 코드화된 업무를 할당받으며, 여기에는 서비스 담당 구역뿐만 아니라 업무 할당에 따른 책임이 포함된다.

(4) 수습 승무원

현장감을 익히고 신입 교육의 효과를 높이기 위해 신입 훈련 과정 중 비행 실습 업무를 수행하는데, 이러한 비행 실습을 받는 신입 훈련생을 수습 승무원(on the job training, OJT)이라고 한다. 현장에서 객실 사무장·부사무장, 선배 승무원에게 서비스 태도와 업무 관련 지식을 배우고, 매 비행 시 서비스에 적합한 용모와 복장을 갖추었는지 평가받으며, 승무원으로서의 자질과 기술을 연마한다. 또한 수습 기간의 비행 실습 경험에 대한 보고서를 작성한다.

항공사마다 수습 기간이나 근무 형태가 다르나, 일반적으로 일정 기간 동안 객실승무원의 협조자 및 관찰자로서 비행 업무를 익힌 후 업무를 배정받아 구역을 담당하고 책임지는 방식을 취하고 있다.

(5) 외국인 현지 여승무원

외국인 현지 여승무원(regional stewardess, RS)은 일반 승무원과 마찬가지로 비행 근무 중 할당된 객실 안전·서비스 업무를 수행하고 현지 외국인 승객을 위한 기내 통역, 기내 방송(현지어) 등을 담당한다.

Sorbis/Shutterstock.com

Sorbis/Shutterstock.com

3) 승무원 지휘 체계

운항승무원, 즉 기장과 부기장은 비행시간에 따라 중간 교대가 가능하도록 두 팀이 한 비행편에서 근무한다. 기장은 항공기 운항의 최종 책임자로서 항공기 조종, 객실승무원을 포함한 전 승무원에 대한 지휘·감독의 권한을 부여받으며, 비행 계획을 결정하고 비상사태 시 지휘·감독을 한다. 기장은 항공법에 정해진 정기운송용 조종사 자격과 민간 외교관으로서의 인격·교양·상식을 겸비해야 하며, 기내에서는 범죄 예방을 위해 사법권에 준하는 권력을 행사할 수도 있다. 부기장은 기장을 보좌하여 항공기를 조종하는 동시에 안전 운항을 위한 지상관제 시설과의 무선 연락 등을 담당한다.

항공기의 총 지휘 체계는 기장, 부기장, 객실 사무장, 객실 부사무장, 일반 승무원 순이다. 일반적으로 항공기 운항 및 안전 운항에 대한 책임은 기장에게 있고 객실 서비스에 대한 책임은 객실 사무장에게 있다.

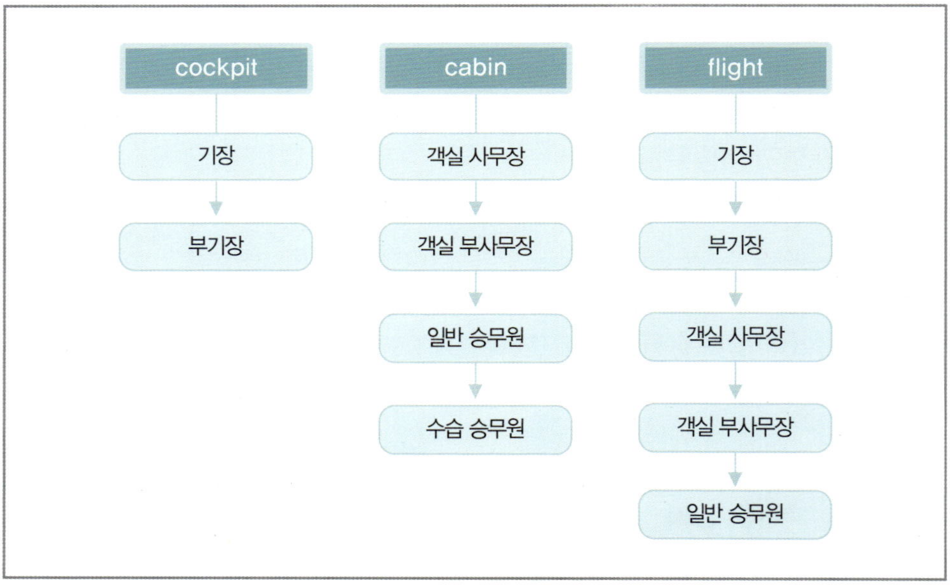

운항승무원과 객실승무원의 지휘 체계

객실승무원에 대한 지휘 책임의 경우 운항 브리핑 참석 시점부터 항공기 하기 후 해산 시점까지는 기장에게 있으나 해외에 체재하는 동안에는 객실 사무장에게 그 책임이 있다. 해외 체재 시 객실승무원은 반드시 정해진 지휘 체계에 따라 모든 상황을 처리해야 하며, 업무 수행 시 제반 지휘 계통의 정당한 명령을 따르지 않거나 이유 없이 지시 사항을 지키지 않는 것은 징계 사유가 된다.

04 객실승무원의 근무 규정

객실승무원의 근무는 항공사 직원으로서 객실승무원이 종사하는 모든 업무를 말하며 일반직의 근무와 다른 점이 많다. 또한 근무 형태가 다양하고 비행 근무, 지상 근무, 공항 대기, 교육 훈련 등이 포함된다. 타 직종과 달리 객실승무원의 근무는 다음과 같은 특징을 지니고 있다.

- 월간 배포되는 스케줄에 따라 개개인의 근무가 할당되고, 일반직의 정시 출퇴근과 달리 스케줄 근무가 일상적이다.
- 객실승무원의 주 근무처는 항공기의 객실이라고 할 수 있으며, 스케줄에 따라 국내·국외 비행 근무를 수행한다. 항공사의 운항 현황과 그날의 기종, 스케줄에 따라 항공기가 변동되기도 한다.
- 객실승무원은 승무 비행으로 출국했을 때 다음 비행으로 입국하기 전까지 해외에서 체류한다.

1) 객실승무원의 근무 형태

(1) 근무

회사가 객실승무원에게 수행할 것을 요구하는 비행 근무, 행정 업무, 교육 훈련, 편승 및 대기를 포함한 모든 임무를 의미한다(근로기준법 등 노동 관계법상 '근로' 또는 '근무'의 의미와 다르다).

(2) 비행 근무 시간

비행 근무는 객실승무원이 비행 임무를 위해 항공사가 정한 장소에 출두한 시간부터 해당 임무가 종료되는 시간까지의 모든 업무를 말한다. 비행 근무 시간 산정 기준은 해당 비행편 브리핑 시작 시간부터 임무가 종료되는 시간까지이며, 공항 대기 시간과 기내 휴게 시간은 비행 근무 시간에 포함되지만 호텔에서의 휴식 시간은 제외된다.

- 연속되는 7일마다 24시간 이상 연속으로 휴식을 취해야 한다.
- 객실승무원은 계획된 비행 근무 시간 직전에 최소한 8시간 휴식을 취해야 한다.
- 항공 운송 사업자는 승무원의 휴식 시간을 단축할 수 있으나 이 경우 다음 휴식 시간을 연장해야 한다.
- 해당 비행을 규정된 제한 시간 내에 정상적으로 종료하도록 계획했으나 악기상, 고장, 항공 교통 관제, 천재지변, 비상사태, 긴급사태 등으로 인해 계획된 시간 내에 목적지 공항에 도착할 수 없는 경우에는 규정된 비행 근무 시간을 초과하더라도 비행 근무 시간 제한 기준을 준수한 것으로 간주한다.

▶▶ 객실승무원의 비행 근무 시간 및 휴식 시간 기준(항공안전법 시행규칙 제128조 제2항 관련)

객실승무원 수	비행 근무 시간	휴식 시간
최소 객실승무원 수	14시간	8시간
최소 객실승무원 수에 1명 추가	16시간	12시간
최소 객실승무원 수에 2명 추가	18시간	12시간
최소 객실승무원 수에 3명 추가	20시간	12시간

* 항공 운송 사업자는 객실승무원이 연속되는 7일마다 연속되는 24시간 이상의 휴식을 취할 수 있도록 해야 한다.

비행시간(flight time)

비행시간, 즉 승무 시간은 객실승무원이 항공기에 탑승하여 업무를 수행하는 시간으로, 항공기가 이륙하기 위해 움직이기 시작한 시간부터 비행 완료 후 정지하기까지의 총시간을 말한다. 승무가 양 월에 걸친 경우에는 해당 비행편 출발 공항의 현지 일자를 기준으로 산정한다. 승무원의 피로 관리를 위해 최대 비행시간은 1개월에 120시간, 3개월에 350시간, 1년에 1,200시간을 초과하면 안 된다.

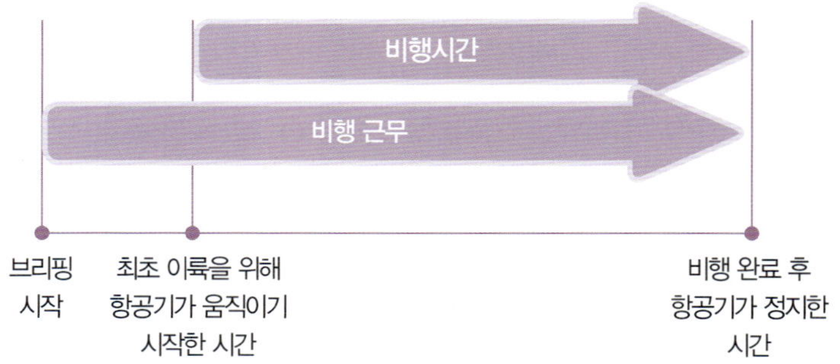

(3) 편승

승무원이 다음 승무를 위해 또는 승무를 마치고 돌아가기 위해 할당된 업무 없이 공항과 공항 간을 자사 또는 타사의 항공기에 탑승하여 이동하는 것을 편승(extra flight, off-duty flight)이라고 한다. 페리 플라이트(ferry flight)도 편승에 포함된다.

• 편승 승무원도 객실 브리핑에 참석해야 한다. 객실 사무장이 포함된 편승 팀

의 경우 편승 팀의 객실 사무장이 객실 브리핑을 주관하고, 그렇지 않은 경우 해당 비행편의 객실 사무장이 주관하는 객실 브리핑에 참석한다.

- 항공기 탑승 전까지 편승 승무원은 온듀티(on-duty) 승무원과 동일하게 근무하고 출국 절차를 거친다.
- 출입국 절차 및 지상 이동 중에는 유니폼을 착용하며, 탑승 직후 사복으로 갈아입고 승객 탑승 전 지정된 좌석에 착석한다.
- 편승 시간은 편승한 비행편의 승무 시간으로 산정하고 월간, 연간 승무 제한 시간에 가산하지 않는다.

Tip 차터 플라이트(charter flight)와 페리 플라이트(ferry flight)

공표된 스케줄에 따라 특정 구간을 정기적으로 운항하는 정기편 항공 운송과 달리 운항 구간, 운항 시기, 운항 스케줄 등이 부정기적인 항공 운송 형태를 차터 플라이트라고 한다. 또한 페리 플라이트는 유상물을 탑재하지 않고 실시하는 비행으로 항공기를 도입하기 위한 운항, 정비, 전세 운항 등이 이에 속한다.

(4) 대기 근무

항공사는 정기·부정기 항공편에 갑자기 결원이 발생하거나 스케줄 또는 기종 변경 등의 이유로 객실승무원의 충원이 필요할 때 승무 인력을 즉시 공급하기 위해 대기 근무(stand by)를 실시하고 있다. 대기 근무를 하는 객실승무원은 회사가 지정한 시간에 지정된 장소에서 대기해야 한다. 대기 근무는 공항 내 지정된 장소에서 대기하는 공항 대기와 거주지에서 대기하는 자택 대기로 구분된다.

① 공항 대기(stand by at airport)

공항 대기 승무원은 완전한 승무 복장을 갖추고 어떠한 승무(특히 장거리 비행)에도 임할 수 있도록 준비되어 있어야 하며, 회사의 허가 없이 지정된 장소를 이탈해서는 안 된다. 한 예로 K 항공사는 대기 A, B, C조로 구분하여 시프트(shift)제로 실시하며, 근무 시간을 다음과 같이 규정하고 있다.

② **자택 대기(ready flight, RF)**

자택 대기는 비행 당일 정비, 기상 문제 등으로 인해 비행 근무 시간 제한을 초과하거나 과도하게 근무한 경우 또는 공항 대기 인원이 부족한 경우 객실승무원을 교체하여 휴식을 보장하고 객실 서비스를 향상하는 것이 그 목적이다. 따라서 자택 대기 승무원은 당일 장거리 비행 준비를 하고 정해진 시간까지(자택 대기 시간은 당일 09:00~17:00) 회사와 연락 가능한 방법을 유지한 채 자택에서 대기해야 한다. 그리고 출발 당일 스케줄을 통보받으면 장거리 비행 근무 준비를 하고 지정된 장소로 출근한다.

(5) 휴게

비행 근무 중 차기 비행 근무를 위해 임시 장소에서 휴식을 취하는 것을 말한다. 기내에서도 장거리 비행 시 업무 생산성 제고를 위해 비행 소요 예정 시간(scheduled flight time)이 8시간 이상인 비행편에는 기내 휴식(crew rest)이 부여된다. crew rest area에서 휴식을 취하는데, 이러한 공간이 마련되지 않은 기종의 경우 crew rest seat를 제공한다.

객실 사무장은 기내 휴식조를 2개 조로 편성하여 운영한다. 기내 휴식 중에는 승무원 신분이 노출되지 않도록 유의해야 하며, 근무조 승무원은 기내 휴식조 승무원의 담당 구역에 공백이 없도록 만전을 기한다. 기내 휴식 중에는 다음 근무

Rathke/iStock/Getty Images Plus

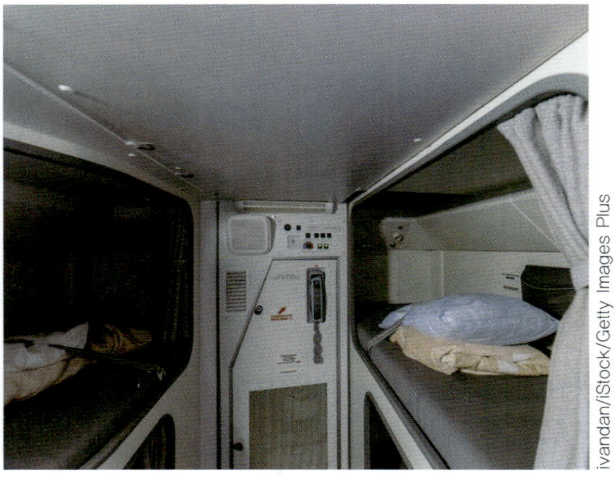

ivandan/iStock/Getty Images Plus

에 대비하여 충분히 휴식을 취하고, 휴식이 끝나면 용모를 점검한 후 근무에 임한다.

(6) 휴식

모기지 및 국내외 스테이션에서 근무를 마친 후 다음 근무에 들어가기 전 업무에서 벗어나 있는 시간으로 자택, 호텔, 기타 이에 준하는 장소에서 휴식을 취한다. 객실승무원은 일정 시간의 탑승 근무를 마친 후 지상 휴식(rest period)을 취할 수 있는데, 이 휴식 시간은 비행 근무 시간에 따라 산정된다. 국제선의 경우 객실승무원이 비행을 마치고 모기지에 돌아왔을 때, 모기지를 떠난 후 총 승무 시간(편승 포함)의 2배 이상 휴식 시간이 부여된다. 단, 모기지 이외 지역에서 연속 36시간 이상 휴식을 취한 경우에는 휴식 시간 산정을 위한 총 승무 시간 산출 시 동 휴식 시간 이전의 승무 시간이 제외된다.

스케줄상 해외에서 5시간 이상 지상 대기 시간이 발생하거나 그러한 상황이 예상될 때는 호텔로 이동하는 것이 원칙이지만, 현지 여건에 따라 공항 내 승무원 라운지에서 휴식하는 경우도 있다. 단, 항공기 정비, 기상 악화 등으로 인한 비정상적인 경우는 예외이다. 객실승무원은 지상 휴식 중에도 다음 근무 시의 고객 서비스 및 안전 비행, 승무원으로서의 품위 유지, 신변 안전을 위해 회사의 제반 규정을 준수해야 한다.

2) 객실승무원의 근무 할당

객실승무원의 개인별 비행 근무 시간은 정해진 규정에 따라 1일, 월간, 연간 일정 제한 시간을 초과하지 않도록 배정되며, 비행시간 및 노선 배정을 평준화하여 공평하게 편성한다. 객실 서비스 업무를 효율적으로 수행할 수 있도록 기종별로 적절한 인원을 안배하여 편성하며, 기종별 탑승 인원을 책정·편성할 때는 각 항공편의 안전을 위한 최소 적정 인원, 비행 조성 및 비행시간에 따른 서비스 내용, 국제선 및 국내선 노선 편성, 승무원 인원 수급 변동 계획과 같은 사항을 고려한다.

(1) 개인별 스케줄

객실승무원은 정해진 개인별 스케줄(monthly individual schedule)에 따라 근무한다. 승무, 편승, 공항 대기, 지상 근무 및 휴일, 휴가, 자택 대기, 교육 등의 근무 형태가 기재된 개인 스케줄이 월 단위로 배포되는데, 운항 스케줄이나 회사의 사정으로 근무 일정이 변경될 수 있으므로 객실승무원은 개인 스케줄을 수시로 확인해야 한다. 개인 스케줄에 할당된 근무를 사전 승인 없이 불이행하면 징계의 대상이 되며, 승무원 간에 임의로 대직할 수 없다.

개인별 스케줄에는 승무원의 이름, 고유 번호, 직급, 직책, 항공편 출발·도착 시간, 데이오프(day off), 휴가, 교육 등의 정보가 담겨 있다.

SUN	MON	TUE	WED	THU	FRI	SAT
	1 ATDO	2 KE1427 ICNPUS 19:35-20:45 LO PUS -	3 LO PUS -14:40 KE2131 PUSNRT 16:00-18:15 KE2132 NRTPUS 19:20-21:35 LO PUS -	4 LO PUS -15:05 KE1422 PUSICN 16:25-17:35	5 ADO	6 KE0475 ICNSGN 18:40-22:05 LO SGN
7 LO SGN -22:25 KE0476 SGNICN 23:45-	8 KE0476 SGNICN -07:00	9 ATDO	10 KE0865 ICNCAN 08:50-11:30 KE0866 CANICN 12:40-17:15	11 ATDO	12	13
14	15	16	17	18 KE1065 GMPCJU 10:05-11:20 KE1200 CJUGMP 12:25-13:40	19 KE1811 GMPPUS 10:25-11:30 KE1820 PUSGMP 13:15-14:15	20
21 KE0131 ICNCGO 08:00-09:35 KE0132 CGOICN 10:45-14:20	22 ADO	23 KE0917 ICNZRH 11:05-17:25 LO ZRH -	24 LO ZRH -	25 LO ZRH -18:10 KE0918 ZRHICN 19:30-	26 KE0918 ZRHICN -13:50	27 ATDO
28 ATDO	29 KE0187 ICNTPE 16:10-17:50 KE0188 TPEICN 18:55-22:35	30 ADO	31 KE0035 ICNATL 09:20-10:10 LO ATL -			2024년 7월

객실승무원의 개인별 스케줄 예시

Tip 개인별 스케줄에 사용되는 용어

ADO: day off
ATDO: 해당 스케줄에 자동으로 부여되는 휴일
RF: ready for flight(자택 대기)
SA/SB/SC: airport stand by(김포공항 대기)
IA/IB/IC: airport stand by(인천공항 대기)
TFR: FR/CL service training(FR/CL 기초 훈련)
TPR: PR/CL service training(PR/CL 기초 훈련)
YVC: year vacation(연휴)
MVC: monthly vacation(월휴)
TVL: travel(편승)

(2) 승무원 여정표

승무원 여정표(daily cabin crew schedule by flight, itinerary)에는 해당 비행편에 배정된 승무원의 명단과 각 승무원의 고유 번호, 비행시간, 직급, 팀 번호, 레이오버(lay-over) 시간 등의 개인 정보와 해당 비행편에 투입되는 항공기의 기종·기명·편수, 출발·도착 시간, 예상 비행시간, 레이오버 시간, 도착 일자, 스케줄 운영기간, 운항 지역, 해당 스케줄 연속 편명 등 비행편의 자세한 정보가 담겨 있다.

Tip 승무원 여정표에 사용되는 용어

HL: 기번
F/T: flight time(비행시간)
D/T: duty time(근무 시간)
STA: scheduled time of arrival
AC: 기종
L/T: lay over time(체류 시간)
STD: scheduled time of departure
QUAL: qualification(자격)

(3) 근무 변경

회사에서 승무원의 개인별 스케줄을 배정하기 전에 회사에서 정한 기한까지 휴가와 요청 비행(request flight)을 신청할 수 있으며, 회사는 타당성을 검토하여 다

Crews on Flight

HL	AC	FltNo	DUTY	DEP	DAY	STD	ARV	DAY	STA	F/T	D/T	L/T	TEAM	STAFFNO	RANK	QUAL	NAME
	73R	0687	FLY	ICN	MO	1905	REP	MO	2230	05:25	05:25	23:20	1012	0000001	SP001	TP B JP	SHINSANG TAE
	73R	0688	FLY	REP	TU	2330	ICN	WE	0640	05:10	05:10		1012	0000002	AP006	FFSSB JP	PARK OO
													1012	0000003	FA001	FPFPB JP	JEON OO
													1012	0000004	FA009	YY B	HAN OO
													1012	0000005	FA010	YY B	LEE OO
													1012	0000006	FA010	YY B	KIM OO
HL 7561	73R	0687	TVL	ICN	MO	1905	REP	MO	2230	05:00	05:25	25:40	0812	0000007	PS003	TP A JP	PARK SOO JIN
	73H	0676	FLY	REP	WE	0020	PUS	WE	0720		05:00		0812	0000008	AP005	FFFPB JP	KIM OO
	73P	1104	TVL	PUS	WE	0930	GMP	WE	1025		00:55		0505	0000009	AP006	FFSSB JP	HAN OO
													OOT	0000010	FA001	YY B	JUN OO
													0812	0000011	FA009	YY B	SONG OO
													0812	0000012	FA010	YY B	HAN OO

Crews on Flight

HL	AC	FltNo	DUTY	DEP	DAY	STD	ARV	DAY	STA	F/T	D/T	L/T	TEAM	STAFFNO	RANK	QUAL	NAME
	333	2727	FLY	GMP	SU	1635	KIX	SU	1810	01:35	01:35		1012	0000001	SP001	TP B JP	SHINSANG TAE
	333	2728	FLY	KIX	SU	1925	GMP	SU	2110	01:45	01:45		1012	0000002	AP002	FFSSB JP	YIM OO
													1012	0000003	AP006	FFSSB JP	KIN OO
													1012	0000004	AP006	FFFPB JP	SEO OO
													1012	0000005	FA000	FPFPB	KWON OO
													1012	0000006	FA000	FPFPB	HWANG OO
													1012	0000007	FA001	FPFPB JP	KIM OO
													1012	0000008	FA007	FPFPB	CHOI OO
													0321	0000009	AP007	FFFPB DE	JUNG OO
													0528	0000010	FA000	YY B	AN OO
													1012	0000011	FA000	FPFPB JP	HEO OO
													1012	0000012	FA009	YY B	SEO OO
													0205	0000013	FA010	YY B	PARK OO

객실승무원의 여정표 예시(K 항공사 자료 재구성)

시차 계산

시차는 그리니치 평균시(Greenwich Mean Time, GMT)를 기준으로 계산한다. 시차는 경도의 차이 때문에 발생한다. 지구는 360°가 24시간으로 나뉘기 때문에 경도 15°마다 1시간씩 차이가 난다. 따라서 영국 그리니치의 시간을 기준으로 전 세계를 24시간대로 나누어 지역별로 1시간씩 시차를 두고 동반구는 +로, 서반구는 −로 표시한다. 국제 날짜 변경선을 따라 동반구는 서반구보다 1일이 빠르다. 예를 들면 서울 +9, 방콕 +7, 뉴욕 −5로 서울과 뉴욕은 14시간 차이가 나며, 서울이 뉴욕보다 동쪽에 있으므로 14시간 빠르다. 가령 서울이 3월 3일 오전 10시라면 뉴욕은 3월 2일 오후 8시이다.

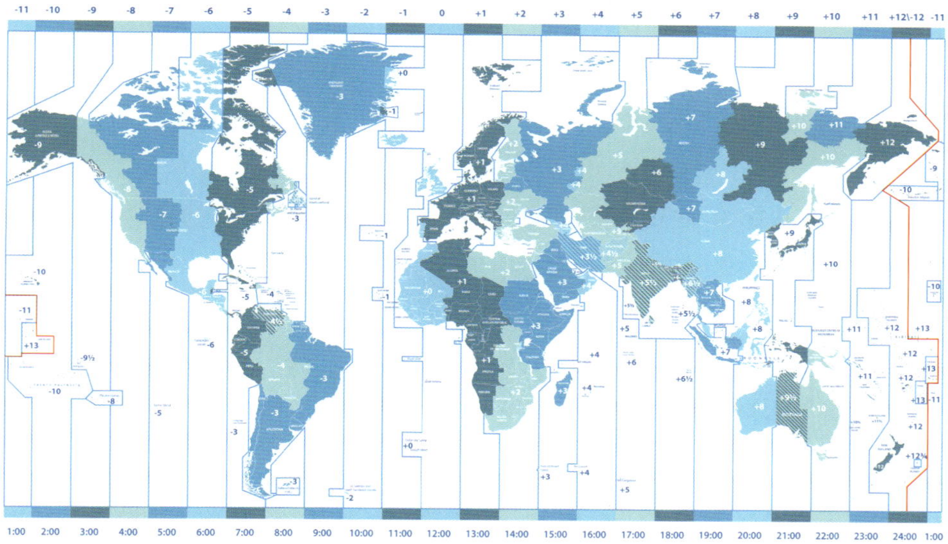

음 달 스케줄에 반영한다. 원칙적으로 개인별 스케줄이 배포된 후에는 변경할 수 없으나 가족의 사망, 천재지변, 본인의 질병으로 근무가 불가능할 때는 회사에 보고하여 변경할 수 있다. 이러한 경우 승무원은 진단서, 사유서 등의 증빙 서류를 제출해야 한다.

질병이나 부득이한 사유로 근무가 불가능하거나 근무 변경을 원하는 경우에는 해당 비행편 출발(또는 해당 근무 시간) 전에 소정의 절차를 거쳐 허가를 받아야 한다. 질병의 경우 진단서 또는 보건 관리자의 소견서를 첨부해야 하나 응급 상황이라 이러한 절차를 거칠 수 없을 때는 우선 회사에 연락을 취하고 사후에 소정의 절차를 거쳐 허가를 받는다.

비행 근무 시간 기준을 초과했을 때 모기지에서는 승무원 교체를 원칙으로 한다. 단, 비정상적인 기상 등으로 인해 다수의 편수가 비행 근무 시간 기준을 초과할 것으로 예상되는 경우에는 우선순위를 정하여 교체하는 것이 원칙이지만, 대기 승무원 부족으로 승무원 교체가 이루어지지 못한 비행편은 예외로 한다.

3) 객실승무원의 일반 준수 사항

(1) 용모 및 제복 관련 준수 사항

유니폼이 항공사의 이미지를 대표한다고 해도 과언이 아니기 때문에 항공사는 심혈을 기울여 자사의 이미지를 반영한 고유한 디자인의 유니폼을 제작한다. 또한 항공사는 자사의 이미지 관리 및 홍보 차원에서 유니폼과 승무원의 헤어스타일, 메이크업, 장신구 착용에 대한 규정을 두고 있다.

- 유니폼의 형태, 규격을 개인적으로 변경하면 안 된다.
- 유니폼을 매매, 교환, 기부하거나 제삼자에게 양도하면 안 된다.
- 근무 목적이나 근무를 위한 연속적인 시점인 경우를 제외하고는 유니폼을 착용하면 안 된다.

M101Studio/Shutterstock.com

Sorbis/Shutterstock.com

• 회사에서 규정하는 부착물(명찰, 윙, 견장 등)은 완전한 상태로 패용하고, 개인적 부착물을 일체 패용하면 안 된다.

(2) 승무 시 준수 사항

객실승무원은 항상 밝은 미소를 짓고 바른 자세로 행동하며 품위와 교양 있는 태도로 승객을 응대해야 한다.

• 업무 지시에 정통하여 승객의 요구 사항에 관해 규정된 절차에 따라 응대한다.
• 비행 근무에 적합한 신체 및 건강 상태를 유지한다(정기적으로 신체검사와 기초 체력 테스트를 거친다).
• 허가되지 않은 회사의 물품이나 용구를 개인적인 목적을 위해 임의로 사용하면 안 된다.
• 승객에 관한 제반 기록의 보안을 유지한다.
• 회사의 사전 승인 없이 매스컴 및 홍보 활동을 하면 안 된다.
• 비행하기 전 24시간 이내에 헌혈을 하면 안 된다.

- 승무 중, 대기 근무 중 또는 할당된 비행편 출발 12시간 이내에 알코올 성분이 함유된 음료를 섭취하면 안 된다.
- 향정신성 물질을 복용한 후에는 비행하면 안 된다.

(3) 편승 시 준수 사항

편승 승무원은 편승 근무의 취지를 제대로 이해해야 한다. 즉 편승이 개인적인 항공 여행이 아니라 다음 비행 근무를 위한 업무의 연속임을 인지함으로써 충분한 휴식을 취하고 목적지로 이동해야 한다.

- 출입국 절차 및 지상 이동 중에는 유니폼을 착용하며, 탑승 직후 사복으로 갈아입고 승객 탑승 전 지정된 좌석에 착석한다.
- 비행 중 자신의 신분을 노출하는 행동이나 승객에게 불편을 주는 행동을 하면 안 된다.
- 근무하는 승무원의 업무에 지장을 주는 행동, 상위 클래스의 서비스 용품을 사용하거나 서비스 용품을 독점하는 행위, 음주를 하면 안 된다.

(4) 해외 체재 시 준수 사항

국제선 구간을 담당하는 객실승무원은 장거리 비행을 하는 경우 취항지인 현지에서 머무르게 된다. 장거리 비행 중의 해외 체재는 휴식을 취하고 재충전할 기회이므로 귀중한 시간이지만, 해외 체재 역시 근무의 연장이라는 사실을 잊지 말고 적당한 휴식 시간을 갖는다.

- 회사의 공식적인 서면 승인 없이 개인적인 용도로 회사의 재산(기내에 탑재된 서비스 용품을 포함한 모든 물품)을 반출하면 안 된다.
- 스테이션이 속해 있는 행정 구역 명칭상의 영역을 벗어날 수 없으며, 지정된 숙소 이외의 장소에서 숙박하면 안 된다.
- 장시간 외출하고자 할 때는 객실 사무장에게 행선지, 연락처, 전화번호, 귀환 시간을 보고하고 허가를 받는다.
- 계속되는 근무를 위해 체재 시 개인위생 및 컨디션 유지에 힘쓰고 호텔 픽업 전부터 충분한 휴식 상태를 유지한다.
- 호텔에 묵을 때 호텔 측이 요구하는 일반적인 규칙을 준수하고 객실 내 취사 행위 등을 하지 않는다.
- 도박 행위, 이성과의 문란 행위로 승무원의 이미지를 손상하지 않고 품위를 유지한다.

05 객실승무원의 교육 훈련

항공사를 비롯한 서비스 기업에서 직원 교육의 중요성을 강조하는 이유는 기업 간의 치열한 경쟁으로 인적 서비스가 더욱 중요해졌기 때문이다. 다시 말해 항공사가 경쟁 우위를 점하는 데에는 운항 스케줄, 운항 기자재, 기내 시설, 예약 시스템도 중요하지만 고객 지향적인 직원이 없다면 그러한 것들이 빛을 발할 수 없다. 항공사가 승객 한 명에게 운송 서비스를 생산·판매·제공하는 데에는 많은 종사원이 직간접으로 참여하며, 이들의 서비스 마인드는 운송 서비스의 품질에 결정적인 영향을 미친다.

항공사의 직원은 저절로 육성되는 것이 아니라 일상 업무의 수행 과정에서 고객에게 봉사하려는 쉼 없는 노력을 통해 다듬어지고 만들어진다. 따라서 항공사는 조직 활성화를 추구하고 조직의 성격을 고객 중심으로 전환하는 교육 훈련 프로그램을 실시하며, 이를 통해 직원의 서비스 마인드를 함양함과 동시에 인적 자원 개발이 최우선 과제임을 인식해야 한다.

우리나라에서는 국내 항공사뿐만 아니라 다수의 외국 항공사가 취항하여 경쟁 우위를 점하기 위해 치열한 경합을 벌이고 있다. 이러한 상황에서 객실 서비스의 성패는 우수한 인력을 확보하는 것은 물론이고, 이들의 잠재 능력을 최대한 개발·육성하여 자사의 경영 목표에 적합한 조직 능력을 갖춘 유능한 객실승무원으로 양성하고 인력의 효율을 얼마나 높이느냐에 따라 결정될 것이다.

객실승무원은 직종의 특수성 때문에 학교 교육만으로는 부족하며, 항공사 입사 후에 체계적인 교육 훈련 과정을 이수해야만 정식 객실승무원이 될 수 있다. 이러한 교육 훈련 과정은 항공사 객실 서비스 경쟁에서 우위를 차지할 수 있는 중요한 시간이므로 각 항공사는 객실승무원 교육 훈련 과정을 경영 전략의 일환으로 삼고 있다.

민간 여객기에 탑승하는 객실승무원이 승객의 안전성과 안락성 확보를 위해 중요한 역할을 수행할 수 있도록 각 항공사는 전문 훈련 및 보수 교육, 정기 교육, 특별 교육, 위탁 교육 등을 통한 훈련에 노력을 기울이고 있다. 객실승무원 교육 훈련 과정은 항공사마다 다르지만 공통적으로 객실승무원 기초 훈련, 정기 훈련, 승격 훈련에 주력하고 있다.

1) 입사 교육과 전문 훈련

(1) 입사 교육

어려운 채용 시험을 거쳐 입사한 객실승무원은 신입 사원 입사 교육을 받는다. 각 항공사의 일반적인 입사 교육 내용은 사회인으로서의 바른 자세, 자사의 경영 목표와 조직에 대한 이해, 신입 사원의 마음가짐, 운송 사업의 사명과 자사의 경영 방침 등에 관한 일반 교육과 항공 운송 업무 전반에 걸친 기초적인 실무 지식이다. 신입 승무원은 이러한 교육 과정을 통해 애사심과 직장인에게 필요한 프로 마인드를 다지게 된다.

- 회사의 현황과 전망
- 회사의 인사 제도
- 회사의 복리 후생
- 항공 운송 산업
- 서비스 기본 교육

(2) 신입 전문 훈련

객실승무원 교육 훈련의 목적은 승객의 안전을 책임질 수 있는 강인한 정신력과 판단력을 키우고 서비스 마인드를 함양하며, 비행 실무에 필요한 기술과 능력을 갖춘 객실승무원을 양성하는 것이다. 신입 승무원은 정규 객실승무원이 되기 위해 일정 기간 동안 법적으로 요구되는 안전·보안 훈련을 받고 각 항공사의 정책에 따른 서비스 훈련을 이수해야 한다.

① 객실 안전 훈련

친절한 서비스도 중요하지만 보다 중요한 것은 비상사태가 발생했을 때 신속하게 대처하고 승객의 안전을 지켜내는 일이다. 객실승무원은 '고정익 항공기를 위한 운항 기술 기준'에 의거하여 항공 당국의 인가를 받은 교육 훈련을 이수해야 하며, 약 4주간의 안전 훈련을 받고 자격 기준을 갖추어야만 비행할 수 있는 자격이 주어진다. 즉 항공기의 구조와 시스템, 비상 장비 사용법, 비상 착륙, 비상 착수 등의 비상 처리 절차, 일상 안전 업무, 항공법, 규정 지침, 기종별 특성, CRM, 응급 처치 등의 이론 및 실습 훈련 등을 이수하고 필기와 실기 테스트를 통과해야 한다.

- 항공사 절차 기본 교육(company procedures indoctrination)
- 초기 위험물 훈련(initial dangerous goods training)
- 초기 보안 훈련(initial security training)
- 초기 승무원 자원 관리(initial crew resource management)
- 초기 비상 장비 실습 훈련(initial emergency equipment drills)
- 항공기 지상 훈련(aircraft ground training)

② 객실 서비스 훈련

서비스 훈련의 경우 항공사의 목표와 서비스 방침에 부합하는 교육 과정을 이수해야 한다.

Tong Yu/China News Service via Getty Images

Sefa Karacan/Anadolu Agency via Getty Images

Tong Yu/China News Service via Getty Images

Luo Yunfei/CHINA NEWS SERVICE/Visual China Group via Getty Images

- **기본예절 및 인성 교육:** 객실승무원으로서의 인성을 다지는 중요한 교육 과정으로 직업관과 서비스 마인드 함양, 조직 내 융화와 팀워크 등이 주된 교육 내용이다. 글로벌 매너와 서비스 자세 등 확고한 직업의식을 가지고 충실히 임무를 수행하기 위한 서비스 예절과 승무원으로서 갖추어야 할 올바른 인성을 습득한다.
- **항공 운송 업무 이론:** 항공사 관련 정보를 파악하여 객실승무원으로서의 지적 능력을 갖추며, 항공 운송업의 특성인 예약, 발권, 운송, 운항 등을 이해함으로써 유기적이고 원활하게 업무를 수행할 수 있도록 준비한다. 또한 객실승무원으로서 알아야 할 제반 승무 규정을 숙지하고 기내 서비스 내용 및 절차를 익힌다.
- **기내 서비스 실무:** 객실승무원으로서 알아야 할 실무 지식의 전반적인 내용

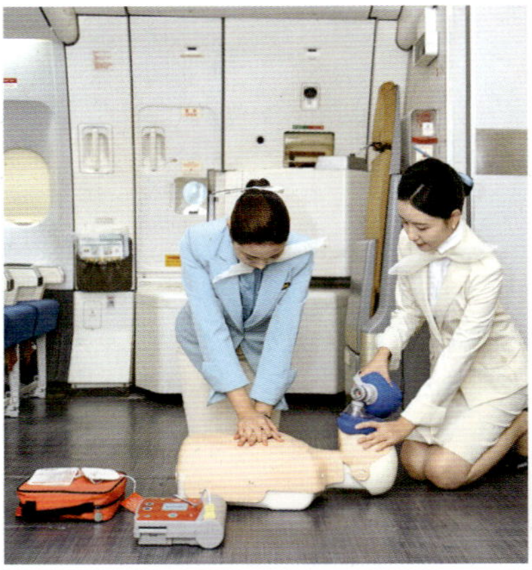 

을 서비스 절차(service procedure)별로 익힌다. 객실에서 이루어지는 다양한 서비스의 방법과 기물 취급 요령을 배우고, 기내에서 고객 응대 업무를 올바르게 수행할 수 있도록 실제 비행과 동일한 환경에서 종합적인 실습 교육을 받는다.

- **외국어 교육**: 비행 중 다양한 상황에서 외국인을 상대로 원활하게 의사소통을 하는 능력을 배양하기 위해 영어, 일본어, 중국어 회화를 교육한다. 이때 멀티미디어와 인터넷 학습 프로그램 등을 활용하여 학습 능률을 향상한다.
- **기내 방송**: 발음 교정, 기내 방송에 적합한 목소리 톤 조절, 전달력을 높이기 위한 표현 연습 등을 통해 객실 서비스의 일부인 기내 방송(한국어, 영어) 실력을 향상하는 교육 과정이다.
- **비행 실습**: 훈련 과정 중 선배 승무원과 함께 실제 항공기에 탑승하여 이론으로 배운 기내 서비스를 현장에 적용해보고, 항공기의 내부 구조 및 장비를 파악하며, 대면 서비스를 하면서 비행 업무에 친숙해지는 비행 전문 교육이다.

교육 중에는 지식, 기능, 태도를 기준으로 테스트를 진행하며, 자격 요건에 부합하는 성과를 달성해야 승무원 자격을 부여한다. 또한 지각, 결석, 태도 및 용모 불량 등의 근무 자세를 판단하는 승무원 자질 심사도 실시한다. 이러한 과정은 비행 근무를 위한 준비 과정이기도 하지만 객실승무원으로서 일할 수 있는지 스스로 판단하는 기회이기도 하다.

▶▶ 항공사의 입사 교육 및 전문 훈련 교육 내용(K 항공사 자료 재구성)

입사 교육	전문 훈련 교육	
	서비스 교육	안전 교육
회사의 현황과 전망	서비스 기본 자세 및 태도	항공기 시스템 및 구조
회사의 경영과 철학	서비스 마인드	비행 정보
조직 및 인사 제도	객실 구조	항공법
항공 운송 산업의 특징	대화 및 승객 응대법	규정 지침
노무 관리와 복리 후생	기내 방송	비상 안전 업무
팀워크	매너와 에티켓	비상 장비
서비스 기본 교육	객실 업무 관련 항공 운송	비상 처리 절차
서비스 마인드	기내 면세품 판매	일상 안전 업무
	기내 엔터테인먼트	기종별 특성
	용모와 복장	CRM
	식음료	응급 처치
	출입국 규정	항공 보안
	외국어(중국어, 영어, 일본어)	
	비행 실무	

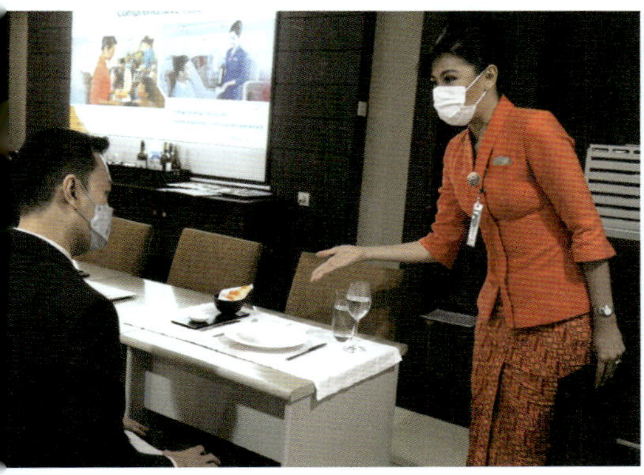

Dasril Roszandi/Anadolu Agency via Getty Images

BAY ISMOYO/AFP via Getty Images

Horacio Villalobos-Corbis/Corbis via Getty Images

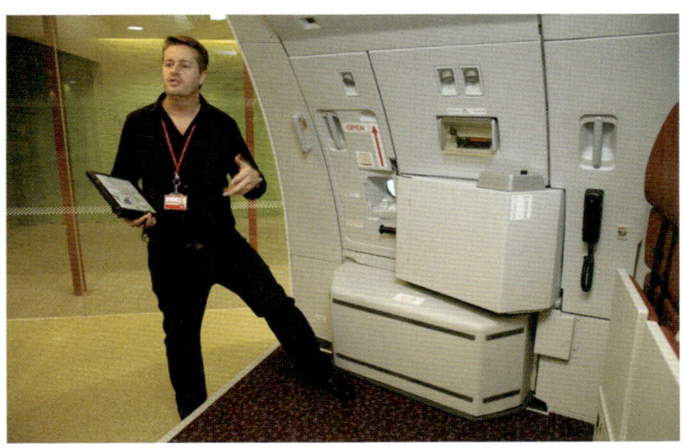

Mike Kemp via Getty Images

2) 기성 승무원 대상 교육

(1) 상위 클래스 서비스 전문 훈련

객실승무원으로 입사하여 신입 전문 훈련 등 소정의 교육 과정을 이수하고 일정 기간 일반석 비행 근무를 한 후에는 상위 클래스에서 근무할 수 있는 전문 훈련을 받게 된다. 상위 클래스는 숙련된 승무원이 담당하며, 승객에게 응대 서비스를 제공하는 승무원과 갤리에서 식음료를 준비하는 승무원으로 구분된다. 일반석과 달리 상위 클래스에서는 일류 호텔의 레스토랑에서 제공하는 서비스와 맞먹는 품위 있고 질적으로 우수한 서비스를 제공해야 하므로 정해진 기간 동안 서비스 전문 훈련을 실시한다.

Prometheus72/Shutterstock.com

M101Studio/Shutterstock.com

(2) 보임 교육

항공사별로 명칭은 다르지만 해당 직급의 업무 수행 능력을 배양하는 직급별 승격 전문 훈련을 실시하고 있다.

- 팀장 보임 교육
- 부팀장 보임 교육

▶▶ 항공사의 팀장, 부팀장 전문 훈련 교육 내용(K 항공사 자료 재구성)

팀장	부팀장
근무 규정, 업무 지시	현장 지도 기법
서류, IRR FLT 취급 절차 평가표 및 리포트 작성 요령	상품 지식
상품 지식	운송 지식
FR/CL, PR/CL 서비스	기내 시설 관리
객실 정비, 설비	브리핑 기법 및 리포트 작성법
코칭 기법	서비스 사례 연구
팀 사례 연구	방송
칭송 및 불만 사례	비상 처리 절차
평가 관련	
방송 IFE 시스템	
비상 처리 절차	

(3) 정기 안전 훈련

항공 당국의 인가를 받은 객실승무원 훈련 프로그램으로서 승무 자격을 유지하기 위한 안전 훈련이다. 모든 객실승무원을 대상으로 12개월마다 실시하며, 객실승무원의 임무 수행 능력에 대한 지식과 기량을 심사한다. 여기서 불합격하면 객실승무원 자격을 유지할 수 없다.

- 항공기 특수 외형(configuration), 장비 및 절차
- 비상 및 구급 장비와 실습
- 승무원 자원 관리(crew resource management, CRM)
- 위험물 식별 및 운송
- 보안 교육

출처: 고정익 항공기를 위한 운항 기술 기준(flight safety regulations for aeroplanes) [시행 2018. 12. 14.] [국토교통부 고시 제2018-815호, 2018. 12. 14., 일부 개정]

(4) 리더십 훈련

안전 업무에 대한 선임 객실승무원의 직무 수행 능력을 배양하기 위한 과정이

다. 최소 3년 이상의 비행 경력자 또는 부사무장 직급 이상자 가운데 초기 훈련을 이수하고 승무 자격을 유지 중인 승무원을 대상으로 한다.

- 항공안전법과 항공보안법 및 규정
- 운항 기술 기준
- 비상 처리 절차
- 항공기 장비 및 시스템

(5) 팀워크 훈련

일정 기간 동안 한 팀으로서 함께 비행하는 경우 팀 구성 초기에 협동심을 고양하기 위해 팀워크 훈련을 실시한다. 이를 통해 서로 구성원을 파악하고 공동 운명체로서의 일체감과 협동심을 키우며, 팀 자체적으로 객실 서비스 향상을 위한 아이디어를 모으기도 한다.

(6) 방송 보수 교육

객실승무원에게 기내 방송의 중요성을 인식시키고 기내 방송 능력을 제고하기 위해 방송 교육을 한다. 테스트를 거쳐 기내 방송 자격을 부여함으로써 방송 실력 함양에 힘쓰도록 독려한다.

CHAPTER

04

항공기 객실 서비스의 내용 및 용품

1. 기내식 서비스
2. 기내 음료 서비스
3. 기내 면세품 판매 서비스
4. 기내 엔터테인먼트 서비스
5. 기내 전원 공급 서비스
6. 기내 의료 지원 서비스
7. 특수 고객 지원 서비스

01 기내식 서비스

1) 기내식의 개요

기내식은 항공기 내에서 항공사가 제공하는 식사를 말한다. 항공사는 자사의 정책에 따라 무료 또는 유료로 기내식을 제공하고 있다. 기내식은 승객의 식욕을 충족할 뿐 아니라 즐거움을 주는 수단으로 인식되며, 항공사는 차원 높은 식음료 서비스에 대한 요구에 부응하기 위해 메뉴 선정에 심혈을 기울이고 있다. 그러나 기내 공간의 한정성과 경제성 때문에 언어, 식습관, 종교가 다른 수많은 승객을 모두 만족시키는 식사를 제공하는 것은 사실상 불가능하다. 이러한 이유로 항공사는 모든 승객이 공통적으로 즐길 수 있는 식사 종류를 선정하여 제공하며, 기내식의 신선도 유지를 매우 중요시하고 있다.

일반적으로 항공사의 기내식은 서양식을 기본으로 하나 마케팅 전략의 일환으로 노선에 따라 다양한 기내식을 제공한다. 기본으로 제공되는 식사인 일반식은 노선과 서비스 시점에 따라 종류가 다르고, 다양한 메뉴 제공과 기내식 서비스 향상을 위해 3~4개월 주기로 메뉴를 교체한다.

정해진 서비스 절차와 식사 형태에 따라 서비스하는데, 일등석에서는 코스별로, 비즈니스석에서는 세미코스 방식으로, 일반석에서는 한상 차림(pre-set tray) 방식으로 제공한다. 또한 상위 클래스 승객에게는 3~4개 중에서 고를 수 있는 앙트레를 제공하고, 일반석 승객에게는 2~3개 중에서 고를 수 있는 앙트레를 제공한다. 기내식 제공 횟수는 전체 비행시간에 따라 정해진다.

AlexeyPetrov/iStock/Getty Images Plus

raisbeckfoto/iStock/Getty Images Plus

Phuong D. Nguyen/Shutterstock.com

alif_Osman/Shutterstock.com

Mohd Syis Zulkipli/Shutterstock.com

MoreGallery/Shutterstock.com

2) 기내식의 특징

- 한정된 좁은 공간에서의 운동 부족으로 쉽게 발생할 수 있는 소화 장애 등을 방지하기 위해 소화·흡수가 잘되는 저칼로리 식품으로 구성된다.
- 공간이 비좁고 재료 조리에 한계가 있는 상황에서 원활한 서비스가 가능하도록 알맞게 고안·제작된 식기류를 사용한다.
- 항공기 운항 계획에 따라 케이터링 센터에서 미리 조리한 음식을 정해진 용기에 담아 저장했다가 항공기 출발 시간에 맞추어 기내에 탑재하고, 적정 시간에 갤리에서 재조리하여 제공한다.
- 현지 특산 식자재, 제철 식자재를 사용하여 고품질 기내식을 제공한다.
- 승객의 국적, 식생활, 종교적 전통을 고려한 메뉴로 구성된다.
- 다양한 메뉴를 주기별로 제공하고, 메뉴에 따라 전통적인 조리법을 선택한다.
- 전문 식품 연구 센터를 통해 식재료의 위생을 사전 점검하고 품질을 향상한다.
- 기내식 제조업체에서 제조된 기내식은 특수 냉장 운반 차량으로 항공기까지 운반되며, 기내에서도 위생적이고 신선하게 보관하여 제공한다.
- 기내식을 탑재·운반하는 카트와 캐리온 박스의 보안 점검 절차를 수행한 후 실(seal)로 봉인하여 항공기에 탑재한다.
- 항공기가 출발하기 전 기내에서 탑재 담당 직원과 객실 담당 승무원이 봉인 여부를 확인하고 탑재 수량, 유효 기간 등의 인수인계 작업을 수행한다.

LIONEL BONAVENTURE/AFP via Getty Images

Kondor83/iStock/Getty Images Plus

Kondor83/iStock/Getty Images Plus

LIONEL BONAVENTURE/AFP via Getty Images

▶▶ 기내식 서비스의 구분

노선 구분	비행시간에 따른 식사 제공 횟수	서비스 시간대에 따른 식사 서비스 유형	좌석 클래스에 따른 구분
장거리: 8시간 이상 비행시간 미주, 구주, 중동 및 대양주 노선	8시간 이상: hot meal 2회+스낵 제공	• breakfast: 04:00~09:00 • brunch: 09:00~11:00 • lunch: 11:00~14:00 • light meal: 14:00~17:00 • dinner: 17:00~22:00 • supper: 22:00~24:00 • refreshment: 24:00~04:00	• 일등석 • 비즈니스석 • 일반석
중거리: 3시간 이상~8시간 미만 비행시간	8시간 미만: hot meal 1회+노선에 따라 refreshment 제공		
단거리: 3시간 미만 비행시간	3시간 미만: hot meal 또는 cold meal 1회		

David_Ahn/iStock/Getty Images Plus

Jeffkwon/iStock/Getty Images Plus

Ancha Chiangmai/Shutterstock.com

Jeffkwon/iStock/Getty Images Plus

RUBEN M RAMOS/Shutterstock.com

Sorbis/Shutterstock.com

3) 특별식

항공사는 건강(각종 질병, 특정 식품 알레르기 등), 종교, 기호, 연령 등의 이유로 정규 일반식을 섭취하지 못하는 승객을 위해 사전 예약 주문을 통해 특별식(special meal)을 서비스하고 있다. 예약 단계에서 사전 주문된 특별식은 SHR(special handling request, 기내 특별 주문 및 승객 사항을 기록하여 객실승무원이 비행 중 참고하는 문서)에 약어로 표기된다. 국제항공운송협회(IATA)의 기준에 의거하여 특별식은 아동식, 야채식, 종교식, 식사 조절식, 기타 특별식으로 구성된다.

▶▶ **특별식 종류(IATA 기준 재구성)**

유아식/아동식	야채식	종교식	식사 조절식	기타 특별식
유아식 아동식	한국식 채식 서양 채식 엄격한 서양 채식 인도 채식 엄격한 인도 채식 동양 채식 생야채식	이슬람교식 힌두교식 유대교식	저지방식 당뇨식 저열량식 저자극식 글루텐 제한식 저염식 유당 제한식	해산물식 과일식 알레르기 제한식

대한항공 홈페이지 참조

객실승무원은 항공기에 탑재된 물품과 양을 케이터링 담당 직원과 재확인하고, 사전 주문 내역과 탑재 내역이 일치하지 않는 경우 신속하게 조치하여 탑재시켜야 한다. 그리고 해당 승객이 탑승하면 승객에게 특별식 주문 내역을 확인하고 기내식 서비스 시점에 제공한다는 것을 안내한다.

(1) 연령에 따른 특별 기내식

- 유아식(baby meal): 24개월 미만 유아에게 제공하는 식사(이유식, 유아용 주스 등)

• 아동식(child meal): 만 24개월 이상 12세 미만 아동에게 제공하는 식사(스파게티, 피자, 불고기, 핫도그 등)

eric1207cvb/Shutterstock.com

Livia Harijanto/Shutterstock.com

아동식

(2) 채식주의자를 위한 특별 기내식

• 한국식 채식(Korean vegan meal): 생선류, 가금류를 비롯한 모든 육류, 동물성 지방, 젤라틴, 달걀, 유제품을 포함하지 않는 한국 전통의 채식

• 서양 채식(vegetarian lacto-ovo meal): 생선류, 가금류를 비롯한 모든 육류, 동물성 지방, 젤라틴을 사용하지 않고 달걀과 유제품은 포함하는 서양식 채식

• 엄격한 서양 채식(vegetarian vegan meal): 생선류, 가금류를 비롯한 모든 육류, 동물성 지방, 젤라틴, 달걀, 유제품을 포함하지 않는 엄격한 서양식 채식

• 인도 채식(vegetarian Hindu meal): 생선류, 가금류를 비롯한 모든 육류, 달걀을 사용하지 않고 유제품은 포함하는 인도식 채식

• 엄격한 인도 채식(vegetarian Jain meal): 생선류, 가금류를 비롯한 모든 육류, 달걀, 유제품을 포함한 모든 동물성 식품, 양파, 마늘, 생강 등의 뿌리 식품을 사용하지 않는 엄격한 인도식 채식

• 동양 채식(vegetarian oriental meal): 생선류, 가금류를 비롯한 모든 육류, 달걀, 유제품을 사용하지 않고 양파, 마늘, 생강 등의 뿌리 식품은 포함

서양 채식

한국식 채식

하는 동양식 채식

- 생야채식(raw vegetarian meal): 카페인 함유 음료, 보존료/첨가물, 가공 식품을 사용하지 않고 순수 생야채, 생과일을 포함하는 채식

(3) 종교에 따른 특별 기내식

- 이슬람교식(Muslim meal): 돼지고기와 알코올을 사용하지 않고 이슬람교 율법에 따라 조리된 기내식
- 힌두교식(Hindu meal): 힌두교도를 위해 쇠고기와 송아지고기를 사용하지 않은 기내식
- 유대교식(Kosher meal): 유대교 율법에 따라 조리된 음식으로, 완제품을 구매하여 기내식으로 제공

Cindhyade/Shutterstock.com

이슬람교식

(4) 건강상 이유의 특별 기내식

- 저지방식(low fat meal): 콜레스테롤 함량이 높은 고지방 육류, 농축된 육수, 달걀노른자, 갑각류 등을 사용하지 않고 저지방 육류, 저지방 생선 등의 식재료로 만든 식사

Tip 코셔밀(Kosher meal)

코셔밀은 포장된 식사를 승객이 보는 앞에서 개봉해야 한다. 일반적으로 코셔밀은 종이 상자에 포장되어 잠금용(sealing) 스티커가 부착되어 있으나, 일부 코셔밀은 이 스티커가 개봉된 후 이중으로 덧붙인 경우도 있다. 이는 유대교 검식관인 랍비가 내용물을 확인하기 위해 스티커를 뜯어 검사한 후 재부착한 것으로, 의문을 제기하는 승객에게는 그 이유를 잘 설명해준다.

g215/Shutterstock.com

- **당뇨식(diabetic meal)**: 열량, 단백질, 지방, 당질의 섭취량을 조절하기 위한 목적으로 식사량의 배분, 포화 지방산의 섭취 제한 등을 고려한 식사
- **저열량식(low calorie meal)**: 체중 조절을 목적으로 열량을 제한한 식사
- **저자극식(bland meal)**: 소화 기능이 떨어진 승객을 위해 강한 향신료, 가스를 유발하는 채소, 기름기가 많은 음식을 제한하고, 저지방 육류와 흰살 생선 등의 식재료로 만든 식사
- **글루텐 제한식(gluten intolerant meal)**: 재료의 글루텐 함량을 엄격히 제한한 식사
- **저염식(low salt meal)**: 염분 성분을 제한한 식사
- **유당 제한식(low lactose meal)**: 유당이 들어 있는 모든 형태의 유제품(우유, 크림, 분유)을 엄격히 제한한 식사

Sorbis/Shutterstock.com

저지방식

FluxFactory/iStock/Getty Images Plus

유당 제한식

글루텐 제한식

저자극식

(5) 기타 특별식

- 해산물식(seafood meal): 생선과 해산물을 주재료로 만든 식사
- 과일식(fruit platter meal): 정규 기내식 대신 신선한 과일로만 구성된 식사
- 알레르기 제한식(allergen-free meal): 특정 식재료에 대해 알레르기 반응이 있는 승객을 위해 해당 식재료를 제외한 식사

대한항공 홈페이지 참조

4) 기내식 서비스의 기본 원칙

기내식을 서비스할 때는 우선 메뉴와 조리법 등을 소개하고 식사 주문을 받는다. 메뉴를 소개할 때는 외래어나 전문 용어의 사용을 지양하고 가능한 한 우리

말로 표현하며, 적극적인 태도와 밝은 표정, 눈 맞춤을 유지한다. 그리고 다음과 같은 서비스 원칙에 따라 기내식을 제공한다.

- 창측 승객에게 먼저 주문을 받고 제공한다.
- 유·소아, 노인 승객에게 먼저 주문을 받고 제공한다.
- 남녀 승객이 일행인 경우 여성에게 먼저 주문을 받고 제공한다.
- 음식을 담는 부분에 손이 닿지 않도록 유의한다.
- 식사를 제공할 때 최종적으로 적절한 상태인지(온도가 적당한지, 청결한지, 로고가 보이는지) 확인한다.
- 뜨거운 식사를 제공할 때는 화상에 유의하도록 안내한다.
- 식사를 제공한 순서대로 회수한다.
- 식사 만족도, 식사 종료 여부, 리필 여부를 확인한 후 회수한다.

02 기내 음료 서비스

기내식과 함께 제공되는 기내 음료는 기내 서비스에서 큰 부분을 차지한다. 기내 음료는 기내식과 마찬가지로 서양식을 기본으로 하며 식사와의 조화가 중요하다. 식사 순서에 따라 식전에는 식욕을 돋우는 가벼운 음료를, 식사 중에는 기내식의 맛을 더욱 즐길 수 있는 음료를 제공하고, 식사 후에는 소화를 돕는 음료를 제공하여 기내식과 음료가 유기적으로 잘 어우러지게 한다. 또한 승객이 휴식을 취하거나 영화를 시청하는 중에도 주기적으로 음료를 제공한다.

음료 서비스(beverage service)는 승객과의 친밀감 형성에 도움이 될 뿐만 아니라 승객의 건강을 위해서도 필요하다. 기내 음료에는 비알코올음료와 알코올음료가 있으며, 알코올음료를 제공할 때는 특히 유의해야 한다. 기내 압력 및 환경이 지상과 달라 잘 취하기 때문에 알코올음료의 제공 횟수와 제공량에 각별한 주의가 필요하다.

1) 비알코올음료

알코올이 함유되지 않은 음료로 상쾌한 맛의 소프트드링크, 인체에 필요한 영양분을 다량 함유한 과즙 음료, 우유가 포함된 영양 음료, 카페인을 함유한 커피

VPales/Shutterstock.com

Bignai/Shutterstock.com

Ranglen/Shutterstock.com

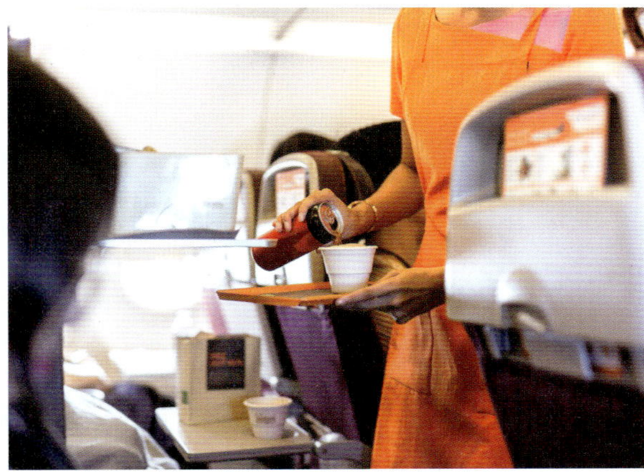

와 차 등을 제공한다.

2) 알코올음료

알코올이 함유된 음료로 제조법에 따라 양조주, 증류주, 혼성주로 구분되고 식사와의 조화에 따라서는 식전주, 식중주, 식후주로 구분된다. 항공사는 서비스의 질 향상을 위해 승객에게 세계적인 브랜드의 제품을 제공하고 있으며, 이를 서비스하는 객실승무원에게는 서양 알코올음료의 전문 지식을 교육한다.

3) 칵테일

알코올음료에 다른 술을 섞거나 과즙, 탄산음료, 향료 등의 부재료를 혼합하여 만드는 칵테일은 맛, 향기, 색채의 조화를 살린 예술적 감각의 음료이다. 많은 항공사가 승객에게 식전주나 환영 음료로 칵테일을 제공하는데, 일반적으로 알코올 도수가 낮고 종류가 다양하여 객실승무원이 승객에게 적극적인 서비스를 하기에 적당한 서비스 품목이다. 따라서 객실승무원은 다양한 칵테일 제조법을 익혀 보다 적극적인 서비스로 고객 만족에 기여해야 한다.

▶▶ 칵테일 제조법

Jack & Coke	잭다니엘 10oz+Coke
Whiskey Highball	위스키 1oz+소다, 진저에일, 스프라이트, 토닉워터 중 한 가지
Gin Tonic	진 1oz+토닉워터
Martini	진 1.5oz+드라이 베르무트 0.7oz
Kir	W/W 6/7+크렘드카시스 1/8
Kir Royal	샴페인+크렘드카시스 1/8
Bloody Marry	보드카 1oz+Bloody Mary 믹스
Screw Driver	보드카 1oz+O/J

gerenme/iStock/Getty Images Plus

Vicki Jauron, Babylon and Beyond Photography via Getty Images

▶ 기내 음료(K 항공사 자료 재구성)

구분		종류 및 상품명
비알코올 음료	차가운 음료	미네랄워터(제주퓨어워터, 탄산수)
		주스(오렌지 주스, 토마토 주스, 파인애플 주스, 구아바 주스)
		소프트드링크(콜라/다이어트 콜라, 스프라이트/다이어트 스프라이트)
		믹서류(토닉워터, 소다워터, 진저에일)
		우유
	뜨거운 음료	커피(내린 커피, 인스턴트 커피, 디카페인 커피, 에스프레소 등)
		차(홍차, 녹차), 다즐링, 얼그레이, 페퍼민트, 캐모마일, 루이보스, 홍삼차, 핫초코 등
알코올음료		와인, 샴페인, 강화 와인, 위스키, 브랜디, 리큐어, 캄파리, 럼, 진, 보드카, 맥주, 칵테일

03 기내 면세품 판매 서비스

국제선 항공편에서는 승객에게 술, 향수, 화장품, 선물용 상품 등 세계 유명 제품을 면세 가격으로 판매하고 있다. 이는 승객에게 편의를 제공함과 동시에 수익을 올리는 데 일조하기 때문에 항공사는 자사의 브랜드 이미지를 높일 수 있는 상품을 자체 개발하여 판매하기도 한다.

1) 기내 면세품의 특징

- 국제선 항공편에서 판매한다.
- 해당 항공편을 이용하는 승객만 구매할 수 있다.
- 보세 구역 내에서 판매한다(항공기 내에서만 판매 가능하다).
- 술, 향수, 화장품, 선물용 상품 등을 면세 가격으로 판매한다.
- 관세법상 다른 항공편에서 구매한 상품은 기내에서 교환 및 환불이 불가능하다.
- 구매한 상품에 하자가 있는 경우에만 동일 항공편 내에서 교환이 가능하다.
- 회항 등으로 항공기가 목적지에 도착하지 못하는 경우에는 판매한 면세품을 회수하고 환불한다.

2) 기내 면세품 구매 방법

기내 면세품은 판매 시간과 탑재 공간의 한계로 인해 다음과 같은 세 가지 방법으로 구매할 수 있다.

- 전화 또는 인터넷을 통한 사전 예약 주문
- 기내에서의 직접 구매
- 귀국편 사전 예약 주문서 작성을 통한 구매

귀국편 사전 예약의 경우 세관 신고 접수, 탑재 등에 시간이 소요되므로 도착 시점을 기준으로 일정 시간이 보장되는 귀국편에 한하여 주문이 가능하다.

기내에서 면세품을 구매할 때는 현금과 신용카드를 사용할 수 있다. 현금의 경우 원화, 달러화, 위안화, 유로화, 엔화를 수수하며, 카드의 경우 직불카드, 백화점 기프트카드 등은 사용이 불가하다.

기내 주문

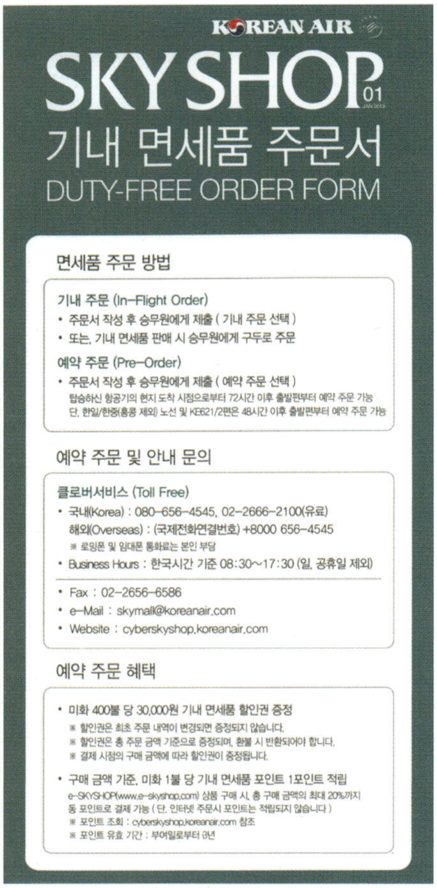

KOREAN AIR

SKY SHOP 01

기내 면세품 주문서

DUTY-FREE ORDER FORM

면세품 주문 방법

기내 주문 (In-Flight Order)
- 주문서 작성 후 승무원에게 제출 (기내 주문 선택)
- 또는, 기내 면세품 판매 시 승무원에게 구두로 주문

예약 주문 (Pre-Order)
- 주문서 작성 후 승무원에게 제출 (예약 주문 선택)
  탑승하신 항공기의 현지 도착 시점으로부터 72시간 이후 출발편부터 예약 주문 가능
  단, 한일/한중(홍콩 제외) 노선 및 KE621/2편은 48시간 이후 출발편부터 예약 주문 가능

예약 주문 및 안내 문의

클로버서비스 (Toll Free)
- 국내(Korea) : 080-656-4545, 02-2666-2100(유료)
  해외(Overseas) : (국제전화연결번호) +8000 656-4545
  ※ 로밍폰 및 임대폰 통화료는 본인 부담
- Business Hours : 한국시간 기준 08:30~17:30 (일, 공휴일 제외)
- Fax : 02-2656-6586
- e-Mail : skymall@koreanair.com
- Website : cyberskyshop.koreanair.com

예약 주문 혜택

- 미화 400불 당 30,000원 기내 면세품 할인권 증정
  ※ 할인권은 최초 주문 내역이 변경되면 증정되지 않습니다.
  ※ 할인권은 총 주문 금액 기준으로 증정되며, 환불 시 반환되어야 합니다.
  ※ 결제 시점의 구매 금액에 따라 할인권이 증정됩니다.
- 구매 금액 기준, 미화 1불 당 기내 면세품 포인트 1포인트 적립
  e-SKYSHOP(www.e-skyshop.com) 상품 구매 시, 총 구매 금액의 최대 20%까지 동 포인트로 결제 가능 (단, 인터넷 주문시 포인트는 적립되지 않습니다)
  ※ 포인트 조회 : cyberskyshop.koreanair.com 참조
  ※ 포인트 유효 기간 : 부여일로부터 3년

사전 예약 주문

대한항공 Sky Shop 홈페이지

인터넷 주문

3) 판매 절차

기내 면세품은 다음과 같은 과정을 거쳐 판매가 이루어진다.

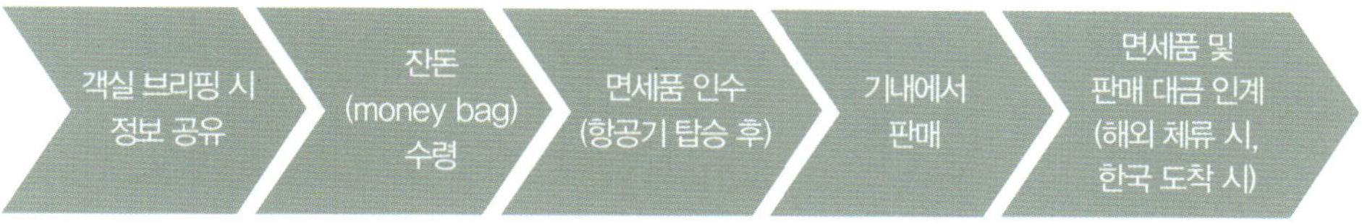

STEB(security tamper evident bag)

양주, 향수와 같은 액체류 및 젤류 면세품의 경우, 도착 후 항공기를 갈아타는 환승객은 국가별 액체류 휴대 규정을 준수해야 하므로 판매 시 유의해야 한다. 한국, 미국, 캐나다, 유럽연합 등에 도착하여 항공기를 갈아타는 환승객은 액체류 면세품을 영수증과 함께 STEB에 넣어 밀봉 처리하고 훼손하지 않아야 환승편 항공기에 반입할 수 있다.

04 기내 엔터테인먼트 서비스

기내에서 승객이 즐길 수 있도록 다양한 영상물 등의 서비스를 제공함으로써 장거리 여행의 지루함을 해소하고 승객의 여행 편의를 도모할 뿐 아니라 항공사의 서비스 품질을 향상할 수 있다. 항공사는 승객의 즐거운 여행을 위해 AVOD를 통해 영화, 음악, 단편물, 항공기 운항 정보 등 각종 엔터테인먼트를 제공하고 있다.

1) 기내 엔터테인먼트 서비스의 종류

- **기내 영화:** 최신 영화, 고전 영화, 할리우드 영화 등(선정적·폭력적인 영화 제외)을 분기별로 교체하여 제공함으로써 승객에게 다양한 볼거리를 제공한다.
- **기내 음악:** 최신 음악, 장르별·아티스트별 음악 등(이별, 죽음 등 슬픈 주제 지양)을 분기별로 교체하여 제공한다.
- **기내 단편물:** 최신 인기 TV 프로그램, 정치·경제·스포츠·오락 프로그램, 여행 관련 다큐멘터리 등을 제공한다.
- **어린이용 프로그램:** 어린이가 시청할 수 있는 영화, TV, 게임, 이야기책 등을 제공한다.

대한항공의 《beyond》

• 항공기 운항 정보: 도착지 날씨, 비행 고도, 비행기 속도, 기온, 도착 예정 시간, 목적지 현재 시간, 출발지 현재 시간 등의 운항 정보를 제공한다.
• 기타: 면세품을 안내하고 비행 안전 관련 정보 등을 제공한다.

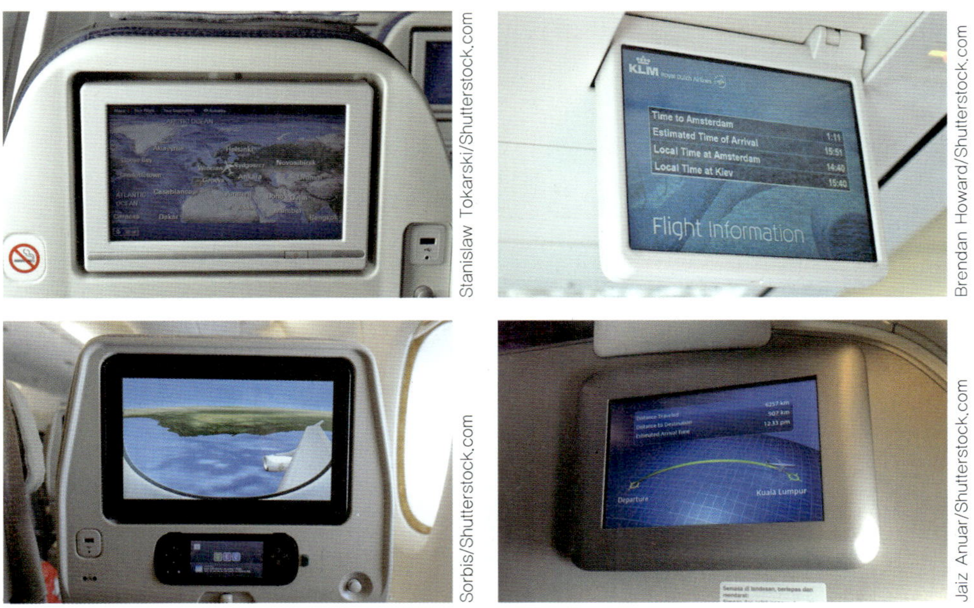

항공기 운항 정보

2) 개인 주문형 오디오/비디오 시스템

AVOD는 개별 주문형 기내 오락 시스템으로, 사전에 저장된 오디오, 비디오 프로그램 등을 승객이 원하는 시점에 원하는 방식으로 볼 수 있다. 승객은 각 좌석에 장착된 개인용 모니터를 통해 영화, 음악, 항공기 운항 정보, 단편물과 같은 다양한 프로그램을 재생하여 일시 정지, 앞으로 감기, 뒤로 감기 등을 할 수 있다. 오늘날 민간 항공사는 대부분의 좌석에 AVOD를 설치하는 추세이다. AVOD 시스템의 종류에는 파나소닉의 eXW, eX1, eX2, eX3와 탈레스의 i5000, AVANT, 사프란의 Rave 등이 있다.

기내에서 제공하는 콘텐츠에는 대부분 유해한 내용이 없지만 각 콘텐츠에는 관람 등급이 있으므로 어린이 승객이 탑승하는 경우 연령대에 맞게 AVOD 시스템의 상영 등급을 설정할 필요가 있다. 따라서 객실승무원은 부모의 동의하에 어린이 승객이 시청 가능한 콘텐츠를 설정할 수 있다. 특히 비동반 소아

(unaccompanied minor, UM)의 경우 객실승무원이 적절히 조치해야 한다.

▶▶ 관람 등급

등급	설명
G	전체 관람가(general audiences)
PG	12세 이상 관람가(parental guidance)
PG13	13세 이상 관람가(parental guidance 13)
R	19세 이상 관람가(restricted)

요즘에는 무선 엔터테인먼트를 이용할 수 있는 항공기도 있다. 이러한 항공기에서는 개인 휴대 기기로 기내 와이파이에 접속하여 다양한 AVOD를 이용할 수 있다. 대한항공에서는 일부 기종에 한하여 기내 무선 엔터테인먼트를 제공하고 있다.

■ 기내 무선 엔터테인먼트 접속 방법

❶ 휴대 기기의 비행기 모드를 켠다.

❷ 와이파이를 켠 다음 'KAL Wi-fi'에 연결한다.

❸ '기내 AVOD 바로가기' 버튼을 클릭한다.

❹ 영화, TV, 음악 등 다양한 기내 콘텐츠를 이용한다.

출처: 대한항공 홈페이지

05 기내 전원 공급 서비스

기내 전원 공급 장치(in-seat power supply system, ISPS)는 기내에서 휴대전화, 노트북 등 개인 전자 기기를 사용하는 승객에게 충전 서비스를 제공하는 장치이다. 좌석 하단이나 팔걸이(상위 클래스)에 설치되어 있으며, 다양한 형태의 플러그를 사용할 수 있도록 제작되었다. 그러나 일부 국가에서만 사용하는 플러그의 경우 별도의 어댑터가 필요하다.

ISPS의 전압은 110V/50Hz로 대부분의 노트북을 사용할 수 있으나 일부 노트북의 소비 전력에 따라 전원 공급이 제한되기도 한다. 또한 이착륙 시 전원 공급이 중단되므로 승객에게 이를 알려줄 필요가 있다. ISPS 상단에 있는 붉은색(충전 불가), 주황색(불안정), 초록색(충전 가능) 불빛으로 충전 가능 여부를 확인할 수 있다.

꺼진 상태의 ISPS

정상 상태의 ISPS

Try_my_best/Shutterstock.com

비정상(충전 불가) 상태의 ISPS

06 기내 의료 지원 서비스

해외여행이 보편화·대중화되어 장거리 항공 여행을 하는 노약자, 어린이가 많아지면서 기내 환자 승객 발생률이 증가하고 있다. 따라서 항공사는 승객의 건강한 항공 여행을 위해 스트레칭 시간, 비행 스트레스 방지 센터 운영, 기내 건강 안내 비디오 상영, 사전 주문 시 건강식 제공, 산소 제공, 기본적인 의약품 배치 등의 자체 건강관리 프로그램을 운영 중이다. 또한 환자 발생 및 승객 부상에 대비하여 기내에는 응급 처치 장비가 비치되어 있다.

1) 기내 의료 장비

기내에 상시 비치하는 의약 보관함에는 승객의 건강 상태에 따라 승무원이 사용하는 구급 의료용품(first aid kit, FAK), 의학 전문인이 전문 처치를 위해 사용하는 응급 의료용구(emergency medical kit, EMK) 등이 있다. 또한 이 외에도 응급 처치를 위한 응급 의료 장비가 구비되어 있다.

의료 장비의 종류

의료 장비	명칭	설명	내용물
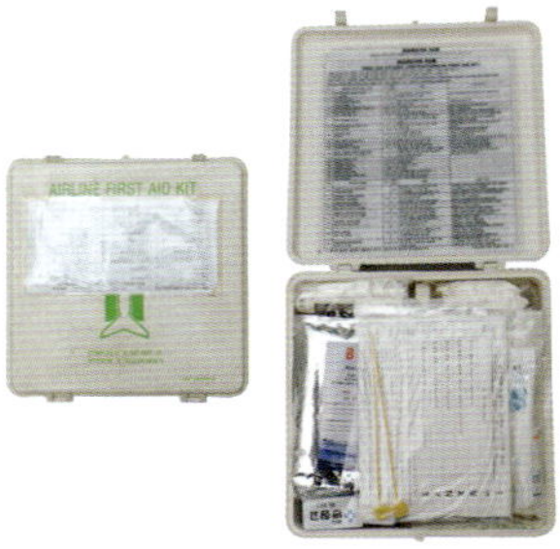	구급 의료용품 (first aid kit, FAK)	승무원이 사용할 수 있는 응급 처치 장비로, 사용 전 기장에게 허락을 받아야 한다. 100석당 1조를 탑재한다.	일회용 밴드, 거즈, 붕대, 체온계, 멸균 거즈, 상처 봉합용 테이프, 복용 약품 등
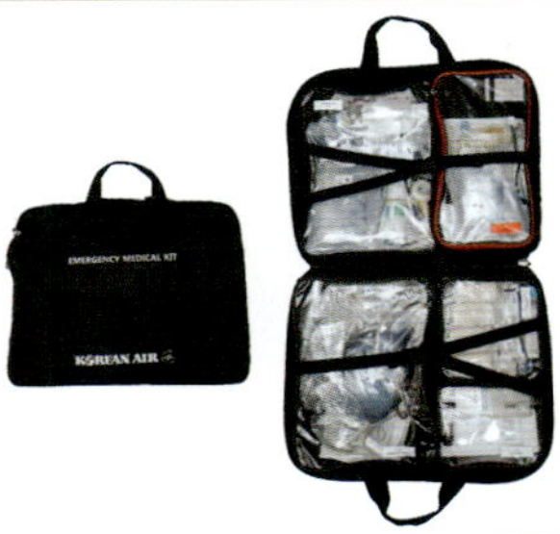	응급 의료용구 (emergency medical kit, EMK)	전문 의료인이 사용할 수 있는 의료 장비로, 간단한 수술이 가능하다.	주사기, 정맥 혈류기, 항경련제, 정맥주사용 포도당, 기관지 확장제 등
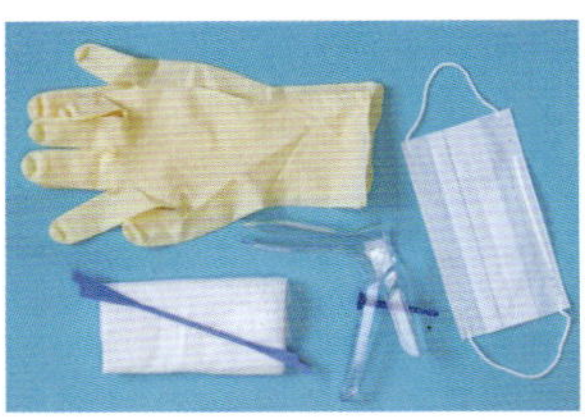	감염 예방 의료 용구(universal precaution kit)	환자의 체액, 혈액과의 직접적인 접촉을 예방하고 비행 중 발생 가능한 의료 폐기물을 별도로 수거하는 데 사용한다. 250석당 1조를 탑재한다.	액체 응고제, 살균제, 안면 보호대, 일회용 장갑, 오물 처리 봉투 등
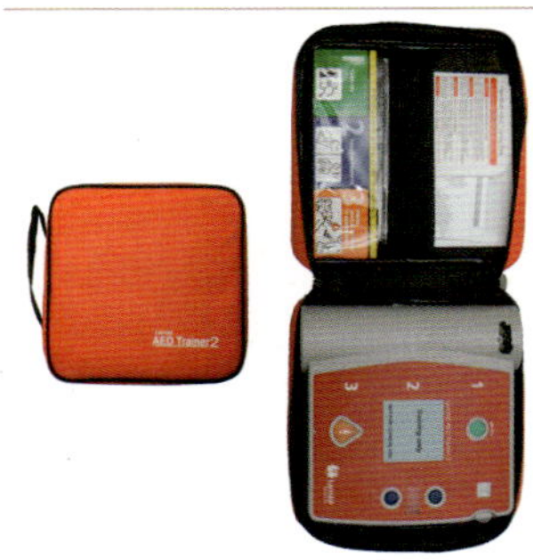	자동 제세동기 (automated external defibrillator, AED)	심실세동이나 심실빈맥으로 인한 심정지 환자에게 전기 충격을 가하는 의료 장비로, 의료인이나 교육을 받은 승무원이 사용할 수 있다.	
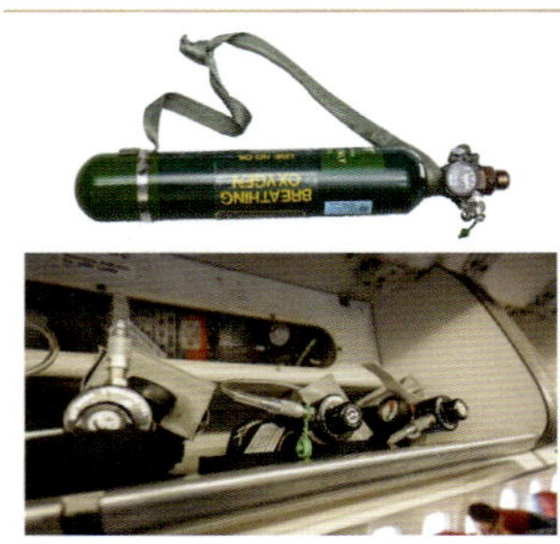	휴대용 산소통	저산소증, 호흡 곤란 등 산소 공급이 필요한 승객에게 사용한다. 비상구 주변 승무원 좌석 근처에 비치한다.	

2) 환자 승객

- 항공사는 예약 단계에서 필요시 병약 승객 항공 운송 신청서(medical information form, MEDIF)를 승객에게 요청할 수 있으며, 승객은 탑승 가능 여부를 항공사로부터 인가받아야 한다.
- 승객이 건강상 항공 여행을 할 수 있으며, 특별한 의료 지원 없이 또는 다른 사람의 건강 및 안전에 위협을 가하지 않고 비행을 완료할 수 있다는 승인을 받아야 한다.
- 승객은 건강 상태를 항공사에 통보하고 필요한 의료 서비스(간이침대, 의료용 산소, 휠체어 등)를 지원받을 수 있다.
- 기내에서 휴대용 전자 의료 기기(호흡 보조 장치 포함)를 사용하려면 미리 알려야 하며, 안전 운항에 영향을 주는 일부 의료 기기의 경우 사용이 제한될 수도 있다.
- 환자 승객은 우선 탑승 및 하기가 가능하며 구급차, 의료진 대기 등을 요청하는 경우 도움을 받을 수 있다.

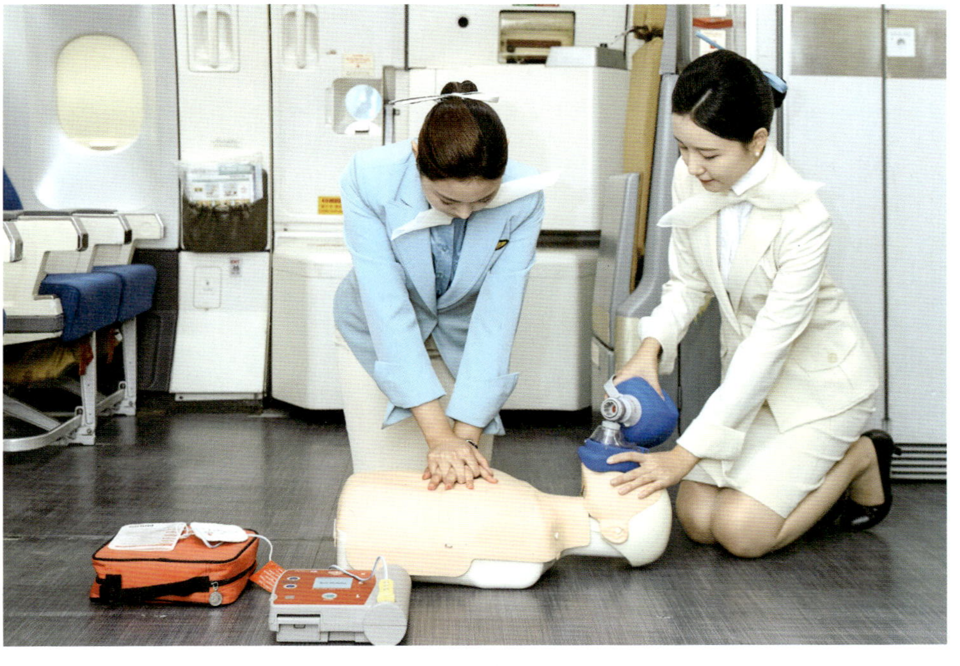

- 비행 중 담당 승무원은 환자 승객의 건강 상태를 점검하고 필요한 조치를 취하며, 의사의 도움이 필요한 경우 기내 탑승 의료인 및 응급 의료 콜 시스템(emergency medical call system, EMCS)의 협조를 구한다.
- 승무원은 기내 응급 처치 장비(FAK, EMK 등)의 위치와 사용법을 숙지하고 필요시 활용한다.

> Tip **병약 승객 항공 운송 신청서(medical information form, MEDIF)**
>
> 특별 지원을 요청하는 특수 승객의 개인 정보 수집 및 승객의 상태에 맞는 적합한 의료 지원을 위해 항공사가 사용하는 양식을 말한다.

3) 의료용 침대

기내에서 앉은 자세로 여행이 불가한 승객의 경우 의료용 침대(stretcher)를 이용할 수 있다. 운임 비용은 항공사마다 상이하나 최소 여섯 좌석 이상을 점유하므로 일반 성인 운임의 약 6배이다. 의료용 침대를 이용하는 승객은 다른 승객이 탑승하기 전 기내에 의료용 침대를 설치한 후 탑승하고, 하기할 때는 반대로 다른 승객이 모두 하기한 후 하기한다. 환자를 돌볼 수 있는 동반인이나 의료인이 함께 탑승해야 하며, 국제선의 경우 항공기 출발 72시간 전, 국내선의 경우 48시간 전에 예약해야 한다.

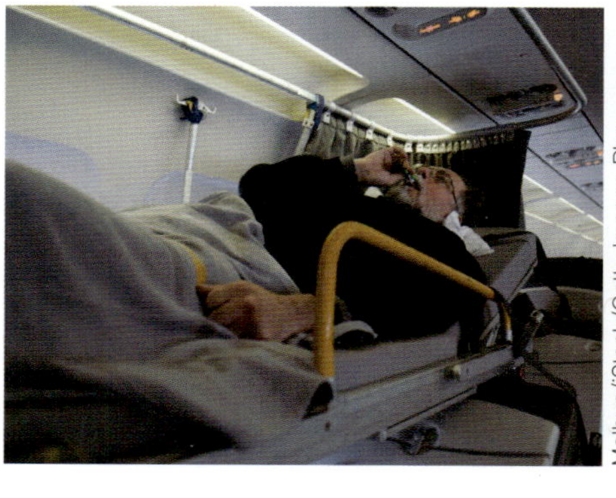

Melbye/iStock/Getty Images Plus

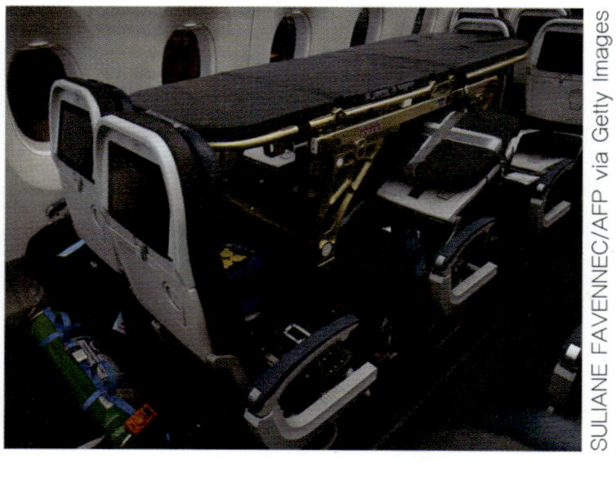

SULIANE FAVENNEC/AFP via Getty Images

항공 운송을 위한 의사 소견서 MEDIF_Medical Information Form

1 **환자** 성명 , 나이 , 성별(M / F) , 신장 cm, 체중 kg

2 **항공 운송 사유**
☐ Treatment/Transfer ☐ Hopeless Discharge ☐ Discharge ☐ Travel
☐ Other ______

※ 주 증상 및 현 병력에 대해 자세히 작성하여 주시기 바랍니다.

3 **진단명** ______

a. 주 증상 ______ 발병일 ______
b. 현 병력 ______
c. 치료 ______
d. 최근 수술 여부 ☐ 예 ☐ 아니요
수술명 ______ 시행일 ______
수술 후 합병증 ☐ 예 ☐ 아니요 '예'라면 구체적으로 내용 기재 ______
e. 최근 입원치료 여부 ☐ 예 ☐ 아니요
입원일 ______ 퇴원일 ______ 사유 ______
f. 전염력 ☐ 예 ☐ 아니요 ('예' 선택 시 원인균 및 검출 부위:)

4 **활력 징후** BP /mmHg, PR /min, RR /min, BT ℃, SpO_2 %
의식 상태 ☐ Alert ☐ Drowsy ☐ Stupor ☐ Semi-coma ☐ Coma

5 **기저질환** ☐ 예 ☐ 아니요 '예'라면 구체적으로 내용 기재 ______
승객의 기저질환 조절 여부 ☐ 예 ☐ 아니요

6 **정상 좌석 가능 여부**
a. 스스로 거동 가능 ☐ 예 ☐ 아니요
b. 휠체어 필요 여부 ☐ 예 (☐ 항공기까지 ☐ 좌석까지) ☐ 아니요
c. 필요한 좌석 형태 ☐ Economy class ☐ Prestige class ☐ Stretcher
* Economy class: 장시간 앉을 수 있고, 좌석 등받이를 90도로 세울 수 있는 경우
* Prestige class: 장시간 앉아 있기 어려우나, 필요시 좌석 등받이를 90도로 세울 수 있는 경우
* Stretcher: 좌석 등받이를 90도로 세울 수 없는 경우

7 **동반자 필요 여부**
a. 항공기 여행 시 동반자 필요 여부 ☐ 예 (☐ 의사 ☐ 간호사 ☐ 가족 ☐ 기타) ☐ 아니요
* 스스로 거동이 불가한 경우 도움을 줄 수 있는 보호자, 의학적 처치가 필요한 경우 의료진 동반이 필요합니다.

8 **현재 의약품 사용 여부** (☐ 예 ☐ 아니요)
a. '예'라면 ☐ 경구약 ☐ 정맥/근육 주사 ☐ 기타 ______
b. 의약품 목록 ______
c. 기내에서 환자 소지 의약품 사용 여부 ☐ 예 ☐ 아니요

출처: 대한항공 홈페이지 양식 재구성(https://www.koreanair.com/kr/ko)

항공 운송을 위한 의사 소견서 MEDIF_Medical Information Form

9 비행 중 사용 할 의료 장비 (해당 사항 있을 경우에만 표기)

☐ IV line ☐ Foley catheter ☐ Nasogastric tube ☐ Oximeter

☐ Ventilator (Mode, TV, RR, FiO_2) ____________________ ☐ BP monitor

☐ Suction kit ☐ Tracheostomy ☐ Intubation ☐ Chest tube

☐ Infusion pump ☐ Nebulizer ☐ Splint/Cast ☐ Other ____________________

* ○○ 항공에서는 산소/Stretcher 이외 의료 장비는 제공하지 않습니다.
* ventilator 사용 시 ○○ 항공 제공 의료용 산소와 연결 가능한지 확인이 반드시 필요합니다.
* 기내 사용 전기 의료 장비는 반드시 battery type으로 사전에 준비되어야 합니다.
* IV 수액은 plastic bag type으로 준비되어야 하며, 의료진 동반이 필요합니다.

10 빈혈 (☐ 예 ☐ 아니요)

a. Hgb ____________________ g/dl

* Hgb 8.5g/dl 미만인 경우 산소 사용을 권고합니다.

11 비행 중 산소 필요 여부 (☐ 예 ☐ 아니요)

a. 지상 산소 필요 여부 ☐ 예 ☐ 아니요

b. 기내 산소 제공 타입 ☐ ○○ 항공 산소 ☐ Portable Oxygen Concentrator(승객 준비)

c. 필요한 산소 용량 __________ L/min ☐ Continuous ☐ Intermittent ☐ Prepare

d. 마스크 타입 ☐ Nasal cannula ☐ Facial mask ☐ Bag valve mask

☐ Reservior oxygen mas ☐ Other ____________________

* ○○ 항공 산소는 2~8L/min 제공 가능합니다.

12 호흡기계 질환 (☐ 예 ☐ 아니요)

a. 최근 상태 악화 여부 ☐ 예 ☐ 아니요

b. 호흡 곤란 여부 ☐ 예 ☐ 아니요

c. ABGA 시행일 ________ PH ________ PCO_2 ________ PO_2 ________ SaO_2 ________%

(검사 시 산소 공급 여부 ☐ 예 ________L/min ☐ 아니요)

d. O_2 Saturation 시행일 ________ 결과 ________%

(검사 시 산소 공급 여부 ☐ 예 ________L/min ☐ 아니요)

e. 증상 없이 정상 속도로 100미터를 걷거나 1층 계단을 오를 수 있는지 여부 ☐ 예 ☐ 아니요

f. 흉부 방사선 검사(X-ray, CT 등) 시행일 ____________ 결과 ____________________

13 심장 질환 (☐ 예 ☐ 아니요)

a. 마지막 episode 일자

b. Stable condition ☐ 예 ☐ 아니요

c. 약물 복용으로 증상 조절 여부 ☐ 예 ☐ 아니요

d. Functional class(NYHA class) ☐ Class Ⅰ ☐ Class Ⅱ ☐ Class Ⅲ ☐ Class Ⅳ

e. 마지막 EKG 시행일 ____________ 결과 ____________________

f. Echocardiogram 시행일 ____________ 결과 ____________________ EF: ______%

g. Angioplasty/Coronary bypass 시행일 ____________ 결과 ____________________

출처: 대한항공 홈페이지 양식 재구성(https://www.koreanair.com/kr/ko)

항공 운송을 위한 의사 소견서 MEDIF_Medical Information Form

14 뇌혈관 질환 (허혈성 뇌졸중, 뇌출혈 등 / □ 예 □ 아니요)
- a. 최근 상태 재발, 악화 여부 □ 예 □ 아니요
- b. Brain CT/MRI 시행일 ________ 결과 ____________________
- c. Motor power grade(R/L) Upper extremity / Lower extremity /
- * Stroke 발생 2주 이내인 경우 기내 산소 공급을 권고합니다.

15 부상 (□ 예 □ 아니요)
- a. 원인 □ 교통사고 □ 낙상 □ 화상 □ 기타 ________
- b. Traumatic brain injury □ 예 □ 아니요 '예'라면 구체적으로 내용 기재 ______
- c. Brain CT/MRI 시행일 ________ 결과 ____________________
- d. Internal organ injury □ 예 □ 아니요 '예'라면 구체적으로 내용 기재 ______
- e. Thoracic/Orthopedic injury(fracture) □ 예 □ 아니요 '예'라면 구체적으로 내용 기재 ______

16 정신과적 질환 (□ 예 □ 아니요)
- a. 기내에서 증상이 일어날 가능성 □ 예 □ 아니요
- b. 자해/타해 가능성 □ 예 □ 아니요
- c. 복용약으로 조절 가능 여부 □ 예 □ 아니요

17 뇌전증(발작) (□ 예 □ 아니요)
- a. Seizure type
- b. Frequency/Duration
- c. 마지막 seizure 발생일
- d. 복용약으로 조절 가능 여부 □ 예 □ 아니요

18 암 (□ 예 □ 아니요)
- a. 진단명, 병기(Stage)
- b. Chemotherapy/Radiotherapy 시행 여부 □ 예 □ 아니요 '예'라면 시행일 ________
- c. 타 기관 전이 여부 □ 예 □ 아니요 '예'라면 전이 부위 ________
- d. 통증 조절 여부 □ 예 □ 아니요 통증 조절 방법 ________

19 DNAR(Do Not Attempt Resuscitation) 여부 (□ 예 □ 아니요)

20 이상의 내용을 토대로 승객의 항공기 탑승 여부 적합성

□ 적합 □ 부적합 '부적합'하다면 사유 ____________________

기타 의견 (호송 시 주의 사항 등) ____________________

____

동 양식은 ○○ 항공 의료진에 의해 검토되고, 필요시 추가 정보 확인을 위해 주치의께 연락할 수 있으니 연락 가능한 연락처를 작성해 주시기 바라며, 모든 항목을 빠짐없이 정자로 작성 부탁 드립니다.

주치의	성명	면허번호	전문과
	전화번호	E-mail	
	작성일	병원명 및 직인	

출처: 대한항공 홈페이지 양식 재구성(https://www.koreanair.com/kr/ko)

4) 의료용 산소 서비스

기내에서 산소가 필요한 승객에게는 항공의료센터의 인가를 받아 유상으로 산소를 제공한다. 출발 48시간 전에 예약하면 항공사 의무 부서가 여행 인가 절차에 따라 승객의 상태를 확인하고 항공 여행 중 필요한 산소량을 산출하여 탑재한다.

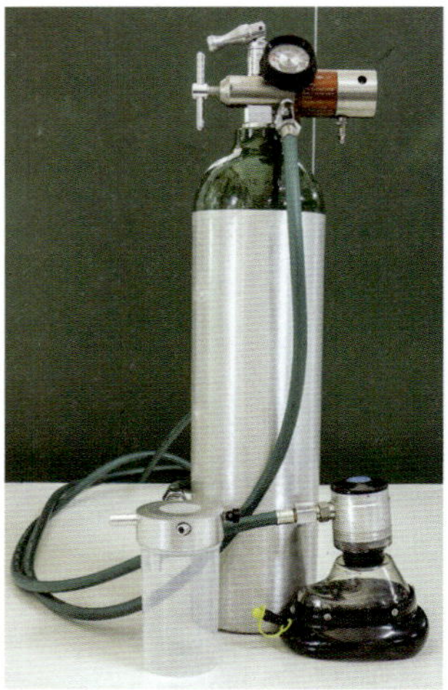

- 의료용 산소 장비와 마스크가 연결되어 있어야 한다.
- DG(dangerous goods) 라벨이 부착되어 있어야 한다.
- 기종별로 지정된 보관 장소(코트룸)에 탑재된다.
- 비상구열 좌석, 벌크헤드(bulkhead) 좌석, 다른 승객이 비상구 및 통로를 지나가는 데 방해가 되는 좌석에 설치하면 안 된다.

5) 승객 소유 보조 호흡 장비

이동식 산소 발생기(portable oxygen concentrator, POC)는 미국 연방항공규정(14 CFR Part382)에 의거하여 기내 사용이 허용되며, 미국 연방항공청(FAA)의 승인을 받은 기기(Inogen One 외 23종)에 한하여 비행 중 사용할 수 있다. 기기의 정상 작동 및 배터리 준비 등은 승객에게 책임이 있다. 배터리를 포함한 기기는 기내 휴대 수하물로 처리해야 하며 위탁 수하물로 처리할 수 없다.

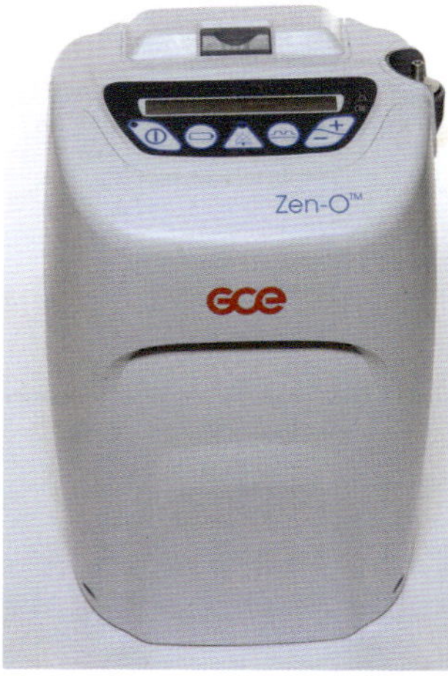

- 승객은 POC 사용법을 숙지해야 한다.
- 기내 전원 공급 장치(ISPS)를 사용하면 안 된다.

- 비상구열 좌석, 벌크헤드 좌석에 착석하면 안 된다.

항공 여행 시 고려 사항

- 낮은 산소 분압: 기내는 지상보다 산소 분압이 25~30% 정도 낮기 때문에 심장 및 폐 질환, 빈혈 등이 있는 경우 이를 고려해야 한다.
- 낮은 압력: 항공기 이착륙 시 기내 압력이 변화하여 가스 팽창 등으로 통증을 유발하고 수술 부위에 영향을 줄 수 있다.
- 기류 변화: 기내 기류가 갑자기 변하기도 하므로 척추 질환이 있는 경우 주의해야 한다.
- 전문 의료인 부재: 객실에는 전문 의료인이 없고 객실승무원은 응급 처치 교육만 받기 때문에 주사, 약물 처방, 투약 등의 의료 서비스를 제공할 수 없다.

6) 응급 의료 콜 시스템(EMCS)

비행 중 기내에서 응급 환자가 발생하면 지상에서처럼 전문 의료인의 도움을 받기 어려우며, 긴급한 경우에는 회항을 하기도 한다. 이에 대비하여 기내에는 앞서 언급한 응급 처치 장비가 탑재되고, 객실승무원은 기본적인 응급 처치 대응법을 익혀야 한다.

한편 대한항공은 국내 최대 규모의 항공 의료 전문 기관인 항공의료센터에서 EMCS를 운영하고 있으며, '항공 전문의'가 기내에서 발생하는 응급 환자를 전문적으로 지원한다. 기내에서 다음과 같은 상황이 발생한 경우 EMCS의 협조를 요청할 수 있다.

- 의료인이 탑승하지 않은 항공기에서 비행 중 응급 환자가 발생하여 진료가 불가능하거나 전문적인 의학 자문이 필요한 경우
- 의료인(치과의사, 한의사, 간호사, 조산사)이 EMK의 전문 의료 도구와 의약품을 사용하는 경우
- 응급 환자로 인해 비정상 상황이 예상될 경우
- 항공 전문의의 자문 및 협진이 필요한 경우

07 특수 고객 지원 서비스

항공사는 세심한 배려와 관심이 필요한 승객에게 스페셜 케어 서비스를 실시하고 있다. 이를 통해 해당 승객에게는 특별한 서비스를 제공하여 고객 만족을 이끌어내고 주위 승객에게는 보다 편안한 환경을 제공할 수 있다. 스페셜 케어 서비스는 객실에 국한되지 않고 예약, 발권, 운송 등 전 분야가 연계되어 이루어진다.

1) 비동반 소아

만 5세 이상 12세 미만(국내선은 만 13세 미만)으로서 동반자 없이 혼자 탑승하는 어린이(UM)가 출발지 공항에서부터 도착지 공항에서 보호자를 만나기까지 안전하게 여행할 수 있도록 도와주는 서비스이다. 운송 직원이 지상에서 출발·도착 서비스를 제공하고 기내에서는 객실승무원이 서비스를 제공한다.

- 출발 24시간 전에 예약해야 하며 국제선은 성인 운임, 국내선은 소아 운임이 적용된다.
- 운송 직원으로부터 UM 승객을 인계받아 좌석으로 안내하고 소지품 등 짐정리를 돕는다.

- 환영 인사, 기념품 제공 및 담당 승무원 소개를 통해 편안함을 느끼게 한다.
- 기내 설비(좌석 리클라인, AVOD, 팔걸이, 좌석벨트, 승무원 호출 버튼 등) 사용법을 알려준다.
- 적절한 호칭과 대화법을 사용하여 서비스를 제공한다(반말 사용 금지).
- 비행 중 불편한지 수시로 확인하고 내리기 전에 하기 시의 도움 절차를 안내한다.
- 비행 중 UM 승객의 특이 사항 및 기내에서의 정보 등에 대한 편지를 작성하여 보호자에게 제공한다.
- 일반석 승객보다 먼저 하기시키고 지상 직원에게 인계한다.

2) 유아 동반 승객

생후 7일 이상 만 2세 미만 유아를 동반한 승객을 위한 서비스로, 요금은 국제선의 경우 정상 운임의 10%이고 국내선은 무료이다. 유아를 보호자와 함께 착석시키며 별도의 좌석을 제공하지는 않는다.

- 유아 수하물 허용량은 카시트와 접이식 유모차이며, 세 변의 합이 115cm를 초과하는 경우 위탁 수하물로 탁송하고 완전히 접히는(100×20×20cm) 경우

기내 반입이 가능하다. 도착지 탑승구 또는 수하물을 찾는 곳에서 수취할 수 있다.

- 유아용 기내식(24개월 미만)으로 이유식, 유아용 주스, 유아용 아동식(ICML)을 제공하는데, 출발 24시간 전에 예약해야 한다.
- 유아용 시트는 좌석을 점유하는 소아 항공권을 구매한 유아에게 제공하는데, 출발 72시간 전에 예약해야 한다.
- 환영 인사를 하고 승객의 수하물 보관을 돕는다.
- 비행 중 필요한 물품을 물어보고 유아용 바구니(baby bassinet) 안내 및 설치, 기저귀 교환 장소, 기내 설비 사용법 등을 알려준다.
- 비행 중 불편한지 수시로 확인하고, 유아의 소란으로 인한 주변 승객의 불편 사항도 확인한다.
- 하기 시 유모차 수령 장소를 안내하고 수하물 핸들링을 돕는다.

베이비 배시넷과 유·소아용 안전장치

베이비 배시넷은 항공 여행 중 유아(일반적으로 6개월 미만)가 누울 수 있는 요람으로, 기내의 벽에 고정하는 방식(plug in fitting type)으로 설치하고 허용 중량은 몸무게 11kg 미만, 신장 75cm 미만이다. 각 구역별 좌석 앞에 설치할 수 있으며, 이륙 후 좌석벨트 표시등이 꺼지면 장착하고 착륙 전에는 반드시 탈착해야 한다.

항공기 좌석은 성인을 기준으로 제작되어 있으므로 좌석을 구매한 만 5세 미만 유아 승객에게는 유·소아용 안전장치(child restraint device)인 시트와 벨트를 제공한다. 인천 출발·도착 국제선편 체중 9.1～29.4kg, 신장 124.5cm 이하를 대상으로 하며 통로 좌석, 비상구열 좌석에는 설치할 수 없다.

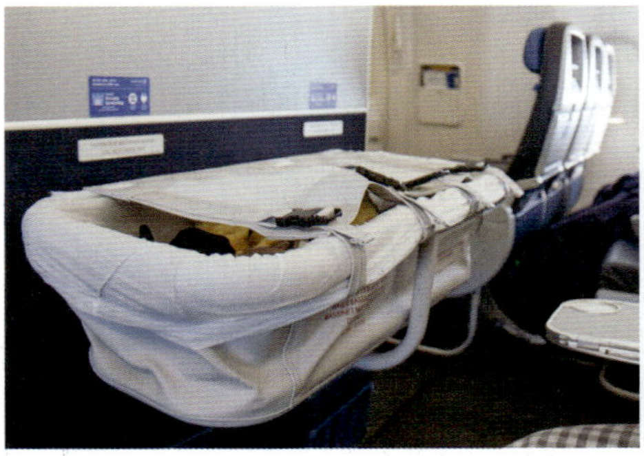

베이비 배시넷

유·소아용 안전장치

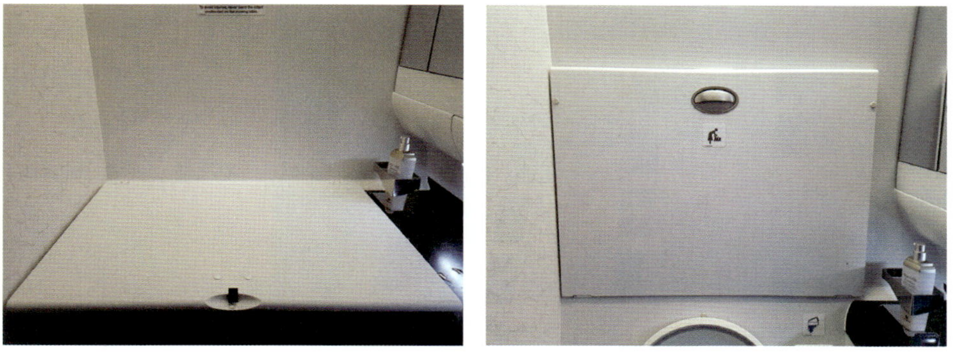

화장실의 기저귀 교환대

3) 임신부 승객

임신 시기에 따라 탑승 인가 기준과 제출 양식이 상이하다. 임신 32주 미만의 경우 특별한 제한 없이 자유롭게 항공 여행이 가능하나 당뇨, 임신성 고혈압 등 합병증이 있는 임신부의 경우 탑승 수속 시 의사의 진단서와 건강 상태 서약서(declaration of indemnity)를 제출해야 한다. 또한 임신 32주 이상이라면 항공기 출발 72시간 이내에 산부인과 의사가 작성한 건강 진단서를 제출해야 한다. 임신부 승객에게는 일반 승객과 동일한 서비스를 제공하되 비행 중 불편한 점이 없는지 수시로 확인한다.

- 임신 32~36주의 경우 건강 상태 서약서를 제출해야 한다.
- 임신 37주 이상(다태 임신 시 33주 이상)의 경우 임신부와 태아의 건강을 고려하여 탑승이 불가하다.

Tip 건강 상태 서약서(declaration of indemnity)

환자 승객이 항공기 탑승 중 또는 탑승 후 발생할지 모를 건강상의 결과에 대해 항공사에 그 책임을 묻지 않으며, 항공사 또는 제삼자에게 미친 손해에 대해 책임을 지겠다는 서약서이다.

4) 노약자 승객

항공 여행 경험이 많지 않은 고령 노약자의 경우 낯선 기내 시설과 건강상의 이유로 문제가 발생할 수 있으므로 세심한 배려가 필요하다. 항공사와 노선에 따라 상이하나 한가족 서비스(family care)를 통해 노약자 승객의 편의를 도모하고 있다.

- 환영 인사를 하면서 담당 승무원을 소개하고 좌석을 안내하며 수하물 보관을 돕는다.
- 기내 설비(좌석 리클라인, AVOD, 팔걸이, 좌석벨트, 승무원 호출 버튼 등) 사용법을 알려준다.
- 비행 중 불편한지 수시로 확인하고 입국 서류 등의 작성을 돕는다.
- 내리기 전에 하기 시의 도움 절차를 안내하고, 필요시 휠체어를 사용하여 운송 직원에게 인계한다.

> Tip **한가족 서비스(family care)**
>
> 일부 노선에서는 한가족 서비스를 운영하고 있다. 한가족 서비스를 받으려면 사전 신청을 해야 하며, 출발 시 담당 직원이 탑승구까지 안내하고 하기 시 도착장까지 안내한다. 이러한 한가족 서비스를 받을 수 있는 대상은 다음과 같다(항공사에 따라 기준이 다르다).
>
> - 보호자 없이 여행하는 만 70세 이상 승객
> - 7세 미만 유·소아 2명 이상을 동반한 일인 승객

5) 장애 승객

생활 수준의 향상과 항공 여행의 보편화에 힘입어 장애인의 항공 여행이 점차 증가하는 추세이며, 항공사는 장애 승객에게 세심한 서비스를 제공하기 위해 노력하고 있다. 사회적으로도 장애인의 윤택한 삶을 위해 다각도의 운동이 전개되

는 가운데 항공사 또한 장애 승객을 위한 각종 편의 시설을 마련하고, 예약 시 희망 좌석을 우선적으로 배정하며, 장애 승객 응대 전담 직원을 배치하는 등 서비스를 개선하고 있다. 객실승무원은 장애 승객을 올바르게 이해하고 적절히 응대하는 방법을 익혀 마음에서 우러나오는 따뜻한 서비스를 제공해야 한다.

(1) 공통

- 환영 인사를 하면서 담당 승무원을 소개하고 좌석을 안내하며 수하물 보관을 돕는다.
- 기내 설비(좌석 리클라인, AVOD, 팔걸이, 좌석벨트, 승무원 호출 버튼 등) 사용법을 알려준다.
- 필요시 안전 관련 사항에 대해 개별 브리핑을 실시한다.
- 비행 중 불편한지 수시로 확인하고 입국 서류 등의 작성을 돕는다.
- 내리기 전에 하기 시의 도움 절차를 안내하고, 필요시 휠체어를 사용하여 운송 직원에게 인계한다.

(2) 시각 장애 승객

- 좌석을 안내하고 도움을 제공할 때는 시각 장애 승객이 승무원의 팔을 잡게 하고 승무원이 한 보 앞에서 안내한다.
- 시각 장애 승객의 신체를 접촉할 때는 미리 알려야 한다.
- 기내 설비, 서비스 등을 안내할 때는 방향과 거리를 구체적으로 설명한다.
- 지팡이 등을 좌석 하단에 둘 때는 비상 탈출에 방해가 되지 않게 해야 한다.
- 시각 장애인용 점자책이나 안전 매뉴얼 등을 제공한다.
- 예약 시 안내견 동반에 대한 사전 정보를 제공하고, 시각 장애 승객은 관련 서류를 제출해야 한다.
- 비행 중 안내견은 목줄을 하고 승객의 발치에 있어야 한다. 또한 기내 위생 및 보건 상태를 해치지 않도록 안내견 보호자가 배변을 책임져야 한다.

(3) 청각 장애 승객

- 주문을 받거나 대화를 할 때 너무 큰 목소리로 말하여 주위 승객의 이목을 끌지 않도록 한다.
- 대화를 할 때는 입 모양을 정확하게 하여 시각적으로 인식할 수 있게 돕고, 얼굴을 너무 가까이하지 않도록 유의한다.
- 기내 방송 또는 기타 필요한 내용은 수화를 사용하거나 글로 써서 안내한다.

미국행 항공기 장애인 차별 금지 조항

- 안전 운항에 직접적인 위협을 주지 않는 한 장애 승객의 탑승을 거절할 수 없다.
- 안전한 여행이 의심스러운 경우 기장, 운송 직원과 협의한다.
- 장애 승객에게 어떤 도움이 필요한지 물어보고, 승객이 요청하지 않은 사항을 임의로 판단하여 제공하지 않는다.
- 좌석 안내 등 도움을 제공하고 업거나 들어서 옮기지 않는다.
- 전달받을 수 없는 안전 관련 사항에 대해 개별 브리핑을 하고, 주위의 시선을 끌지 않도록 하며, 이해 여부를 확인하지 않는다.
- 장애 승객이 차별과 관련된 불만을 제기하는 경우 공항에 배치된 운송 직원에게 인계한다.
- 반드시 기내에 온보드(on-board) 휠체어를 탑재한다.

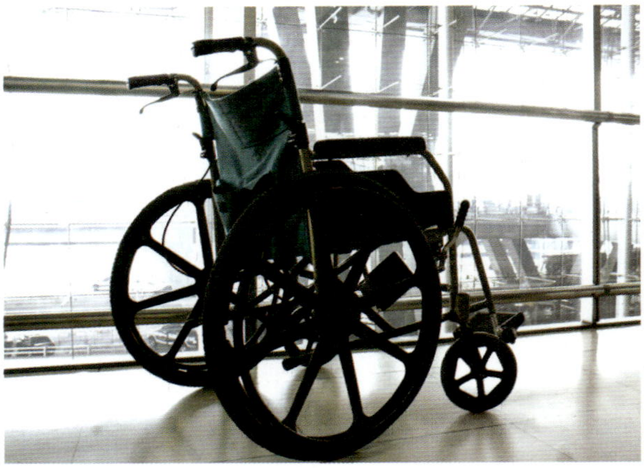
일반 휠체어

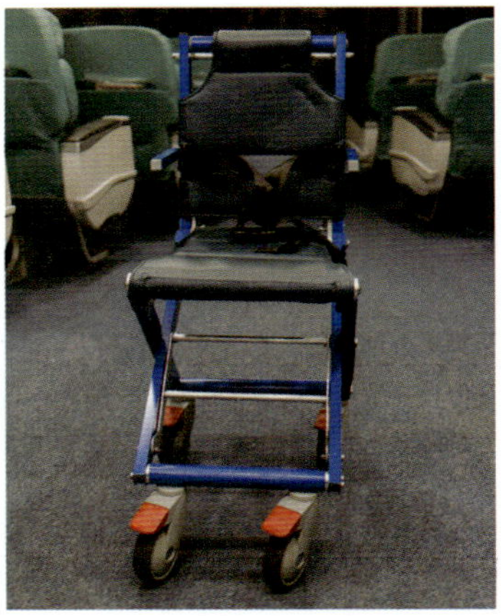
온보드 휠체어

(4) 보행 장애 승객

- 기내 통로가 협소하므로 기내 전용 휠체어를 제공한다.
- 승객 소유의 휠체어를 사용하는 경우 휠체어와 보조 기구를 무료로 운송해 주며, 전동 휠체어는 배터리를 분리하여 위탁 수하물로 탁송해야 한다.

6) 추방자, 입국 거절 승객

추방자(deportee, DEPO)는 합법, 불법을 막론하고 입국했으나 범죄나 기타 사유로 관계 당국에 의해 강제로 추방된 승객을 말한다. 그리고 입국 거절(inadmissible, INAD) 승객은 사증 미소지, 여권 유효 기간 만료, 사증 목적 외 입국 등 입국 자격 결격 사유로 입국이 거절된 승객을 말한다. 필요시 객실 사무장은 이들의 여권 및 기타 서류를 별도로 보관하고, 목적지에 도착한 후 지상 직원에게 해당 승객과 함께 인계한다.

7) VIP, CIP

VIP(very important person), CIP(commercial important person)는 사전에 좌석 차트, SHR 등을 통해 명단을 확인하여 직위 및 호칭에 유의해야 한다. 해당 클래스의 서비스에 준하여 서비스를 제공하며, 지나친 배려로 주위 승객의 불만을 유발하지 않도록 한다.

CHAPTER

05

항공기 객실승무원의 업무 절차

01 항공기 탑승 전 업무

공항

- 브리핑 준비
- 객실 브리핑
- 운항 브리핑
- 탑승 수속
- CIQ 수속(출국 수속)
- 서류 수령

항공기

공항

- CIQ 수속(입국 수속)
- 퇴근 또는 숙소 이동

승객 탑승 전 업무

- 개인 소지품 정리
- 비상 보안 장비 점검
- 보안 점검
- 설비·시스템 점검
- 청소 상태 점검
- 서비스 물품 탑재 확인
- 지상 서비스 준비

이륙 전 업무

- 승객 탑승 준비
- 탑승권 확인 및 환영 인사
- 좌석 안내 및 휴대 수하물 보관 안내
- 지상 서비스
- 항공기 서류 인수
- 비상구열 좌석 안내
- 탑승 인원 확인
- 출입문 닫기
- 출발 전 안전 점검
- 탑승 환영 안내 방송
- 안전 모의 실연
- 이륙 전 안전 업무

비행 중 업무

- 갤리 브리핑
- 식음료 서비스
- 입국 서류 배포 및 작성 협조(필요시)
- 기내 판매
- 승객 휴식, 기내 환경 유지, 비행 중 안전 점검
- 승무원 휴식 및 비행 관련 서류 작성
- 착륙 준비 업무
- 승객 하기

승객 하기 후 업무

- 기내 점검(유실물, 보안 점검)
- 비행 후 디브리핑
- 비행 후 업무

1) 출근 및 수하물 탁송

(1) 출근

국제선 비행에 임하는 객실승무원은 계절, 기후, 교통 혼잡 등의 상황을 고려하여 충분한 시간적 여유를 두고 출근한다. 유니폼을 입고 출근할 때는 회사 규정에 맞는 메이크업과 헤어스타일을 갖추고, 사복 착용 시에도 승무원의 품위를 유지하는 차림을 해야 한다. 국제선 근무를 배정받은 객실승무원은 기본적인 비행 준비뿐 아니라 해외 체재에 필요한 개인 용품과 복장 준비에도 소홀함이 없어야 한다.

ymgerman/Shutterstock.com

Roman Babakin/Shutterstock.com

(2) 수하물 탁송

필요시 공항 청사 내 승무원 전용 카운터에서 개인 수하물을 탁송한다. 탁송 가능한 수하물의 개수 및 탁송 규정은 일반석 승객과 동일하게 적용된다. 수하물 탁송 시 승무원 ID 카드와 목적지를 직원에게 알려주고 수하물 표를 받는다.

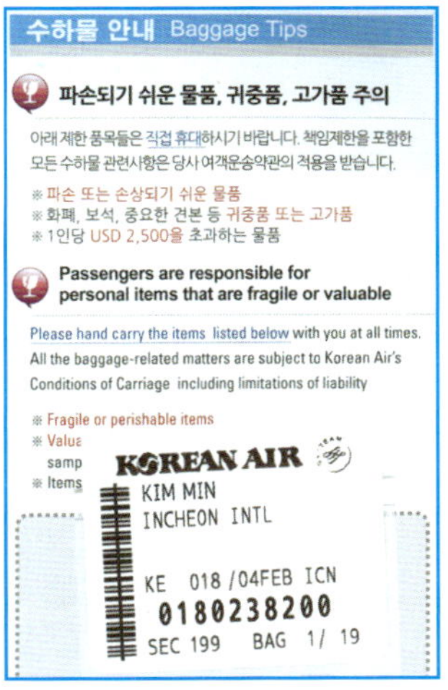

수하물 표

비행 전 금지 행위

객실승무원은 승객의 안전을 책임지는 업무를 수행하므로 비행 전 다음과 같은 행위를 금지한다. 이를 어겨 비행 근무를 할 수 없을 때는 회사에 보고하여 대체 승무원 투입 등의 적절한 조치가 이루어지도록 해야 한다.

- 향정신성 의약품 복용 금지
- 12시간 이내 음주 금지
- 24시간 이내 헌혈 금지
- 24시간 이내 스쿠버다이빙 금지

2) 객실 브리핑 준비

객실승무원은 비행 근무를 위해 비행 준비를 해야 한다. 객실승무원의 필수 휴대품과 사전 학습 내용은 다음과 같다.

- 승무원 필수 휴대품 소지 및 이상 유무 확인
- 용모·복장 점검
- 기종의 특성: 당일 비행편에 투입된 기종과 운영되는 클래스, 항공기의 장비와 시스템
- 기내 안전·보안 업무: 비상시 처리 절차, 도어 작동법, 안전·보안 관련 공지 사항 등
- 서비스의 특성: 자신의 할당 듀티, 해당 비행편 브리핑 시트의 내용, 업무 지시와 공지 사항, 목적지 정보(입국 서류 및 검역 절차, 면세 기준, 보세품 처리 절차, 공항 정보 및 환승 절차, 시차)
- 목적지 공항 CIQ의 특성: 목적지 공항의 특성, 입국 서류 작성법, 면세 허용량 등

• **Aircraft:** HL 7492(744K) : View Diagram 1

HL No	AC Ver	Seat Config	IFE			IVS		PRAM	전원(ISPS)	Internet SVC
			System	Video	Audio	F, C	Y			
HL 7492	744K	10/50/262								

• **Reservation:** F8 / C 52/ Y262 (10/60/262) • **Sales Crew Added Route:** NO

• **Duty Assignment:** Duty Purser , SP03/ 0110TM) / Duty Purse confirmed

DUTY	RANK	TEAM	NAME	J/S	DUTY	RANK	TEAM	NAME	J/S	DUTY	RANK	TEAM	NAME	J/S
FAL	AP06	0203	AN OO	L1	FAG	AP01	0116	PARK OO	R1	FAR	AP12	0718	PARK OO	R1
CUL	AP07	0222	LEE OO	UL	CUG	PS19	0616	KIM OO	UG	CUR	FA18	111	LEE OO	UR
CBL	AP08	0107	KIM OO	L2										
					CBG	PS21	0819	BAE OO	R2	CBR	AP23	KULC	KOAY OO	R2
YCL	AP22	0110	MOON OO	L3	YCG	AP08	0110	KANG OO	L3	YCR	FA23	1006	KIM OO	R3
YDL	FA24	0110	JUNG OO	L4	YDG	PS11	0110	SON OO	L4	YDR	AP18	0110	LEE OO	R4
YZL	FA15	0201	LEE OO	L5	YZG	PS05	0908	KIM OO	L2	YZR	FA12	044	JO OO	R5
BRFG ROOM			Remarks	1. Prepare crew item (p/p, id···) 2. Remind com gen info &dir										

• **Announcement:** ( ) • **In-flight Sales:** (DG, ALL CREW) • **Taser:** (EG, FA1)
• **Added Sales Crew:** ( ) • **City & Art Guide: 0**

듀티 코드 및 서비스 구역(K 항공사 자료 재구성)

▶▶ 국제선 객실승무원의 필수 휴대품

객실 사무장	• A/C 및 비행편 관련 각종 서류 양식, 입·출항 관련 서류 • 일반 승무원의 필수 휴대품
객실승무원	• 여권, 비자, 직원 신분증(ID 카드) • 업무 수행에 필요한 지급품(앞치마, 기내화 등) • 개인 휴대로 지정된 물품 • 객실승무원 전자 업무 교본

3) 객실 브리핑

개인별 비행 준비를 마친 객실승무원은 정해진 시간에 지정된 장소에서 해당 비행편 동료들과 함께 객실 브리핑에 참여한다. 객실 브리핑 전에는 업데이트된 비행 정보를 개인적으로 파악하고, 특히 안전 관련 사항은 객실 브리핑 시의 불시 점검(random check)에 대비하여 철저히 숙지해야 한다. 일반적으로 객실 브리핑은 회사가 지정한 장소에서 실시한다.

객실 사무장이 주관하는 객실 브리핑은 근무의 출발점이자 함께 비행할 팀원과의 첫 만남 시간이다. 이 시간의 활용도에 따라 해당 비행편의 서비스 품질이 좌우되기도 하므로 객실 브리핑은 객실승무원의 근무 전반에 걸쳐 큰 비중을 차지한다고 할 수 있다. 모든 팀원은 팀워크를 극대화하여 고객 감동 객실 서비스를 창출할 수 있도록 한정된 시간에 최대 효과를 올리는 전략적 사고와 자세를 견지하고 객실 브리핑에 임해야 한다.

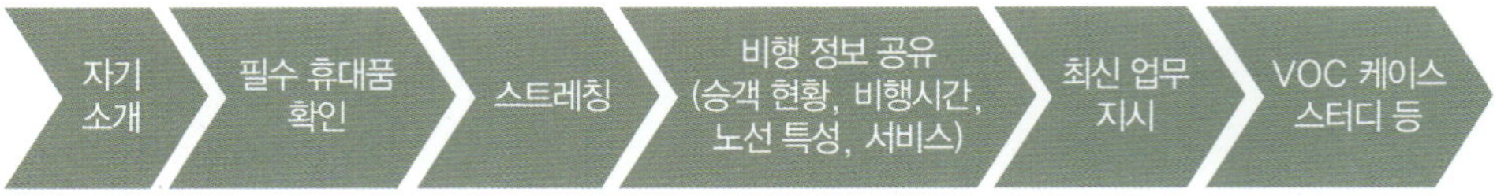

객실 브리핑 업무 순서

4) 합동 브리핑

객실 브리핑 후에 이루어지는 합동 브리핑(운항 브리핑)은 함께 비행할 운항승무원과 객실승무원이 모여 비행 정보를 공유하는 시간이다. 합동 브리핑은 해당 비행편의 기장이 주관하며 보안 사항, 예상 루트, 기상, 난기류, 비행시간, 비상사태 발생 시의 절차, 승무원 협조 사항, 조종실 출입 절차 등의 정보를 공유한다.

5) CIQ 수속

공항 청사에 도착한 객실승무원은 출국장에서 승무원 전용 출입문으로 들어가 관세청, 법무부, 보건복지부가 실시하는 출국 수속인 CIQ(customs, immigration, quarantine) 수속을 밟는다.

CIQ 수속 순서

병충해나 전염병의 이동을 막기 위해 승객은 보건복지부가 실시하는 검역 관련 수속을 거치지만 승무원의 경우 이 과정이 생략된다. 따라서 승무원은 일상생활이나 근무 시 항상 개인위생 및 건강관리에 유의해야 한다.

▶ CIQ 업무

보안 검색	휴대품 반출 신고(해당자)	출국 심사
• 항공기 안전 운항에 저해되는 위험 물품의 항공기 탑재 및 과잉 외화 유출 방지를 위해 실시되는 보안 검색(security check) • 휴대 수하물은 엑스레이 검색대를 통과하고 신체 부착물은 문형·바(bar)형 금속 탐지기로 검색(필요시 촉수 검사)	• 여행 시 사용하고 다시 가져올 귀중품이나 고가품을 출국 전 세관에 신고하는 것으로, '휴대 물품 반출 신고(확인)서'를 받아야 입국 시 면세를 받을 수 있음	• 회사에서 해당 비행편의 승무원 명단을 법무부에 사전 통보하며, 승무원은 출국 수속 시 ID 카드를 이용하여 자동 출입국 심사로 이동하여 승인을 받고 출국

6) 서류 수령

CIQ 수속을 마친 객실승무원은 해당 비행편의 출발 게이트로 이동한다. 필요시 객실승무원은 해당 카운터에서 출발편을 밝히고 도착지 입국에 필요한 승객 관련 입국 서류를 지상 직원으로부터 수령하여 항공기로 향한다.

enviromantic via Getty Images

Loop Images/Universal Images Group via Getty Images

02 승객 탑승 전 업무

1) 개인 소지품 정리

항공기에 탑승하면 비행 가방(flight bag)과 행거 등 기내에 반입 가능한 개인 소지품을 정리한다. 개인 소지품은 개수와 규격이 정해져 있으며 회사 지급품인 크루 태그(crew tag)가 부착되어야 한다.

- 개인 소지품은 선반, 코트룸, 전방과 통로 측 방향에 고정 장치(restraint bar)가 설치되어 있는 좌석 하단에 보관한다.
- 비행 중 업무에 필요한 개인 용품은 갤리 주변 보관함에 보관한다.

2) 비상·보안 장비 점검

담당 구역에서 응급조치 장비, 화재 진압 장비, 안전 장비, 비상 탈출 및 착수 장비, 테이저건, 방폭 재킷, 방폭 담요 등 비상·보안 장비를 점검한다. 장비 점검 요령에 의거하여 장비의 업데이트 상태, 탑재 수량, 보관 위치, 이상 유무 등을 확인하고 그 결과를 객실 사무장에게 보고한다.

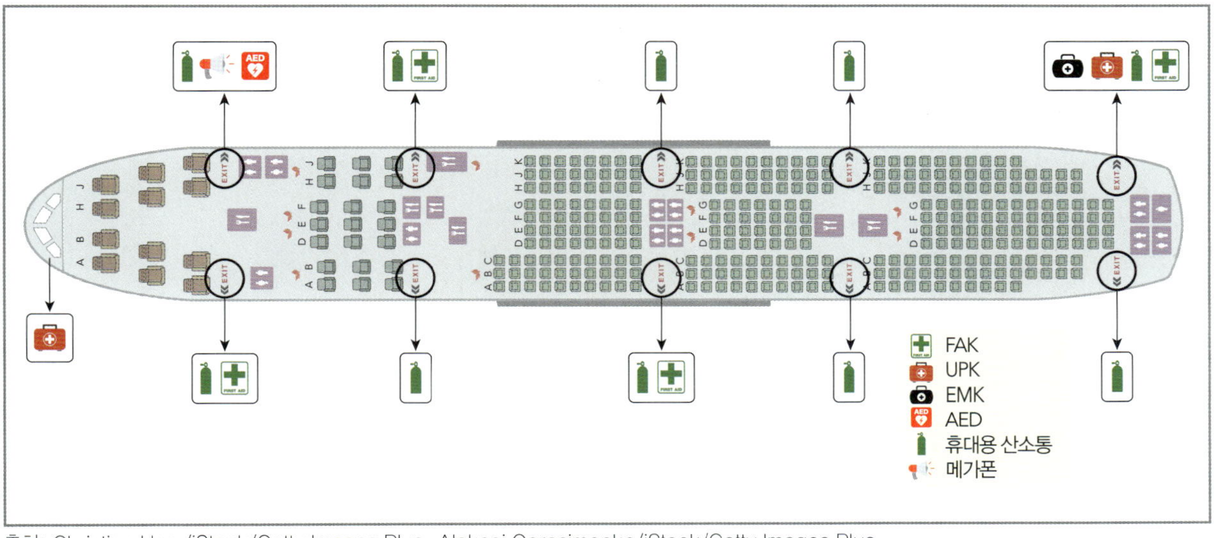

출처: Christian Horz/iStock/Getty Images Plus, Aleksei Gerasimenko/iStock/Getty Images Plus
Mohamed Rasik/iStock/Getty Images Plus, bubaone/DigitalVision Vectors via Getty Images
yukipon/iStock/Getty Images Plus, matsabe/iStock/Getty Images Plus

항공기 내 비상 장비 탑재 위치의 예

점프 시트 하단의 비상 장비

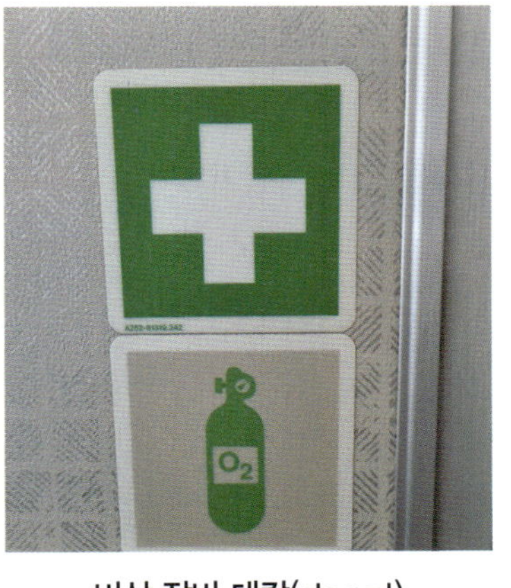

비상 장비 데칼(decal)

비상·보안 장비

보안 장비	• 테이저건 • 포승줄 • 타이랩 • 방폭 재킷 • 방폭 담요 • 비상벨	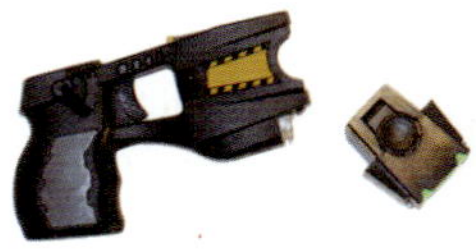 테이저건  비상벨
응급 처치 장비	• EMK(emergency medical kit) • FAK(first aid kit) • AED(automated external defibrillator) • POB • resuscitator bag	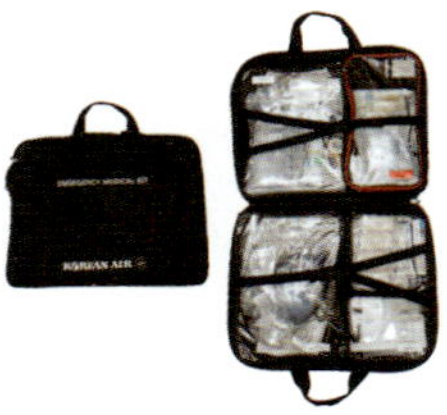 EMK 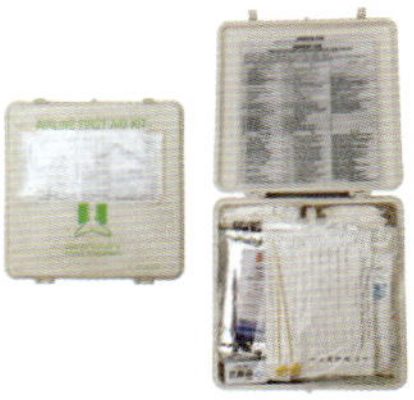 FAK 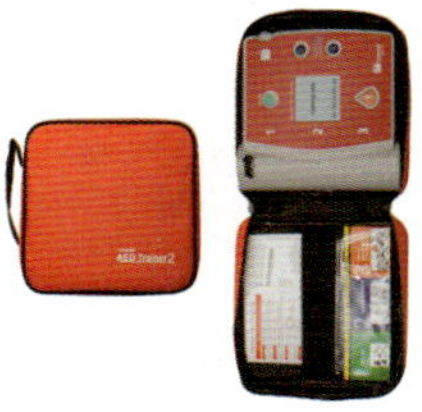 AED  POB  resuscitator bag
비상 탈출 장비	• ELT(emergency locator transmitter) • 손전등 • 메가폰 • 구명복	 ELT 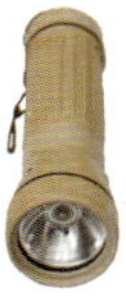 손전등  메가폰  구명복
화재 진압 장비	• 할론 소화기 • H_2O 소화기 • 열감지형 소화기 • 스모크 디텍터(smoke detector) • 석면 장갑 • PBE(protective breathing equipment)	 할론 소화기  H_2O 소화기  열감지형 소화기  스모크 디텍터  석면 장갑  PBE

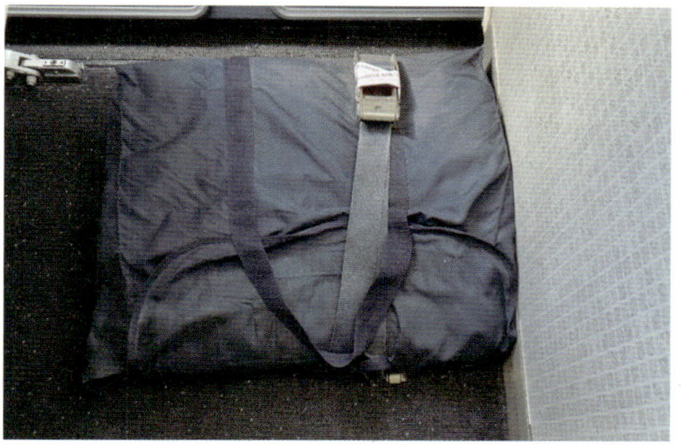

방폭 매트

비상 장비 보관함

메가폰, 석면 장갑

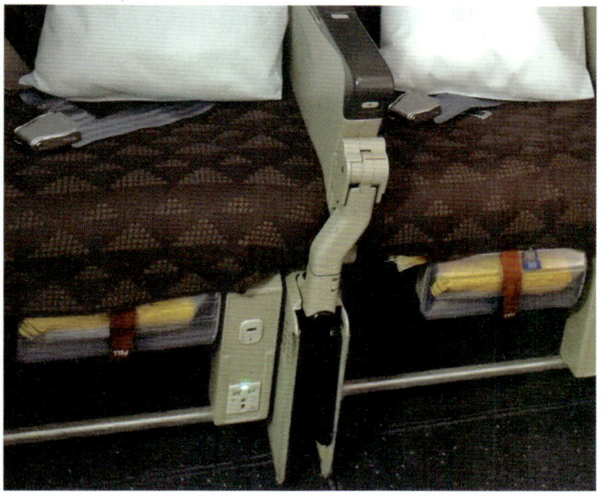

좌석 하단의 구명복

3) 객실 설비 및 시스템 점검

(1) 커뮤니케이션 시스템 점검

방송 담당 승무원이 시험 방송을 통해 PA를 점검하고 다른 승무원은 모니터링을 한다.

(2) 조명 시스템 점검

객실 조명 시스템 점검(cabin light system check)은 객실 사무장과 부사무장이 담당하며, 객실 조명을 단계별로 조절하여 이상 유무를 확인한다. 또한 갤리에 설치되어 있는 장비의 작동 여부는 갤리를 담당하는 승무원이 확인한다.

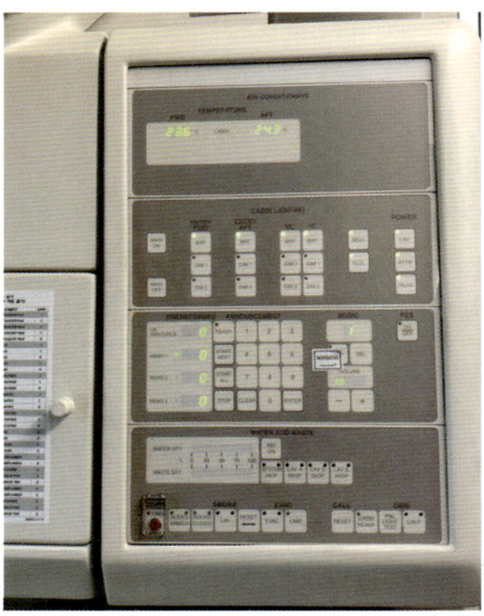

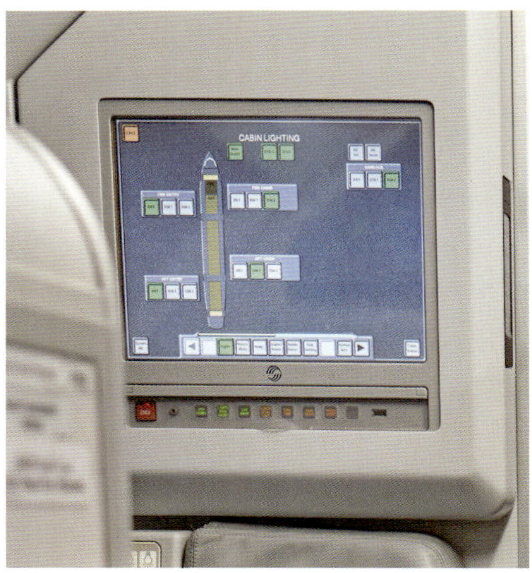

Sorbis/Shutterstock.com

(3) 승객 좌석, 시스템 점검

승객 좌석의 승무원 호출 버튼, 독서등, 리모컨, 좌석벨트, 테이블, AVOD의 화면 상태 등을 점검한다.

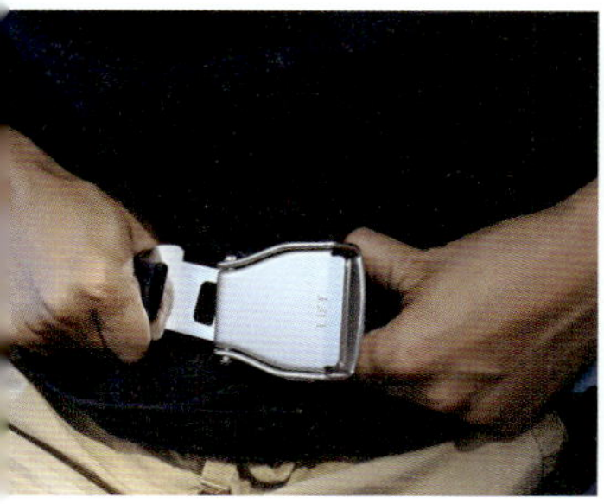

paul prescott/Shutterstock.com

(4) 화장실 시스템 점검

담당 구역 승무원이 화장실의 청결 상태와 설비 작동 여부(스모크 디텍터, 플러싱 상태, 쓰레기통 뚜껑의 스프링 상태, 롤페이퍼·핸드페이퍼·액체 비누 등의 소모품 비치 등)를 확인한다.

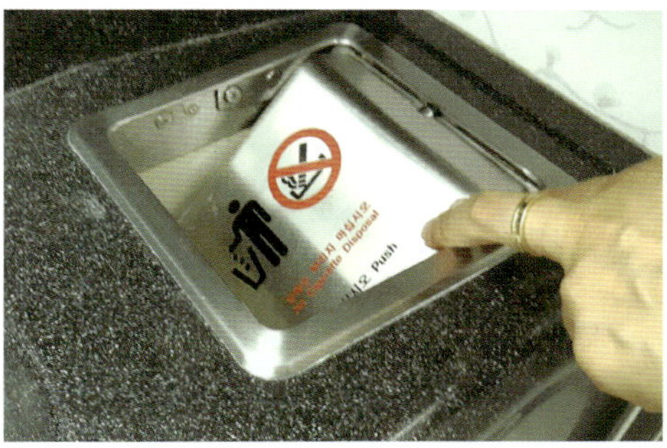

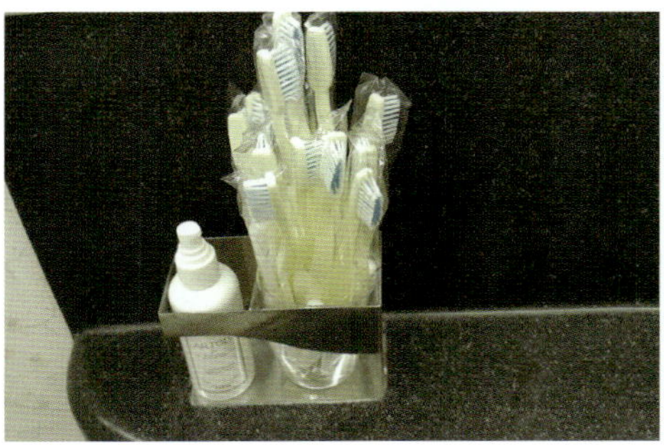

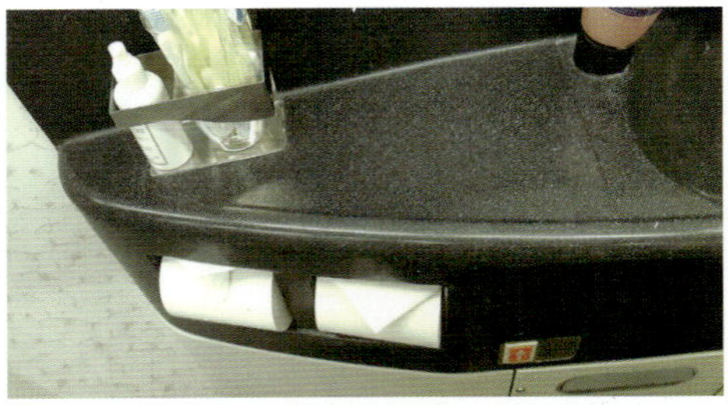

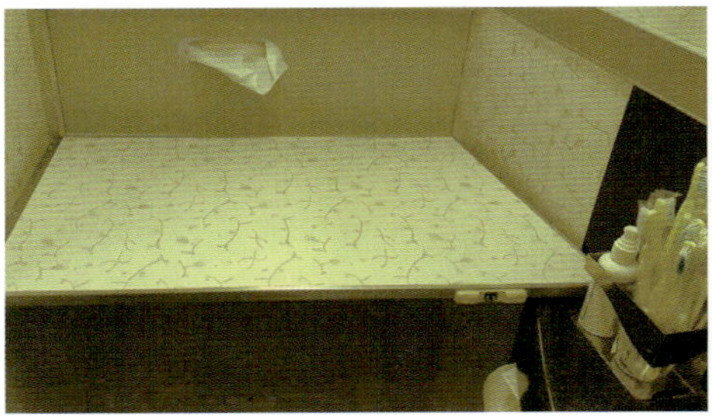

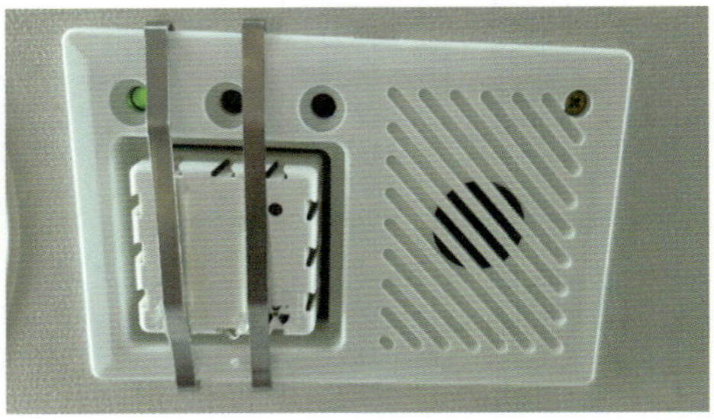

(5) 기내 용품 탑재 상태 점검

케이터링 아이템은 항공 여행 중 승객에게 제공되는 기내식, 기내 음료, 서비스 기물, 기내 면세품 등의 서비스 용품을 말한다. 이는 해당 비행편의 승객 수에 따라 탑재량이 정해지므로 적정 수량, 유효 기간, 상태 등을 확인하고 추가로 탑재해야 하는 경우 객실 사무장에게 보고하여 주문한다. 이때 추가 주문으로 인해 출발이 지연되지 않도록 수송 시간을 고려하여 주문해야 한다.

Augustine Bin Jumat/Shutterstock.com

Mehmet Ali Ozcan/Anadolu Agency via Getty Images

Arne Dedert/picture alliance via Getty Images

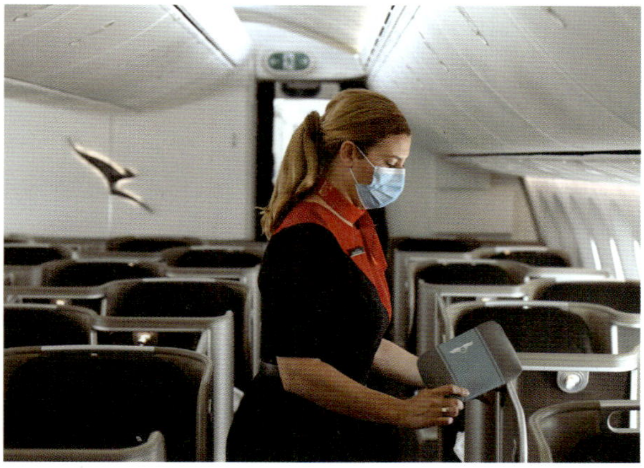

James D. Morgan via Getty Images

(6) 객실 청결 상태 점검

지상 조업원이 기내를 청소하고 각종 용품을 탑재하며, 객실승무원은 승객의 쾌적한 여행을 위해 담당 구역별로 청결 상태를 점검한다.

▶▶ 기내 구역별 점검 용품

승무원 구역	승객 좌석	화장실
• passenger seat	• seat	• toilet bowl
• floor carpet	• seat pocket	• mirror & mirror frame
• cabin attendant station	• tray table	• water basin
• class divider(curtain)	• seat belt	• floor
• coatroom	• headrest cover	• ashtray
• dog house	• window shade	• diaper changing board
• crew rest area(bunk)	• floor	• liquid soap dispenser
갤리	**좌석 포켓**	• compartment
• waste container	• air sickness bag	
• sink	• safety information card	
• floor	• airline magazine	
• compartment	• Sky Shop magazine	

4) 보안 점검

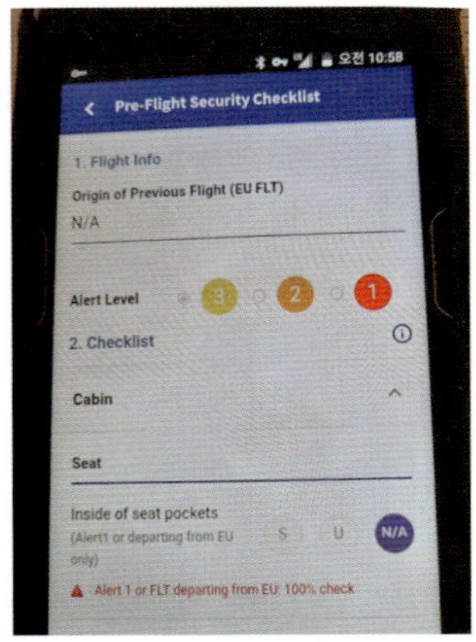

전자 기기를 활용한 보안 점검

지상 조업원의 업무 및 하기가 완료된 후 객실승무원은 배정된 담당 구역에서 객실 사무장의 PA에 따라 '항공기 보안 점검 체크리스트'에 의거하여 기내 보안 점검을 실시한다. 좌석, 통로, 승무원 좌석, 도어, 승무원 휴게실, 비디오 컨트롤 센터, 화장실, 갤리 보관함 등을 체계적으로 점검하고 이상이 발견되면 즉시 객실 사무장에게 보고한다. 이상이 없는 경우 객실 사무장은 기장에게 객실 보안 점검 완료 상태를 보고하고 체크리스트를 운송 직원에게 전송한다. 최근에는 업무 효율성을 위해 각종 서류가 전자 문서화되어 '항공기 보안 점검 체크리스트' 또한 전자 기기로 전송하고 있다.

5) 지상 서비스 준비

클래스에 따라 서비스의 내용이 다르지만, 대부분의 항공사는 일반석에 어메니티 키트(amenity kit)와 이어폰 등을 제공하고 상위 클래스에는 환영 음료 등을 제공하고 있다.

Unaccompanied Media/Shutterstock.com

M101Studio/Shutterstock.com

03 이륙 전 업무

1) 승객 탑승 준비

승객 탑승 허가를 받으면 객실승무원은 담당 구역에서 승객을 맞이할 준비를 한다. 선반을 열어두어 승객이 비어 있는 곳을 쉽게 찾을 수 있도록 배려하며, 객실 사무장은 승객 탑승 전 PA를 통해 전 승무원에게 승객 탑승 시작 시간을 알리고 해당 노선에 어울리는 보딩 뮤직을 튼다. 보딩 뮤직은 승객 브리핑 상영 전에 끈다.

2) 탑승권 확인 및 환영 인사

객실승무원은 승객 탑승 시점에 승객을 처음 대면하게 된다. 이때 객실승무원은 단정한 복장에 밝고 상냥한 말투로 환영 인사를 하며, 항공 보안 및 승객의 오탑승 예방을 위해 탑승권의 날짜와 편명을 확인한다. 항공사에 따라 탑승권을 자동화 기기로 확인하거나 육안으로 확인하는데, 자동화 기기를 사용하는 경우에는 시스템 작동 여부를 사전에 확인해야 한다.

종이 탑승권

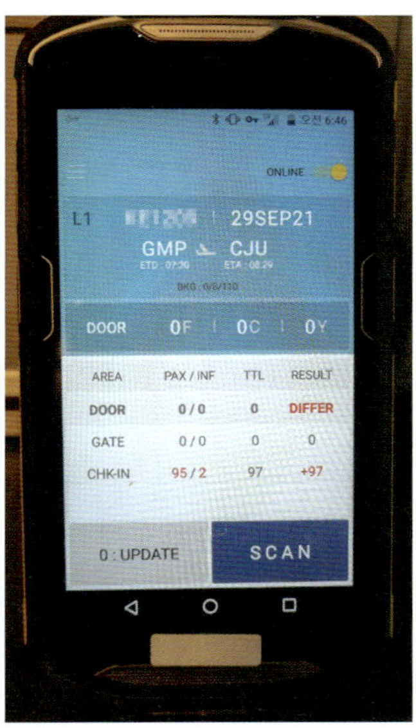

자동화 기기를 이용한 탑승권 확인

모바일 탑승권

3) 좌석 안내 및 휴대 수하물 보관 안내

좌석을 안내할 때는 방향을 구체적으로 알려주고 특히 노약자, 환자, 어린이, 유아 동반 승객은 적극적으로 돕는다. 좌석이 중복되는 승객이 발생했을 때는 먼저 탑승권의 날짜, 편명, 이름, 좌석 번호를 확인하고 정중히 사과한 후 잠시 대기할 장소를 제공한다. 그런 다음 객실 사무장에게 보고하고, 객실 사무장은 지상 직원에게 좌석 재배정을 요청한다. 좌석 변경을 요청하는 승객이 있는 경우에는 지상 직원에게 통보하여 좌석 재배정을 고려한다.

기내 반입 수하물은 선반, 코트룸 또는 고정 장치가 설치된 좌석 밑에 보관한다. 선반에 보관된 물품이 떨어져 승객이 상해를 입지 않도록 휴대 수하물의 보관 상태를 철저히 확인한다. 승객이 짐을 적절한 장소에 보관할 수 있도록 안내하고, 도움이 필요한 승객에게는 적절한 도움을 제공한다. 휴대 수하물은 승객이 직접 관리해야 하며 분실이나 파손에 대해 항공사가 책임을 지지 않는다.

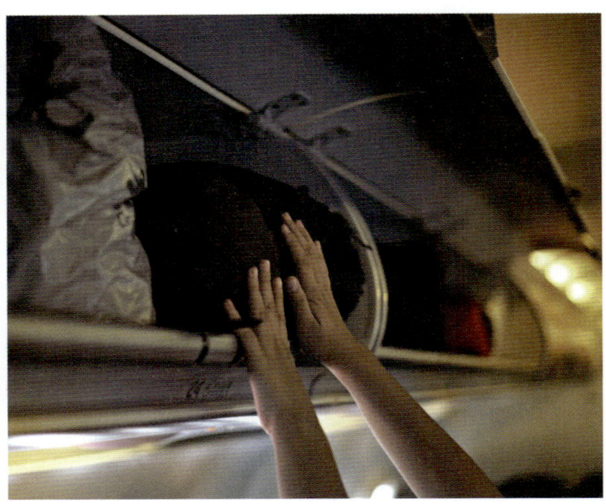

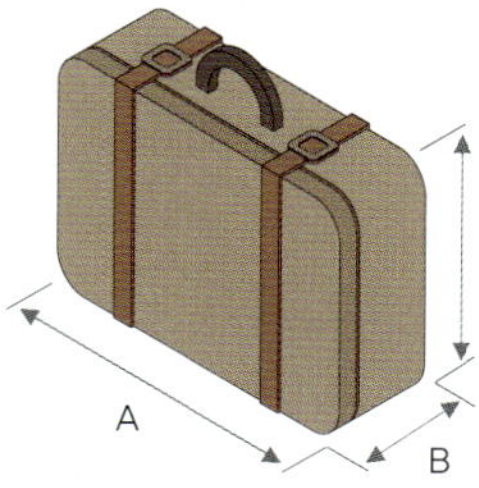

A+B+C≦115cm(45in)

Tip 기내 휴대 반입 수하물

승객 좌석 밑이나 기내 선반에 올려놓을 수 있는 물품으로 삼면의 합이 115cm 이내인 수하물 1개(일반석) 또는 2개(상위 클래스)를 기내에 휴대할 수 있다.

승객 탑승 중 초과 휴대 수하물을 발견한 경우에는 운송 직원의 도움을 받아 승객의 최종 목적지까지 일반 화물로 보내도록 조치한다. 이때 현금, 유가증권 등 중요한 물품은 승객이 꺼내어 직접 소지하도록 권유하며, 깨지기 쉬운 수하물은 승객의 서명을 받은 후 'fragile tag'를 부착한다.

Efired/Shutterstock.com

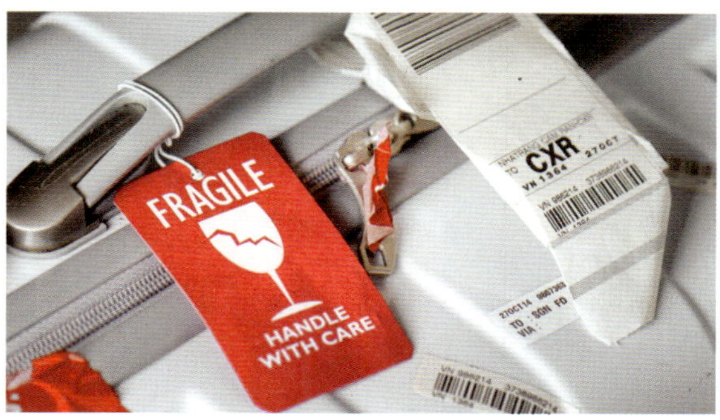

Efired/Shutterstock.com

4) 지상 서비스

승객 탑승 후 항공기 이륙 전까지의 지상 서비스는 항공사나 클래스에 따라 조금씩 차이가 있다. 지상 서비스는 항공기가 푸시백하기 전에 안전 업무를 수행하기에 지장이 없는 범위 내에서 실시하며, 그 이후에 승객이 서비스를 요구할 때는 이륙 후 서비스하는 이유를 정중히 설명한다. 클래스에 따라 편의용품, 헤드폰, 이어폰, 환영 음료 등을 제공한다.

- 승객 탑승 완료 시점에 이어폰을 제공한다.
- 편의 용품(슬리퍼, 칫솔, 치약, 안대 등)을 제공한다.

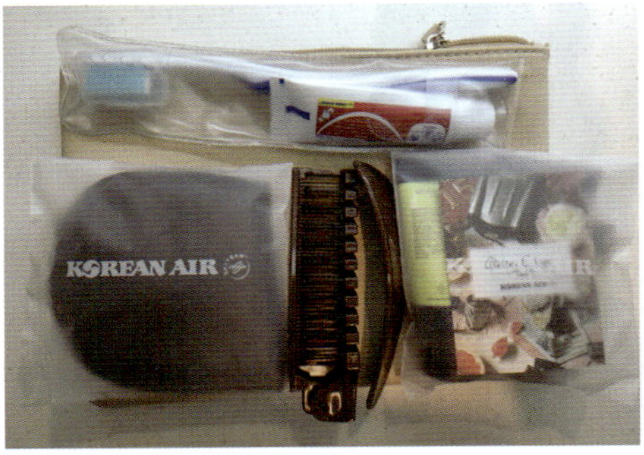

Panmaule/iStock/Getty Images Plus

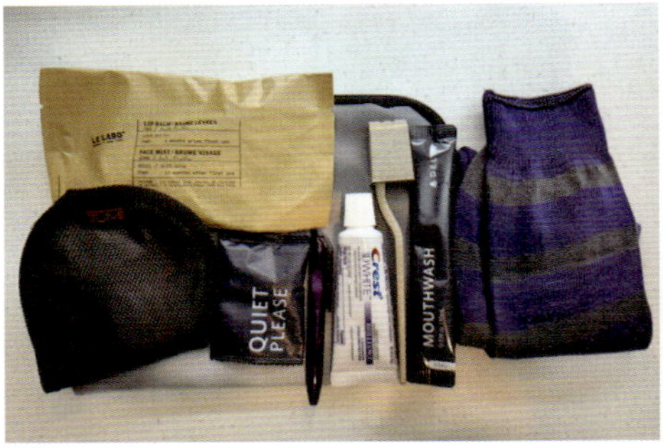

Arnold O. A. Pinto/Shutterstock.com

지상에서 기내식 탑재 점검 담당 승무원은 케이터링 직원과의 특별식 인수인계 후 탑재 내역을 객실 사무장에게 보고하고, 객실 사무장은 승객 탑승 후 업데이트된 SHR의 특별식 탑재 내역을 확인한다. SHR에 표기된 특별식이 탑재되지 않았을 때는 지상 직원에게 즉시 통보하고 케이터링 직원에게 요청하여 조치를 취한다.

승객이 탑승한 후 각 구역별 갤리 담당 승무원은 SHR을 참고하여 특별식 주문 승객에게 주문 내용, 성명, 좌석 번호를 확인하고 특별식 태그를 승객의 헤드 레스트(head rest) 위에 부착한다.

5) 항공기 서류 인수

승객이 모두 탑승하고 지상 서비스가 마무리되면 객실 사무장은 필요시 지상 직원으로부터 승객 및 화물 운송에 관한 서류를 인수한다. 최근에는 항공사들이 이러한 서류를 전자 문서화하고 있다.

6) 비상구열 좌석 승객 브리핑

실습영상

객실승무원은 승객 탑승 시점부터 항공기 푸시백 이전까지 승객의 적정성을 확인하고, 비상구열 좌석에 앉은 승객이 비상시에 승무원의 업무를 도울 수 있도록 비상시 승객이 취해야 할 임무를 안내하는데, 이를 '비상구열 좌석 승객 브리핑'이라고 한다. 협조의 의사가 없거나 다음과 같은 승객은 비상구열 좌석에 앉을 수 없으며, 적정 승객이 착석하지 않은 경우 운송 직원을 통해 승객을 재배치해야 한다.

- 15세 미만 승객
- 팔, 손, 다리의 민첩성이 떨어져 비상 상황 시 필요한 동작 수행이 어려운 승객

비상구열 좌석 승객 브리핑

안녕하십니까? 이곳은 비상구열 좌석으로 비상시 승무원을 도와주셔야 합니다. 협조해주시겠습니까? 비상시 승무원의 신호에 따라 먼저 탈출하신 후 내려오는 승객들을 도와주시고 항공기로부터 멀리 대피하도록 안내해주십시오. 승무원이 비상구를 열지 못하는 상황인 경우에는 핸들을 화살표 방향으로 조작하여 열어주십시오. 더 자세한 사항은 안내문을 참고해주시기 바랍니다.

You are seated in an exit seat and you should help cabin crew in an emergency. The passengers seated in emergency exit seat should evacuate first according to the instruction by cabin crew and then assist others to evacuate, and direct them away from the aircraft. In case cabin crew is unable to open the exit, open the door by operating the lever in the direction of the arrow mark. Please read the next steps.

- 별도의 시력 보조 장비 없이 안전 활동 수행이 어려운 승객
- 비상구열 좌석 착석 규정 준수 의사가 없는 승객
- 승무원의 탈출 지시 청취가 불가한 승객
- 승무원의 비상 탈출 지시를 이해하기 어려운 승객

7) 탑승 인원 확인

승객의 탑승이 완료된 후 객실 사무장은 항공기 보안 및 승객 오탑승 등을 방지하기 위해 운송 직원과 최종 탑승 인원을 확인한다. 운송 직원에게 받은 승객 수와 객실승무원이 자동화 기기 등으로 확인한 인원이 일치하면 기장에게 보고하고 항공기 출입문을 닫는다. 그러나 승객 수가 불일치하면 재확인하여 탑승 인원이 정확히 맞아떨어져야만 출발이 가능하다. 최종 인원이 불일치할 때는 다음과 같이 조치한다.

❶ 정확한 탑승 인원을 확인하기 위해 안내 방송으로 승객의 착석을 유도한다.

❷ 구역별 담당 승무원이 승객 수를 파악한 후 전체 클래스의 승객 수를 합산한다.

❸ 합산한 전체 승객 수를 객실 사무장에게 보고한다.

❹ 객실 사무장은 운송 직원에게 받은 승객 명단의 인원수와 일치하는지 확인한다.

8) 출입문 닫기

실습영상

객실 사무장은 탑승 인원을 확인한 후 휴대 수하물 보관, 선반 닫힘 상태, 서비스 용품 탑재 등 객실의 출발 준비가 완료되면 운송 직원에게 이를 통보한다. 그리고 기장에게 탑승 인원과 준비 완료를 보고하고 기장의 동의를 얻어 출입문을 닫는다. 출입문을 닫기 전에 PA를 통해 승객에게 알린다.

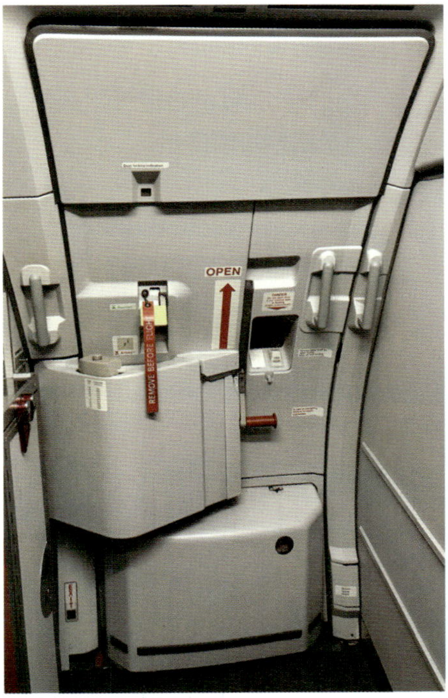

실습영상

9) 도어 모드 변경을 포함한 안전 점검

항공기의 지상 이동을 위한 객실 준비 상태를 점검하기 위해 도어 모드를 변경하고 다음과 같이 안전 점검(safety check) 절차를 수행한다.

❶ 객실 사무장이 all attendant call을 통해 도어 모드 변경을 지시한다.
   ⇨ Cabin crew, safety check and cross check!

❷ 모든 승무원은 해당 구역의 인터폰에 응답하고 도어 모드를 정상 위치(armed)에서 팽창 위치(disarmed)로 변경한다.

❸ L 사이드, R 사이드 승무원이 상호 점검한다(cross check).

❹ 객실 사무장의 all attendant call에 L 사이드의 승무원이 차례대로 응답한다.
   ⇨ L3, safety check!

❺ 객실 사무장은 승무원들의 세이프티 체크 보고를 받은 후 기장에게 푸시백 준비 완료를 보고한다.

항공기가 지상 이동을 시작하기 전에 객실 사무장의 all attendant call에 응답하는 것은 도어 모드 변경 사실을 보고하는 동시에 비상 장비 점검 상태, 비상구열 좌석 착석 상태, 휴대 수하물 정위치 보관 및 선반 닫힘 상태, 서빙 카트 정위치 보관 상태, 시트 백(seat back), 개인용 모니터, 트레이 테이블, 풋 레스트(foot rest) 원위치 상태가 이상 없음을 보고하는 절차이다.

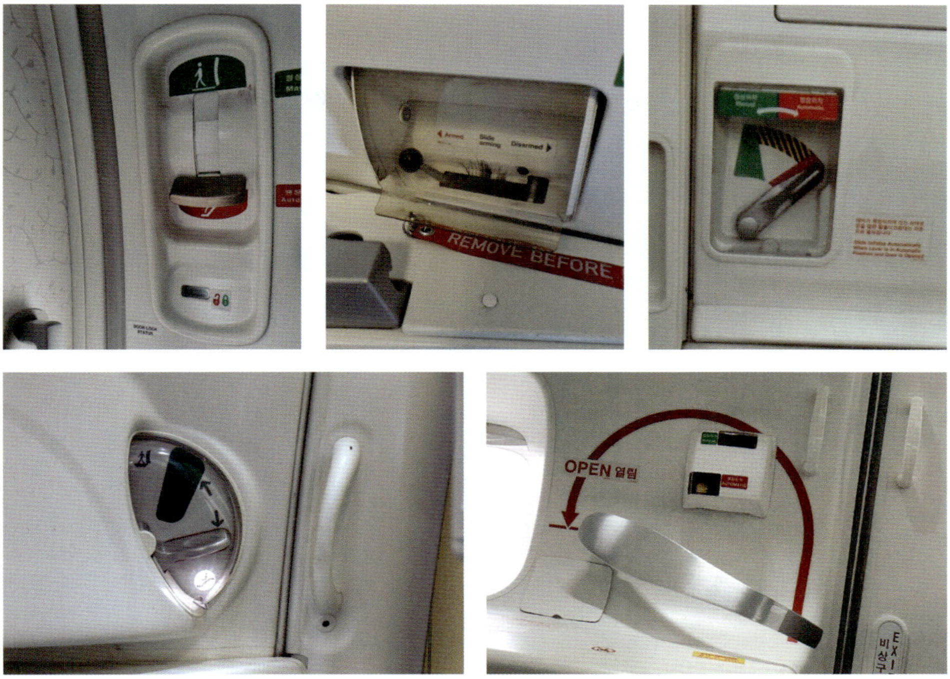

기종별 도어 모드(팽창 위치)

> **Tip 도어 모드(door mode)**
>
> 객실승무원은 비상사태가 발생했을 때 신속히 비상 탈출을 할 수 있도록 항공기가 출발하기 전과 도착하기 전에 비상구에 장착된 도어 모드를 변경한다. 이는 비상구 슬라이드의 빠른 팽창을 위한 조치로서, 출발하기 위해 출입문을 닫은 후에는 도어 모드를 'automatic'에, 목적지에 도착하여 출입문을 열기 전에는 'manual'에 놓는다. 항공기 기종에 따라 도어 모드의 형태와 작동법이 다르다.

10) 탑승 환영 인사 및 안내 방송

도어 모드 변경 후 안전 점검이 완료되면 방송 자격을 갖춘 담당 승무원이 승객의 탑승을 진심으로 환영하는 안내 방송(welcome announcement)을 한다. 탑승 환영 인사말과 간단한 비행 관련 정보로 구성된 방송이 나오는 동안 객실승무원은 담당 구역에서 승객을 향해 정중히 인사하고 자신이 담당 승무원임을 알린다.

11) 승객 브리핑

실습영상

일상 비행 안전에 관한 안내 및 항공기가 비상 착륙·착수할 때, 그리고 급격한 고도 변화로 기내 감압 상황이 발생했을 때 승객에게 필요한 정보를 제공하기 위해 이륙 전 반드시 승객 브리핑을 실시한다. 비디오를 상영하거나 객실승무원이 직접 실연하며 구명복, 산소마스크, 비상구, 좌석벨트 등의 위치와 사용법 등을 구체적으로 알려준다. 멀티포션(multi-portion)인 경우 중간 기착지에서의 승객 탑승 여부와 관계없이 모든 구간에서 승객 브리핑을 실시하고, 회항(diversion) 후 재출발 시에도 반드시 실시한다.

(1) 승무원이 시연하는 경우

데모 장비를 가지고 사무장의 PA 방송에 맞추어 담당 구역에서 시연한다.

(2) 비디오를 상영하는 경우

비디오 상영 중 객실승무원은 담당 구역의 승무원 좌석에 착석하여 승객의 가시권 내에 있는다.

Jeff Greenberg/Education Images/Universal Images Group via Getty Images

(3) 개별 브리핑

- 담당 구역의 승객 중 비동반 소아(UM), 장애 승객, 노인 승객 등 비상 탈출 시 도움이 필요한 승객이나 객실 구조상 승객 브리핑을 볼 수 없는 좌석에 앉은 승객에게는 개별 브리핑을 실시한다.
- 유아 동반 승객의 경우 승객 브리핑 내용 외 필요한 사항(유아용 구명복 등)에 대해 개별 브리핑을 해야 한다.

> **Tip 승객 브리핑 시의 조명**
>
> 승객 브리핑이 효과적으로 전달되도록 객실 사무장은 객실승무원이 시연할 때는 객실 조명을 풀브라이트로, 비디오를 상영할 때는 딤으로 조절한다.

12) 이륙 전 안전 업무

객실승무원은 항공기 이륙을 위한 최종 안전 업무를 수행한다.

객실승무원	객실 사무장
• 승객 좌석 등받이, 테이블 팔걸이, 모니터 원위치 확인 • 좌석벨트 착용 여부 최종 확인 • 갤리 내 유동 물질 고정 여부 확인 • 선반 닫힘 상태 확인 • 지정된 승무원 좌석 착석 및 좌석벨트 착용 • 30초 리뷰	• 객실 최종 점검 및 승무원 착석 상태 확인 • 객실 조명 조절 • 기장에게 객실 이륙 준비 완료 보고 • 이륙 시그널 후 이륙 안내 방송 실시

04 비행 중 업무

1) 갤리 브리핑

항공기가 이륙하여 적정 고도에 이르면 조종실에서 좌석벨트 착용 표시등을 꺼서 객실승무원에게 서비스 업무가 가능하다는 신호를 보낸다. 갤리 브리핑은 갤리장이 주관하며, 담당 승무원들이 갤리에 모여 서비스 절차 등의 정보를 공유한다. 객실 브리핑 시 이미 전달된 내용이지만 해당 구역의 최신 정보를 서비스 전에 다시 한번 공유하고 숙지하여 업무의 효율성을 제고한다.

Tip 갤리 브리핑 시 공유 정보

탑승객 정보, 기내식의 내용 및 수량, 해당 구역 특별식의 내용 및 수량, 서비스 방법과 유의 사항 등을 공유한다.

2) 음료 서비스

항공사는 승객의 기호와 취향에 맞는 음료를 제공하기 위해 노선과 비행편별로 다양한 종류의 비알코올음료와 알코올음료를 준비한다. 음료 서비스는 식사 서비스 시점을 기준으로 한다. 식전에는 식전주를, 식사 중에는 음식의 유형에 따라 와인 등의 음료를 제공하고 식후에는 커피와 차 종류를 제공한다.

아침 식사나 브런치의 경우 차가운 음료(cold beverage) 외에 커피와 차 등의 뜨거운 음료(hot beverage)를 제공한다. 객실승무원은 비행 중 승객이 요구할 때 모든 음료를 제공할 수 있으나, 만취 승객이 발생하지 않도록 알코올음료는 유의하여 제공해야 한다.

3) 기내식 서비스

기내식은 일반식과 특별식으로 구분되어 탑재 및 서비스된다.

(1) 일반식

탑재된 메뉴를 승객에게 설명하고 메인 메뉴와 함께 제공되는 밥이나 면, 소스 등에 대해 안내한다(예: 볶음밥을 곁들인 쇠고기와 국수를 곁들인 중국식 소스의 닭고기가 있습니다). 식사를 제공할 때는 식사 트레이의 내부 상태 및 내용물의 누락 여부를 재확인하고, 식사를 제공한 후 와인 또는 음료를 주문받아 서비스 한다.

(2) 특별식

식사 서비스 시 일반식보다 특별식을 해당 주문 승객에게 먼저 제공한다. 식사와 함께 서비스되는 와인 등의 음료는 식사를 제공함과 동시에 주문받아 곧바로 제공한다. 식사 서비스 시 주문한 내용과 식사가 맞는지 재확인하여 누락 및 착오로 인한 승객의 불만을 야기하지 않도록 하며, 승객이 사전 주문한 내용이 누락되어 특별식이 탑재되지 않은 경우 승객의 양해를 구하고 대체 서비스를 제공한다.

4) 입국 서류 배포 및 작성 협조

대부분의 국가에서는 승객 입국을 위한 서류가 전자화되어 있으나, 필요시 담당 구역별로 승객의 입국 편의를 위해 도착국의 입국에 필요한 서류를 승객에게 배포하고 작성을 돕는다. 일반적으로 서류에는 입국 카드와 세관 신고서가 있으며, 상황에 따라 검역 관련 설문서가 추가된다. 각 도착국의 출입국 규정에 따른 작성 요령을 사전에 숙지하여 작성 안내와 협조 시에 승객이 여행 목적, 소지 수하물 종류 등을 정확히 작성할 수 있도록 돕는다. 그리고 도착 전 담당 구역 승객의 입국에 필요한 서류 소지 및 작성 여부를 재확인한다.

Jeffrey Greenberg/Universal Images Group via Getty Images

5) 기내 면세품 판매 서비스

기내 면세품 판매 서비스는 국제선 탑승객에 대한 기내 서비스로, 세계 유명 브랜드의 면세 상품을 기내에서 면세 가격으로 판매하는 것을 말한다. 국제선 항공기 내라는 보세 구역에서 해당 항공편 이용 승객을 대상으로 판매가 가능하다.

기내 면세품 판매는 시작 전에 안내 방송을 하고 해당 구간의 비행시간과 서비스 절차를 감안하여 실시한다. 일부 단거리 구간에서는 구매 가능한 면세품이 제한되어 있다. 판매 담당 승무원이 카트에 면세품을 준비하여 객실을 순회하면서 구입을 원하는 승객에게 판매하고, 객실승무원은 해당 국가의 입국 허용 면세량을 안내한다.

기내 면세품 판매는 전체 객실 서비스의 일부이지만 휴식을 취하는 승객에게 방해가 되지 않도록 해당 구역의 객실 조명만 밝히거나 판매 카트만 비추는 간접 조명을 이용하는 것이 바람직하다. 또한 이때 객실의 다른 구역에 서비스 공백이 발생하지 않도록 유의한다.

항공사는 양주, 화장품, 향수, 액세서리, 초콜릿, 펜, 어린이를 위한 선물 등 다양한 기내 면세품을 구비하고 있다. 객실승무원은 이러한 기내 면세품의 종류를 파악하고, 반드시 기내 판매 안내지를 참고하여 정확한 가격을 제시해야 한다.

수수 화폐와 카드는 원칙적으로 항공사가 별도로 지정하며, 수시로 변동되는 환율과 가격이 적용된다. 기내에 탑재된 귀국편 예약 주문서로 상품을 주문받아 귀국편 기내에서 전달하는 귀국편 예약 주문 제도, 사전에 전화·팩스·인터넷으로 상품을 주문받아 기내에서 전달하는 사전 예약 주문 제도로 보다 나은 쇼핑 편의를 제공하고 있다.

▶ **면세품 판매 절차**

비행 전	비행 중	비행 종료 후
• 잔돈 수령 • 면세품 인수인계 • 판매 보조 장비 수량 확인(판매 일지, 계산 장비, 쇼핑백, 영수증, STEB 등)	• 면세품 판매 • 귀국편 예약 주문서 접수 • 인벤토리	• 판매 대금, 판매 일지 인계 • 판매 보조 장비 수량 확인 • 면세품 인수인계

6) 쾌적한 기내 환경 유지

첫 번째 식사 서비스가 끝나면 객실승무원은 입국 서류를 배포하고 기내 면세품 판매 서비스를 종료한다. 그리고 객실 전체를 담당 구역별로 정리한 뒤 객실 조명을 조절하여 승객이 휴식을 취할 수 있는 환경을 조성한다. 승객의 편안한 여행을 위해 담당 구역을 순회하면서 상황에 맞게 응대하고 승객 개개인의 쾌적성을 최대한 배려하며, 안전한 비행을 위한 수시 점검도 잊지 말아야 한다.

(1) 객실 조명 조절

객실 조명은 서비스의 내용 및 시간대에 따라 조절한다. 식사 서비스를 위해 객실 조명을 밝혀야 하는 경우 승객이 조도에 적응하도록 단계적으로 조절한다.

객실 조명 단계

• 식사 서비스 중 객실 조명은 풀브라이트를 원칙으로 하나 서비스 시간대를 고려하여 미디엄으로 조절할 수도 있다.

• 기내 면세품 판매 시에는 해당 구역(클래스)의 객실 조명만 밝게 조절하여 다른 구역 승객의 휴식을 최대한 보장한다.

• 영화 상영, 휴식 시에는 딤 또는 나이트로 유지한다.
• 야간 비행 시 갤리에서 서비스를 준비할 때는 딤으로 조절하고 밖으로 불빛이 새어나가지 않도록 유의한다.

(2) 클래스 디바이더

클래스 디바이더(class divider)는 클래스를 구분하는 모든 기내 설비를 의미한다. 기내 커튼은 클래스 디바이더의 한 종류로, 기내 안전을 위해 이착륙 시에는 반드시 열어서 고정해야 한다. 비행 중 각 클래스를 구분하는 커튼을 사용하여 승객이 하위 클래스에서 상위 클래스로 이동하는 것을 제한한다. 특히 일반석 승객의 상위 클래스 출입을 제한하고, 가급적 상위 클래스 승객이 하위 클래스를 방문하도록 안내한다. 서비스 및 승객 휴식 시점에는 커튼을 닫아두지만 이착륙 시, 난기류가 발생했을 때는 커튼을 열어 시야를 확보한다.

(3) 객실 온도

항공기 객실 에어컨디션 시스템은 항공기가 지상에 있거나 운항 중일 때 조종실과 객실을 청결하고 쾌적하게 하기 위해 항공기 내부로 신선한 공기를 공급하고 이산화탄소 등을 외부로 배출한다. 전체적인 객실 적정 온도는 24±1℃를 유지하는 것을 원칙으로 한다. 그러나 항공기 내 구역 및 개인차에 따라 체감 온도가 상이하므로 객실승무원은 창측이나 도어 사이드에 자리한 승객에게 담요와 뜨거운 음료를 적극적으로 제공하는 등 승객의 온도 차를 감안하여 세심하게 서비스해야 한다. 온도 조절이 필요할 때는 온도 조절 패널(cabin attendant station panel)로 조절하며, 이러한 패널이 없는 기종의 경우 조종실에 연락을 취하여 조절할 수 있다.

RUBEN M RAMOS/Shutterstock.com

(4) 청결과 정숙

승객 좌석, 통로, 화장실 등의 청결 상태를 확인한다. 특히 화장실의 화장지, 칫솔, 화장품 등 비품이 비지 않게 하며, 화장실 바닥에 물기가 없고 악취가 나지 않는지도 점검한다. 그리고 갤리에서 작업할 때, 통로를 걸어 다닐 때, 승무원끼리 대화할 때, 카트를 이동할 때, 기내 보관함·카트·캐리온 박스 등을 열고 닫을 때, 선반을 열고 닫을 때, 커튼을 열고 닫을 때 발생하는 소음이 승객에게 불편을 주지 않도록 유의해야 한다.

(5) 승객 요구 사항 응대 및 휴면 시 순회

승객의 기호와 상황을 고려하여 적정량의 음료를 개별적으로 제공한다. 스크

린 주위 승객에게는 안대를 제공하고 취침하는 승객에게는 베개, 담요를 제공하는 등 신경을 쓴다. 승객의 가시권에서 대기하면서 승객을 관찰하고 갤리, 도어 사이드, 화장실 주변 등 다른 좌석보다 쾌적성이 떨어지는 좌석의 승객에게는 수시로 관심을 기울이며 서비스한다.

Mehmet Ali Ozcan/Anadolu Agency via Getty Images

Wirestock Creators/Shutterstock.com

7) 비행 중 안전·보안 점검

객실승무원은 객실 안전·보안 요원으로서의 임무를 다하기 위해 비행 중 안전 점검을 충실히 해야 한다.

- 갑작스러운 기내 흔들림에 대비하여 승객이 항상 좌석벨트를 착용하도록 안내한다.
- 난기류가 발생하여 좌석벨트 착용 표시등이 켜지면 즉시 안내 방송을 한다. 승객의 좌석벨트 착용 상태 및 화장실 내 승객 유무를 확인하고, 모든 점검을 완료하면 승무원도 좌석에 착석한다.
- 비행 중 수상한 행동을 하는 승객이 있는지 객실을 순회하고 화장실, 도어 사이드, 객실 후방 등 안전 취약 지역을 점검하여 보안에 유의한다.
- 승객의 상태를 수시로 확인하고 갑작스러운 환자 발생에 대비한다.

- 화장실에서 흡연하는 승객이 있는지 점검하고 갤리의 전자 제품, 승객의 휴대 전자 제품 사용 시 유의 사항을 준수하여 화재를 예방한다.

yacobchuk/iStock/Getty Images Plus

8) 승무원 휴식 및 비행 관련 서류 작성

장거리 비행의 경우 2개 조로 나뉘어 휴식을 취하며, 휴식 시 근무조는 담당 구역에 공백이 발생하지 않도록 비행 안전 및 승객 서비스에 만전을 기한다. 근무조는 두 번째 식사 서비스를 준비하고 비행 관련 서류를 작성한다.

liquor inventory list는 기내의 면세 주류가 보세 구역 밖으로 반출되는 것을 막기 위한 서류이다. 일부 노선에서는 주류의 잔량을 파악하여 이 서류에 정확히 기입하고, 목적지 도착 전에 주류가 담긴 기내 보관함을 서류에 기입한 번호의 실(seal)로 잠가야 한다.

9) 착륙 준비 업무

(1) 기장의 도착 안내 방송 후

착륙 약 40분 전에 기장이 목적지 도착을 알리는 안내 방송을 한다. 이 방송은 그동안의 기내 서비스를 마무리하고 착륙을 준비하라는 신호이기도 하다.

- 객실승무원은 회수해야 할 서비스 물품(헤드폰 등)을 회수하여 정해진 위치에 보관한다.
- 입항 서류를 최종적으로 정리하고, 필요시 승객의 입국 서류 작성도 재확인한다.
- 기내 갤리 브리핑을 한다.

(2) 어프로칭 시그널 후

항공기가 착륙 준비를 위한 강하 시점(top of descent, TOD)에 이르면 기장은 객실에 어프로칭 시그널(approaching signal)을 보낸다.

- 기장은 "Cabin crew, prepare for landing"이라고 방송한다.
- 방송 담당자는 어프로칭 방송 및 기타 안내 방송을 한다.
- 객실승무원은 최종적으로 서비스 물품을 회수한다.
- 기내 면세품 판매 업무를 종료한다.
- 승객이 맡긴 코트와 보관품을 반환한다.
- 갤리 내 용품의 정리와 유동물의 보관 상태를 점검한다.
- 각 구역의 시니어와 갤리 듀티는 해당 구역의 기내 설비 상태, 기내 판매품과 주류의 잠금 상태를 최종 확인한 후 객실 사무장에게 보고한다.
- 객실승무원은 승객의 좌석벨트 착용 상태, 좌석 등받이와 트레이 테이블 정위치, 꺼내놓은 짐 원위치, 개인용 모니터 원위치, 풋 레스트 원위치, 선반 닫힘 상태를 확인하는 등 안전 업무를 수행한다.

(3) 랜딩 시그널 후

항공기가 지상 고도 1만 ft에 이르면 기장은 객실에 랜딩 시그널(landing signal)을 보낸다.

- 방송 담당자는 랜딩 방송을 한다.
- 객실승무원은 승객의 좌석벨트 착용 여부를 확인하고 지정된 승무원 좌석에 착석한다.
- 승무원 좌석에 착석한 객실승무원은 안전벨트를 착용한 후 레디 포지션을 취하고 30-second review를 실시한다.

실습영상

Tip 레디 포지션(ready position)

항공기 이착륙 시 객실승무원은 자신의 안전을 확보하고 신속한 비상 탈출에 대비하기 위해 레디 포지션을 취한다. 이는 갑작스러운 충격으로부터 몸을 보호할 수 있도록 손바닥을 위로 하여 허벅지 아래에 끼워넣는 자세이다. 또한 객실승무원은 전방을 주시하면서 안전에 해가 되는 행동을 하는 승객이 있는지 살핀다. 만약 고의나 호기심으로 항공기 도어를 조작하려고 시도하는 승객이 있다면 즉시 제지해야 한다.

30-second review

객실승무원의 안전 관련 업무 중 하나의 절차로, 객실의 모든 이착륙 점검을 마치고 자신의 좌석에 착석하여 30초 동안 비상 탈출에 관한 각자의 지정 업무 내용을 되새기는 것을 말한다. 이때 되새기는 내용은 다음과 같다.

- 비상 장비 위치와 작동법
- 비상구 위치와 작동법
- 비상 탈출 순서
- 비상 탈출 시 도움을 줄 수 있는 승객
- 충격 방지 자세 샤우팅
- 비상시 도움을 필요로 하는 승객

10) 택싱 중 업무

항공기가 목적지 공항에 착륙하여 승객이 하기할 공항 터미널까지 이동하는 것을 택싱(taxing)이라고 한다. 택싱 중에 객실승무원은 좌석벨트 착용 표시등이 꺼질 때까지 모든 승객의 착석을 유도해야 한다. 안전 관련 업무를 수행하지 않는 승무원은 자신의 좌석에 착석한 상태로 승객을 관찰하고 '비행 중요 단계(critical phases of flight)' 규정을 준수한다. 방송 담당자는 착륙 후 환송 방송(farewell announcement)을 하고, 객실 사무장은 환송 방송에 이어서 보딩 뮤직을 튼다.

> **Tip 비행 중요 단계(critical phases of flight)**
>
> 항공기가 지상 및 비행 고도 1만 ft 이하에서 운항하는 시점을 말한다. 이 시점에 운항승무원의 업무를 방해할 수 있는 객실승무원의 행위를 금지하는 것을 'sterile cockpit'이라고 한다.

11) 출입문 열기

항공기 도어에는 비상 탈출 장비가 장착되어 있는데, 도어를 잘못 조작하는 경우 의도치 않은 비상 탈출 장비의 팽창으로 인해 안전상 문제가 발생할 수 있으므로 유의해야 한다. 도어 개방 절차와 관련 규정은 항공사마다 다소 상이하며, 객실승무원은 안전하고 정확하게 도어를 조작해야 한다.

항공기가 완전히 정지한 후 모든 객실승무원은 객실 사무장의 지시에 따라 도어 모드를 변경하고(팽창 위치→정상 위치), all attendant call에 응답하며, 세이프티 체크 절차를 수행한다. 출입문을 열기 전 객실 사무장은 도어 모드가 정상 위치인지, 외부 상황이 출입문을 개방하기에 적정한지, 좌석벨트 사인이 꺼졌는지 확인한 후 외부 지상 직원에게 출입문을 열어도 된다는 수신호를 보낸다.

통상적으로는 객실승무원이 2인 1조로 도어를 연다. 이때 도어를 직접 여는 '조작 승무원'과 조작 승무원이 여는 절차를 잘 수행하는지 관찰하는 '관찰 승무원' 역할을 각각 맡는다.

비상 상황을 제외하고는 외부에서 지상 직원이 출입문을 열도록 규정되어 있는데, 이는 슬라이드의 오작동을 방지하기 위함이다. 단, 소형기인 B737은 객실승무원이 직접 출입문을 연다.

출입문이 열리면 지상 직원에게 비행 중 특이 사항에 관한 정보를 공유한다. 또한 중요 승객이나 특별 승객에 대한 정보를 알려주고 검역 또는 세관의 하기 허가가 필요한지 확인한다.

실습영상

(1) 도어 모드 변경(팽창 위치→정상 위치)

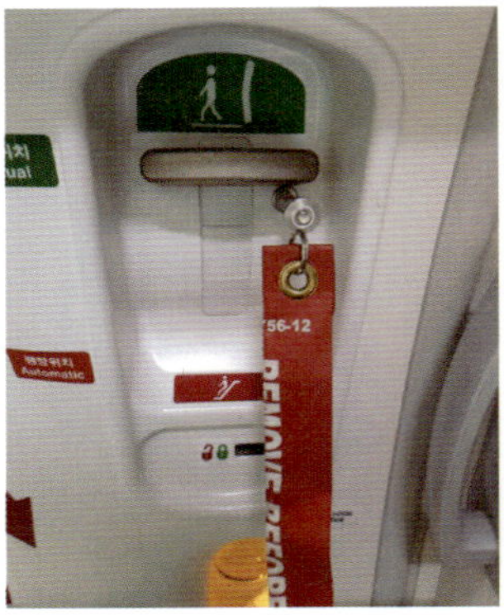

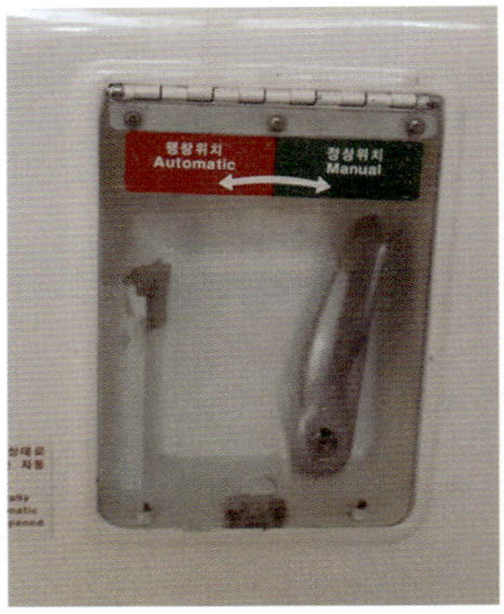

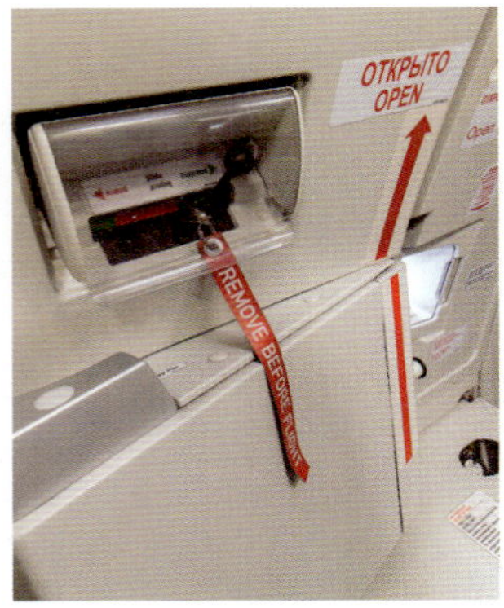

Almaz Mustafin/Shutterstock.com

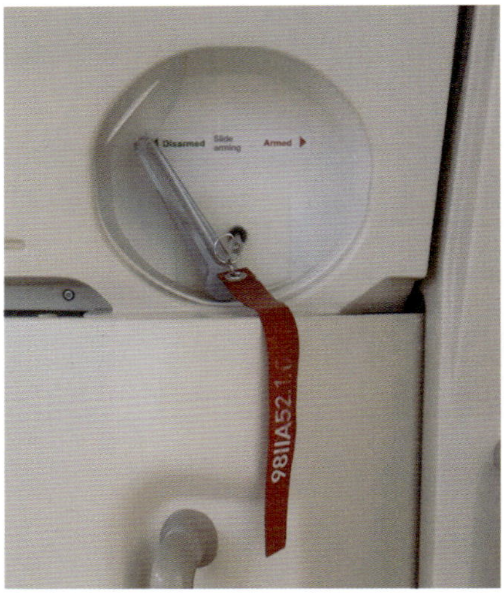

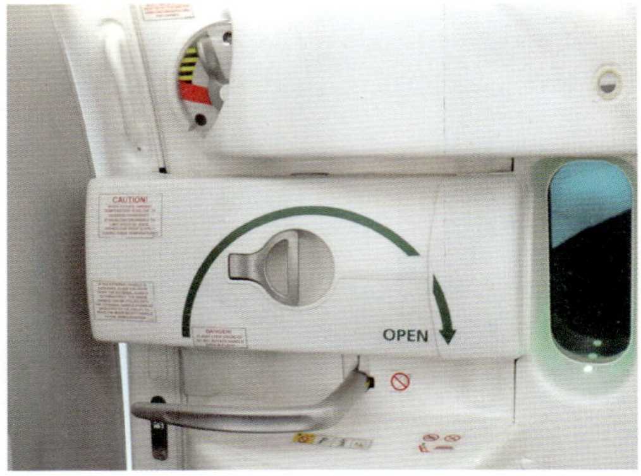

Jordan Tan/Shutterstock.com

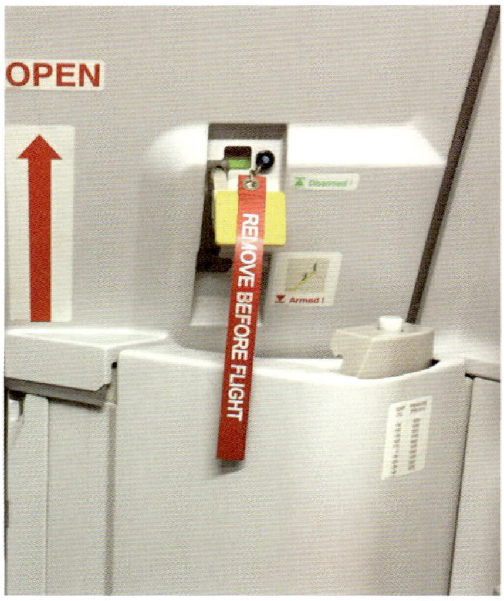

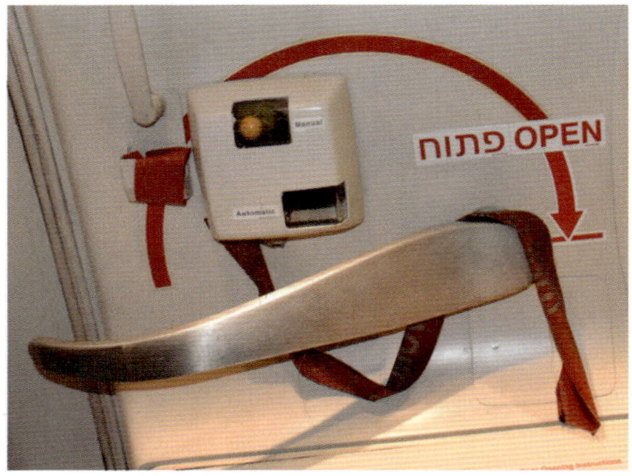

tzahiV/iStock/Getty Images Plus

기종별 도어 모드(정상 위치)

(2) 도어 오픈 전 수신호

도어 내부 수신호(개방 불가)

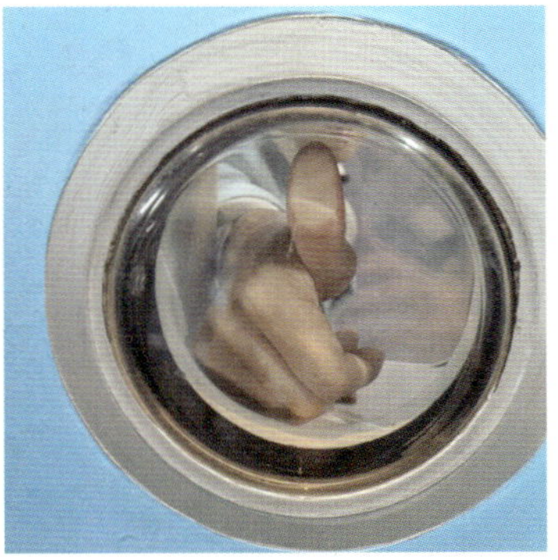

도어 내부 수신호(개방 가능)

도어 내부 수신호(개방 가능)

도어 외부 수신호(개방 가능)

(3) 도어 외부 오픈

실습영상

실습영상

(4) 도어 내부 오픈 절차

❶ 좌석벨트 표시등이 꺼졌는지 확인한다.

❷ 도어 모드가 정상 위치인지 확인한다.

❸ 외부 상황을 확인한다.

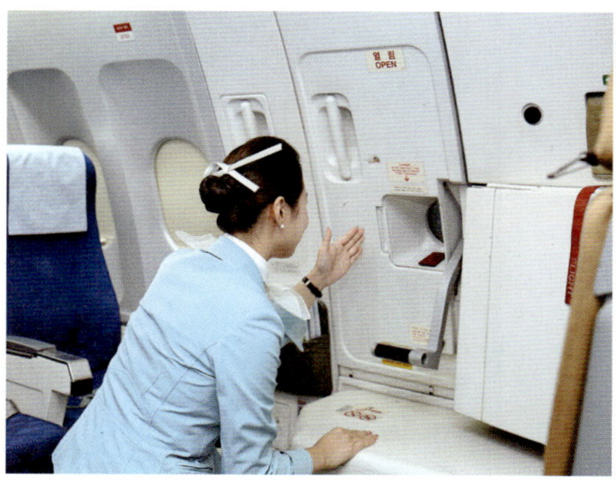

❹ 도어를 연다.

실습영상

12) 승객 하기

승객이 하기할 때 모든 객실승무원은 자사의 항공기를 이용한 승객에게 감사의 뜻을 전하는 하기 인사를 한다. 자신이 착석했던 승무원 좌석 주변에서 하기 인사를 하고 도움이 필요한 비동반 소아, 장애 승객, 유아 동반 승객, 노약자 승객의 짐을 적극적으로 들어준다. 항공사에서 규정한 일반적인 승객 하기 순서는 응급 환자, 일등석 승객, 비즈니스석 승객, 비동반 소아와 특별 관리 승객, 일반석 승객, 제한 승객, 의료용 침대 승객 순이다.

Nicolas Economou/NurPhoto via Getty Images

05 승객 하기 후 업무

1) 기내 점검

(1) 보안 점검

객실승무원은 모든 탑승객의 하기를 확인한 후 담당 구역의 화장실, 좌석 주위, 좌석 포켓, 선반, 코트룸, 승무원 휴게실 등을 둘러보고 담당 구역별 기내 보안 점검을 실시한다. 잔류 승객이나 수상한 물건이 없는지 확인하고 이상 유무를 보고한다.

Mehmet Ali Ozcan/Anadolu Agency via Getty Images

Alex Tai/SOPA Images/LightRocket via Getty Images

(2) 유실물 및 객실 설비 점검

승객 하기 후 유실물 유무를 꼼꼼히 점검하고, 유실물을 발견했을 때는 객실 사무장에게 보고한 후 도착지의 운송 직원에게 유실물을 인계한다. 운송 직원과의 연락이 불가능한 경우에는 출발지·도착지 공항의 인포메이션 데스크 또는 유실물 센터에 인계한다.

비행 중이나 후에 객실 설비에 이상이 발생했을 때는 CL에 결함 내용과 위치를 구체적으로 기록한다. 객실 사무장은 최종적으로 기내를 순회하여 이상 유무를 확인한다.

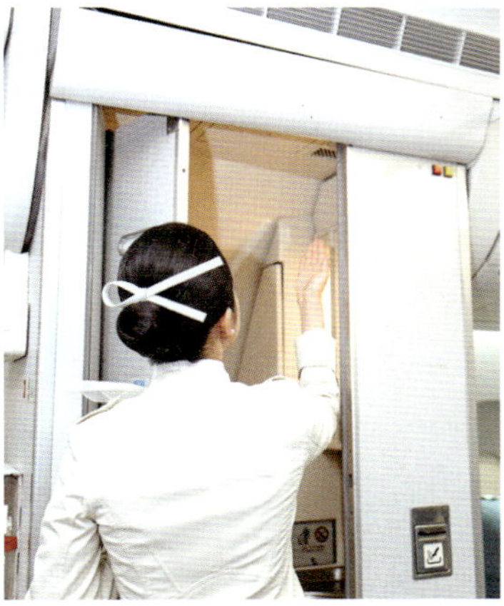

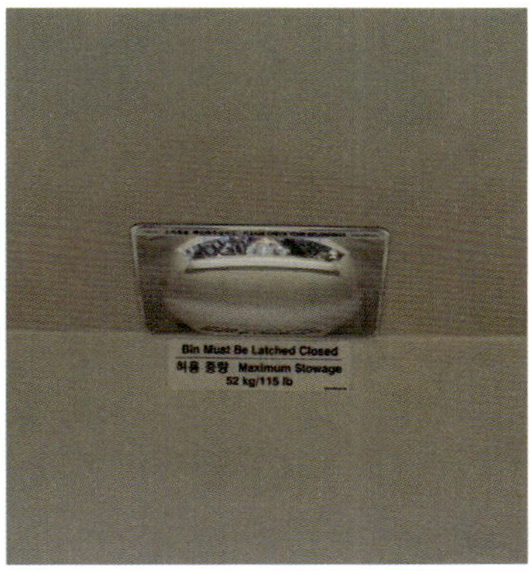

선반 내부 확인용 거울

2) 비행 후 디브리핑

비행 후 디브리핑의 목적은 비행 중 발생한 다양한 정보를 승무원 간에 공유함으로써 개선이 필요한 점을 찾아내고 다음 비행에 적용하여 고객 만족을 이루는 데 있다. 비행 근무가 끝난 후 객실승무원은 지정된 장소에서 객실 사무장의 주관하에 비행 후 브리핑을 갖는다. 비행 중 승객의 불만, 칭송, 제언 등에 관한 정보를 나누고 수리나 교체가 필요한 기내 설비·시설 등을 보고하여 다음 비행 전에 조치될 수 있도록 한다. 또한 특별 승객 인도, 승객 유실물 확인 등 비행 전반에 걸친 정보를 공유한다.

3) 비행 후 업무

비행 근무를 마친 후 모기지(인천공항, 김포공항 등)에서는 특별한 임무가 없는 승무원의 경우 공항에서 바로 퇴근한다. 비행 중 특이 사항이 있는 경우 객실 사무장은 비행 종료 후 최대한 신속하게 보고서를 작성하여 제출해야 한다. 모기지를 제외한 지역에서는 승무원 전원이 함께 호텔로 이동하며, 다음 비행편의 픽업 시간을 확인한 후 개인적으로 휴식을 취한다.

CHAPTER

06

항공 여객 운송 업무

1. 항공 여객 운송 서비스의 개요
2. 항공 운임
3. 항공권 예약
4. 항공권 발권
5. 탑승 수속
6. 출국 수속 절차
7. 입국 수속 절차
8. 여객 운송 관련 서비스

01 항공 여객 운송 서비스의 개요

항공 여객 운송 서비스는 유상으로 여객과 화물을 출발지에서 원하는 목적지까지 편안하고 안전하게 이동하는 서비스로, '항공기를 이용하여 설정된 항공 노선을 비행하는 것'을 말한다. 그리고 이와 관련한 항공 운송 부문의 모든 과정을 서비스 상품으로 판매하는 기업을 항공사라고 한다.

전 과정이 하나의 제품으로 구성된 고객 서비스인 항공 여객 운송 서비스는 출발지와 목적지 간의 이동 서비스뿐만 아니라 항공 여행을 편리하게 하는 데 필요한 다양한 정보, 기내 서비스, 여행을 위한 항공 스케줄, 해당 국가의 목적지와 기후 등에 관한 정보를 제공한다. 이처럼 고객이 기대하는 운송 서비스의 전 과정 및 부가 서비스가 개별적으로 제공되는 것이 아니라 유기적으로 연결되어 제공된다는 것이 특징이다.

항공사가 생산·판매하는 운송 서비스는 고정 상품과 유동 상품이라는 양면성이 있다. 고정 상품은 항공기의 좌석, 화물칸 등을 말하며, 주로 항공기의 기종, 좌석 및 화물 적재 공간의 배치 등에 따라서 결정된다. 그리고 유동 상품인 인적 서비스는 무형의 상품으로서 출발지부터 목적지까지의 항공 운송과 관련된 모든 서비스 활동을 말하며, 항공기 좌석 예약 및 발권, 공항 탑승 수속, 기내 서비스, 수하물 처리 등이 대표적인 요소이다.

항공 상품이 판매되는 경로는 다양하지만 크게 직접 판매와 간접 판매로 구분된다. 직접 판매는 항공사가 항공 상품을 직접 판매하는 것을 말한다. 항공사는 웹사이트, 모바일 애플리케이션, 예약 센터 전화 접수를 통해 항공 상품을 판매한다. 또한 판매 지점 영업소 및 공항 내 발권 카운터, 키오스크를 통해서도 항공권을 구매할 수 있다. 간접 판매는 항공사가 아닌 다른 업체가 항공 상품을 판매하는 것으로, 주로 여행사 대리점이나 항공권 예약 포털 사이트에서 판매하는 경우를 말한다.

▶▶ 항공 상품 판매 경로

직접 판매	간접 판매
항공사 웹사이트 모바일 애플리케이션 예약 센터 전화 접수 발권 카운터 판매 지점 영업소 키오스크	여행사 대리점 타 항공사 항공권 예약 포털 사이트

출처: 윤문길 외 6명, 《항공운송서비스 개론》, 한경사, 2017

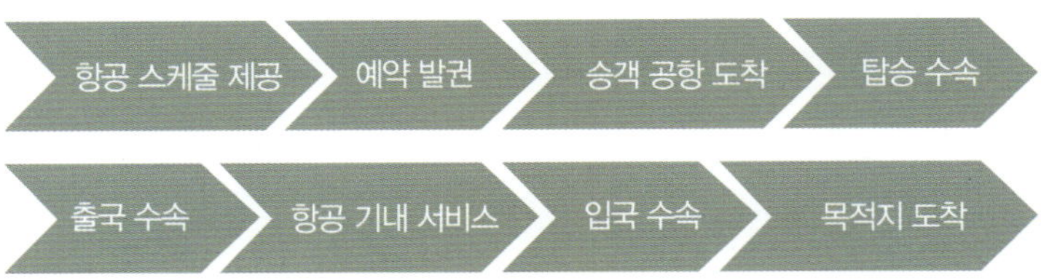

항공 여객 운송 절차

02 항공 운임

항공 운임은 고객이 항공권을 구매할 때 지불하는 판매가와 항공 운송 사업상 항공권에 표기되는 공시 운임으로 구분된다. 항공 운임은 항공 여객 또는 항공 화물 의뢰인으로부터 수령하는 금액으로, 항공사의 운임 구조는 수익 규모를 결정하는 데 중요한 영향을 미치며 항공사마다 운임 수준이 다르다.

1) 항공 운임 결정 절차

- 항공사가 국제항공운송협회(IATA) 운임 조정 회의에 항공 운임을 제출하여 회원국의 만장일치로 의결한다.
- 항공 노선 취항 국가로부터 승인을 받는다.
- 회원국 중에서 한 국가라도 승인을 거부하는 경우 국제항공운송협회의 결정 효력이 상실된다.
- 항공권 인상 및 기타 조정 사항은 국제항공운송협회의 회의를 거쳐 결정된다.
- 운항 거리, 탑승률, 취항 국가 항공 정책을 반영한다.
- 여행 기간, 여행 조건 등을 반영한다.

▶▶ 항공 운임 책정 시 고려 사항

고려 사항	세부 내용
운항 거리	운항 거리 비용을 감안하여 운항 거리가 길수록 운임 증가율이 낮아진다.
출발지 국가의 경제적 수준	출발지 국가의 통화로 결정되므로 통화 가치, 경제적 수준, 기타 교통수단의 운임 등 해당 국가의 사회·경제적 수준을 반영한다.
탑승률	과거의 운송 실적, 운항 편수 등을 고려하여 결정한다.
항공사 정책	운항 상대국의 항공 정책, 경쟁 항공사의 판매 정책 등을 고려한다.
계절적 수요	계절에 따른 수요의 탄력성을 고려하여 성수기, 비수기 운임을 별도로 공시한다.
예상 수요	해당 구간의 장기적인 수요 전망을 고려한다.

출처: 윤문길 외 6명, 《항공운송서비스 개론》, 한경사, 2017

2) 항공 운임의 종류

국제선 항공 운임은 객실 등급 외에도 여행 기간, 여행 조건 등에 따라 정상 운임, 특별 운임/판촉 운임, 할인 운임으로 구분된다. 운임은 출발 도시, 목적 도시, 출발일, 체류 기간, 좌석 등급, 승객의 신분 등에 따라 결정된다.

(1) 정상 운임

정상 운임(normal fare)은 여정 변경, 항공사 변경, 환급 등에 제한이 거의 없는 운임으로, 유효 기간은 여행 개시일로부터 1년이다. 미사용 항공권은 발행일로부터 1년간 유효하다.

(2) 특별 운임/판촉 운임

특별 운임/판촉 운임(special fare/promotion fare)은 승객의 다양한 여행 형태에 따라 개발된 운임으로, 경쟁사에 비해 동일 구간의 운임이 저렴한 반면 유효 기간, 체류 기간, 예약 변경상의 제약 조건이 있다. 이러한 조건을 준수하는 경우 승객은 저렴하게 항공권을 구입할 수 있고 항공사는 경쟁력 있는 운임을 승객에게 제공할 수 있다는 것이 장점이다.

(3) 할인 운임

할인 운임(discount fare)은 승객의 나이, 신분 등에 따라 일정하게 할인율이 적용되는 운임이다. 이는 항공권 구입 시기, 여행 개시 시점 등에 일정 조건을 부여하여 정상 운임보다 할인된 가격이다.

- 유아 운임(infant fare): 생후 7일 이상 만 24개월 미만의 좌석 비점유 승객으로, 성인 1명당 유아 1명이 탑승할 수 있다(성인 요금의 10%).
- 소아 운임(child fare): 최초 항공기 탑승일에 생년월일 기준 만 2세 이상 12세 미만의 성인 여행자 동반 승객으로, 성인과 동일한 무료 수하물이 허용된다(성인 요금의 75%).
- 학생 운임(student fare): 최초 항공기 탑승일에 생년월일 기준 만 12세 이상 26세 미만의 정규 교육 기관 이상 등록 학생으로, 재학 증명서 및 학생증·합격증이 있어야 한다(성인 요금의 75%).
- 단체 승객 인솔자 할인 운임(tour conductor): 10명 이상을 인솔하는 승객으로, 단체 여행 인원수 비율에 따른 할인율이 적용된다.
- 대리점 직원 할인 운임(agent discount): 항공사와 계약이 체결된 대리점 직원과 배우자에게 적용되는 요금이다.

3) 항공 운임 결정 시 고려 사항

(1) 출발 도시, 목적 도시

항공 운임은 원칙적으로 출발지 국가의 화폐 단위를 기준으로 공시하므로 최초 국제선 출발지 국가의 통화를 적용한다.

(2) 출발일, 시즌

동일한 구간의 항공 운임이라 하더라도 출발일과 시즌에 따라 운임이 다르게 책정된다.

SEL/LAX/SEL(1년)

3월

일	월	화	수	목	금	토
				1	2	3
4	5	6	7	8	9	10
11	12	13	14	15	16	17
18	19	20	21	22	23	24
25	26	27	28	29	30	31

2,130,000원

SEL/LAX/SEL(1년)

7월

일	월	화	수	목	금	토
1	2	3	4	5	6	7
8	9	10	11	12	13	14
15	16	17	18	19	20	21
22	23	24	25	26	27	28
29	30	31				

2,501,000원

출발일, 시즌에 따른 운임 적용의 예

(3) 체류 기간

체류 기간은 해당 운임으로 여행할 수 있는 최대 기간을 말한다. 운임에 따라 유효 기간이 다르게 적용되는데, 이 유효 기간은 곧 체류 기간을 의미한다.

(4) 좌석 등급

일등석, 비즈니스석, 일반석 등의 객실 등급에 따라 다른 운임이 적용될 뿐 아니라 같은 객실 등급 내에서도 다양한 부킹 클래스에 따라 운임이 다르다.

(5) 승객의 신분

성인, 유아, 소아, 학생 등 승객의 신분에 따른 운임이 적용된다.

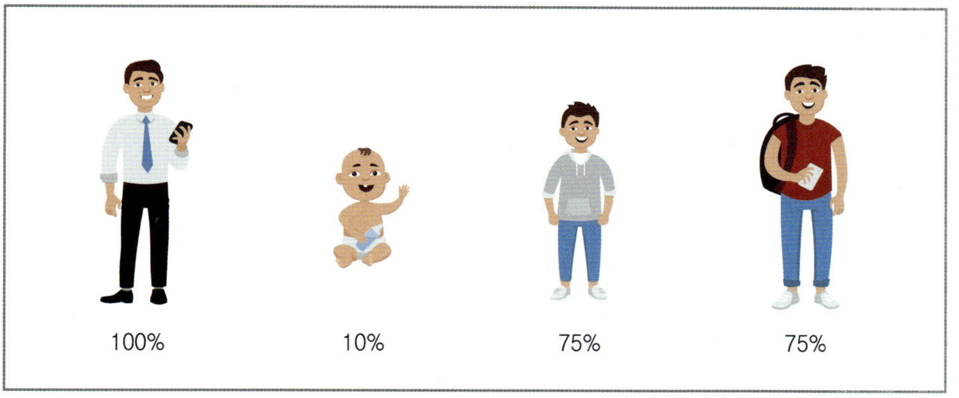

(6) 공시 운임과 판매가

항공 운임은 운송 사업상 항공권에 표기되는 공시 운임과 고객이 항공권을 구매할 때 지불하는 판매가로 구분된다. 항공사 간 연계 수송 시 정산의 기준이 되는 공시 운임은 각국 항공사가 구간별 운임을 제출하고 국제항공운송협회 운임 조정 회의의 만장일치 의결을 거쳐 결정되며, 이를 기준으로 항공사는 자국 정부로부터 인가를 받는다. 따라서 인하, 인상, 신설, 폐기 등의 운임 변경이 국제항공운송협회의 회의를 통해 이루어진다.

한편 판매가는 항공사가 자사의 수익, 연간 영업 계획, 공급 규모, 시장 수요, 신규 취항, 성수기·비수기 등의 계절 요인, 타 항공사의 가격 등에 따라 공시 운임을 기준으로 결정한다.

03 항공권 예약

항공 운송 서비스 상품은 특정 요일, 시간대, 구간 등에 수요가 편중되는 경향이 있으므로 항공사는 이러한 수요를 적절히 분산함으로써 판매율을 향상하고자 한다. 따라서 항공사는 예약 업무를 통해 고객에게 좌석을 공급하고 여행 관련 정보를 제공하며 수요 예측, 확정, 판매, 발권 등을 수행하여 고객에게 항공 운송 서비스를 원활하게 수급하고 있다.

예약 서비스 업무

구분	세부 업무
예약 접수	• 항공사 콜센터를 통한 예약 접수 • 여행사 및 인터넷을 통한 예약 접수 • 여행 정보 및 요금 안내 서비스
예약 관리	• 공석 방지를 위한 예약 재확인 작업 • 추가 서비스 요청 사항 접수 및 기록 • 고객 요청 내용에 대한 예약 기록 최종 확인
좌석 관리	• 각 승객의 운임에 따른 좌석 안배 • 효율적 좌석 관리에 의한 수익 최적화 도모
수익 관리	• 항공편별 수요 예측 • 시점별, 부킹 클래스별 좌석 관리

출처: 윤문길 외 6명, 《항공운송서비스 개론》, 한경사, 2017

최초의 항공 예약 업무는 1919년 네덜란드의 KLM항공에서 시작되었다. 당시에는 수작업으로 예약 업무를 수행했으나 1970년대에 컴퓨터의 발달과 함께 컴퓨터 예약 시스템(computer reservation system, CRS)이 개발·도입됨으로써 효율적이고 정교한 관리가 가능해졌다. 각 항공사는 자사의 고유 프로그램을 이용하여 예약 업무를 수행하고 있으며, 컴퓨터 예약 시스템을 통해 자사의 항공편뿐만 아니라 타사의 항공편과 연계하여 항공사 간의 예약 정보 교환도 가능하다.

1) 좌석 예약

- 고객이 희망하는 최종 목적지 항공편을 조회하여 좌석을 확보한다.
- 항공 여행 일정을 작성한다.
- 세계 연결 항공편 전산망 컴퓨터를 활용한다.

2) 부대 서비스 예약

- 여행 일정에 부합하는 숙박 호텔, 관광 교통편을 예약한다.
- 위치, 전화번호 등 필요한 정보를 제공한다.
- 유아식, 종교식, 건강식 등의 특별식을 요청받아 기내식 제공 시 반영한다(항공기 출발 24시간 이내에 특별식 예약 접수).
- 휠체어, 의료 지원 서비스, 사전 좌석 예약 서비스, 반려동물 운송 서비스 등의 특별 서비스를 요청받아 반영한다.

3) PNR

PNR(personal name record)은 예약 전산 시스템에 등록된 승객 예약 기록으로, 승객 정보와 항공 정보 등 승객에 대한 자세한 정보가 담겨 있다. 항공권 발행, 승객 운송 및 객실 서비스 등 항공 영업·운송 업무의 대부분은 PNR에 기록된 데이터를 토대로 이루어진다. 승객의 이름, 여정, 전화번호, 필요한 제반 서비스 사항, 예약 접수자 등을 정해진 형식에 따라 예약 전산 시스템에 기록하고 승객에게 반드시 고지해야 한다.

예약이 완료되면 결제 시한(ticket time limit)이 생성되는데, 이 시한 내에 해당 예약의 항공권을 구매해야 한다. 결제 시한 내에 결제가 완료되지 않으면 예약 기록이 삭제된다.

예약 시 사용하는 코드(신분, 성별에 따른 타이틀)

- MR: 성인 남성
- MS: 미혼 또는 기혼 여성
- MRS: 기혼 여성
- MSTR: 만 12세 미만 남자 소아
- MISS: 만 12세 미만 여자 소아 또는 미혼 여성
- DR: 의사

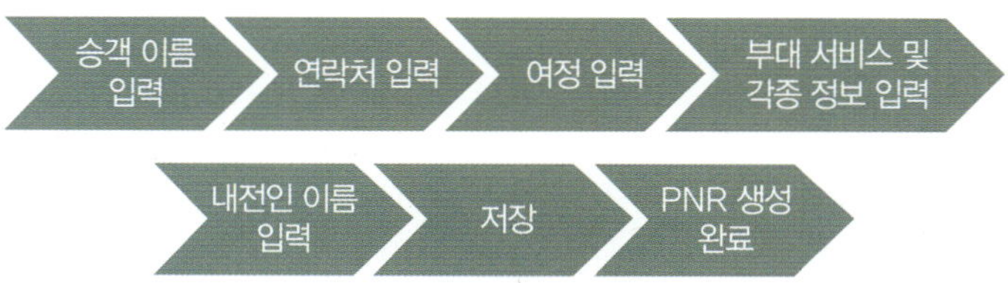

예약 절차

4) 예약 시 주의 사항

- 항공권을 예약할 때는 반드시 여권에 표기된 이름으로 예약해야 한다.
- 항공권의 유효 기간을 확인해야 한다.
- 목적지를 확인한다. 대도시의 경우 공항이 여러 개일 수도 있으므로 정확한 공항명을 확인해야 한다(예: 뉴욕의 경우 John F. Kennedy International Airport, LaGuardia Airport, Newark Liberty International Airport).

(1) 초과 예약

초과 예약(overbooking)은 노쇼(no-show) 고객으로 인한 손실을 방지하여 수익을 보장하고 고객의 예약 기회를 확대함으로써 예약 서비스를 증대하기 위해 항공기의 실제 좌석 수보다 초과해서 예약을 받는 것을 말한다. 초과 예약률은 오랜 기간 동안의 평균 노쇼 비율, 과거 예약의 흐름, 단체 예약자 수, 예약 재확인을 한 고객 수 등의 요소를 고려하여 신중하게 결정된다.

(2) 노쇼

항공 예약 및 발권 과정에서 발생하는 노쇼(no-show)는 승객이 예약한 항공편에 탑승하지 않거나, 정해진 시간 내에 탑승 수속(체크인)을 하지 않은 것을 말한다. 이러한 노쇼는 항공사와 승객 모두에게 영향을 미친다. 항공사 입장에서는 좌석 미사용으로 수익 손실이 초래되므로, 초과 예약 정책을 활용하여 노쇼로 인한 손실을 최소화하기 위해 노력하고 있다. 한편 노쇼 승객에게는 수수료가 부과될 수 있다.

(3) 고쇼

항공 예약 및 발권 과정에서 발생하는 고쇼(go-show)는 승객이 항공편을 예약하지 않고 공항에 와서 당일 남아 있는 좌석의 탑승을 시도하는 것을 말한다. 이러한 고쇼는 긴급하거나 변경된 일정 등에 의해 발생하며, 남은 좌석이 있는 경우 항공사는 항공권을 발권하고 탑승 수속을 진행한다. 항공사 입장에서는 추가 수익을 얻을 수 있으나, 고쇼 승객은 좌석이 보장되지 않아 탑승하지 못하거나 높은 운임을 지불해야 할 수도 있다.

04 항공권 발권

1) 발권의 개요

발권은 승객이 예약한 여정대로 여행하겠다는 의지를 항공사에 최종적으로 확인해주는 과정으로, 항공사는 항공편을 예약한 승객에게 항공 운임을 적용한 항공권 발권 및 여행과 관련된 부수적인 서비스를 제공한다. 발권을 위해서는 운임을 계산해야 하는데, 운임은 앞서 살펴본 출발 도시, 목적 도시, 출발일, 체류 기간, 좌석 등급, 승객의 신분 등에 따라 결정된다. 발권 시 항공사 직원은 승객의 여행 조건에 부합하면서도 가장 저렴하고 합리적인 운임이 적용되도록 유의해야 한다.

발권은 각 항공사의 발권 카운터 또는 대리점, 인터넷을 통해 가능하다. 발권 카운터에서는 항공권 예약 및 발행, 항공 일정 변경 및 항공권 재발행, 상용 고객 관리, 마일리지 적립, 보너스 항공권 발급, 좌석 업그레이드 등 대면 서비스를 제공한다. 인터넷을 통한 발권은 승객이 해당 항공사의 웹사이트나 애플리케이션에 접속하여 구매하는 방식이며, 중간에 타 항공사를 이용하는 경우에는 항공사 간의 협정에 따라 해당 구간의 항공 요금이 정산된다.

한편 항공사는 항공 노선과 호텔 투숙, 시내 관광 등을 연계한 상품을 자사 웹사이트 등에 게재하여 판매하는 방식을 대행사 수수료 감면, 자사 홍보 등의 일환으로 활용하고 있다. 이는 인터넷을 통해 여정 변경이 용이하고 관광, 투숙 등 부가 서비스를 편리하게 이용할 수 있어 여행자들이 선호하는 추세이다.

▶▶ **발권 서비스 업무**

구분	세부 업무
운임, 가격 결정	• 수요 성격별 운임 및 가격 결정 • 경쟁사 대비 전략적 판매가 운영
발권	• 전자 항공권 및 여정 확인증 발행
환불, 재발권 업무	• 승객의 여정 변경에 따른 환불 및 재발권 서비스

출처: 윤문길 외 6명, 《항공운송서비스 개론》, 한경사, 2017

2) 항공권 발행

항공 운송 증서인 항공권은 국제항공운송협회가 정한 표준 양식에 따라 항공사와 승객 간에 체결한 계약 내용을 담고, 항공사의 운송 약관에 따라 여객 운송 서비스가 제공됨을 표기한 증서이다. 항공사 컴퓨터 예약 시스템에 보관된 여행 관련 세부 일정 및 예약을 통해 생성된 PNR을 바탕으로 운임을 확인하고 결제 과정을 거쳐 항공권을 발행한다.

전자 항공권(e-티켓)은 국제항공운송협회가 규정한 여객의 운송, 여객 관련 서비스에 대한 인터넷 기반 항공권으로, 실물 항공권 형태로는 발급되지 않는다. 전자 항공권과 ITR(itinerary·receipt, e-티켓 확인증 및 영수증)에는 예약 사항과 탑승자 정보, 항공 여정, 항공권 운임 정보, 수하물 규정, 서비스 안내(유의 사항, 탑승 수속, 공동 운항, 운송 제한 품목, 서비스 센터), 고지문, 영수증 등의 정보가 담겨 있다.

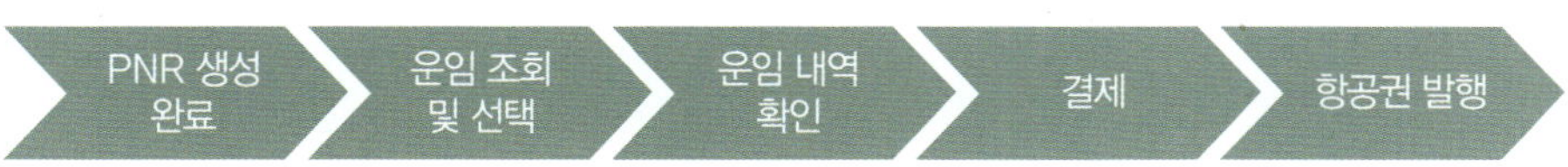

항공권 발행 절차

승객성명 Passenger Name	항공권번호 Ticket Number	예약번호 Booking Reference
PARK/SOOJIN MS	**1802324508680**	**62165731** (S6Y6MK)

여정 Itinerary

출발 From	도착 To	편명 Flight
ICN 서울/인천(Incheon) **09AUG18(목) 09:05** (Local Time) Terminal No : 2	**BKK** 방콕(Suvarnabhumi) **09AUG18(목) 12:45** (Local Time) Terminal No : -	**KE 657** Operated by KE KOREAN AIR

대한항공은 인천공항 제 2 여객터미널에서 운항합니다.

예약등급 Class : X (일반석)	예약상태 Status : SA (미확정)	좌석번호 Seat number :
운임 Fare Basis : YIDZS4R2/ZEA	수하물 Baggage : **1 Piece**	항공권 유효기간 Validity : 06AUG18-06NOV18
기종 Aircraft Type : Boeing 777-300ER	비행시간 Flight Duration : 05H 40M	SKYPASS 마일리지 SKYPASS Miles : 0

* 스케줄 및 기종은 부득이한 사유로 사전 예고없이 변경될 수 있습니다.
* 할인 또는 무임 항공권의 경우 예약 등급에 따라 마일리지 적립률이 상이하거나 마일리지가 제공되지 않습니다.

항공권 운임정보 Ticket Fare Information

운임 계산 Fare Calculation **SEL KE BKK31.00NUC31.00END ROE1.000000**

운임 Fare Amount	USD 31.00 (Paid Amount KRW 35,000)	구매일자 Ticket Issue Date	06AUG18
지불통화 Equivalent Fare Amount	KRW 35,000	구매장소 Ticket Issue Place	17395103
세금 Taxes	KRW 29,800	지불 수단 Form of Payment	CC VI************4440/****
항공사 부과 금액 Carrier Imposed Fees	-	연결 항공권 Companion Ticket No.	-
부가 서비스료 Service Fees	-	최초 발행 항공권 Original Ticket Number	-
합계 Total Amount	KRW 64,800 (Paid Amount KRW 64,800)	교환 항공권 Exchanged Ticket Number	-

* 세금 Taxes **KRW 28000BP 1200E7 600G8**
* **한국 출발 세금(BP)에는 국제여객공항이용료(인천/김포공항 17,000원, 기타 12,000원), 출국납부금 10,000원, 국제질병퇴치기금 1,000원이 포함되어 있습니다.**

수하물 규정 안내 Baggage Information

대한항공의 국제선 무료 위탁 수하물 허용량 안내

구분	개수	무게(개당)	사이즈 (가로+세로+높이)
일등석	3	32kg (70lb)	3면의 합이 158cm (62in) 이하
프레스티지석	2	32kg (70lb)	
일반석	1	23kg (50lb)	
	2 (* 미주 출도착)	23kg (50lb)	
	2 (* 단, 브라질 출도착)	32kg (70lb)	

* 국제선 유소아 무료 수하물 허용량
  - 소아 : 성인과 동일+접이식 유모차 1개+카시트(또는 요람) 1개
  - 유아 : 10kg(22lb) 이하이며 3면의 합이 115cm(45in) 이내인 수하물 1개+접이식 유모차 1개+카시트(또는 요람) 1개
* 개수/무게/사이즈 초과에 부과되는 요금은 수하물 각각에 부과됩니다.
* 항공사의 무료 위탁 수하물 허용량 및 초과 수하물 요금은 해당 항공사 홈페이지 통해서 확인 가능합니다.
* **타 항공사와 연결 시 적용 기준에 따라 타 항공사 규정이 적용 될 수 있습니다.**
* 일부 항공사 (공동운항편 포함)에서는 탑승수속 시 해당 항공사 정책에 따라 무료 수하물 허용량과는 별도로, 위탁 수하물에 대한 Handling Fee (수하물 취급수수료)를 징수하는 경우가 있으니, 자세한 사항은 해당 항공사로 확인하시기 바랍니다.

▶▶ 전자 항공권의 장점

고객 기대 효과	항공사 기대 효과
• 편리한 항공권 발권, 변경 • 분실, 훼손 예방 • 좌석 배정, 탑승 수속 가능	• 항공권 발행 비용 절감 • 항공권 유통비 절감 • 현장 업무 자동화 • 인력 효율성 증가

Tip **항공권 환불 및 변경**

항공권을 구매한 경로를 통해 30일 이내에 환불을 신청할 수 있다. 신분증과 전자 항공권 확인증을 소지해야 하며, 미성년자의 경우 법정 대리인의 신분증, 가족 증빙 서류가 필요하다. 위약금은 구매 항공권의 운임 규정에 따라 부과된다. 또한 항공권을 구매한 경로를 통해 변경도 가능한데, 운임 규정에 따른 수수료가 부과될 수도 있다.

국제항공운송협회가 승객에게 고지하도록 권고하는 계약 조건

- 탑승 수속 절차, 수하물 수량 및 중량
- 정부 부과 제세공과금 안내
- 여객 및 수하물 배상 책임에 대한 고지
- 초과 예약 시 탑승 거부
- 회항편 예약 재확인
- 운송 금지 품목

05 탑승 수속

예약/발권 → 탑승 수속 → 세관 신고 → 보안 검색 → 출국 사열 → 탑승/하기 → 입국 사열 → 수하물 수취

여객 운송 서비스 업무의 흐름

Step 1 터미널 도착 항공편 검색을 통해 방문해야 할 터미널 확인	**Step 2 탑승 수속 및 수하물 위탁** ▶ 체크인 카운터 ▶ 셀프 체크인/백드롭 ▶ 웹모바일 체크인 ▶ 도심공항터미널 이용
Step 3 각종 신고 안내 ▶ 제2여객터미널 정부종합행정센터 ▶ 세관 신고 ▶ 부가세 환급 ▶ 검역 안내 ▶ 문화재 ▶ 병무 허가	**Step 4 출국 전 준비** 출국장 진입 전 필요한 용무(환전, 출금, 로밍, 보험 등) 처리 후 가까운 출국장으로 이동
Step 5 보안 검색 ▶ 일반 보안 검색 ▶ 제한 물품 ▶ 교통 약자 출국 우대 서비스	**Step 6 출국 심사** 출국 심사를 마치고 면세 지역으로 진입하면 일반 지역으로 되돌아갈 수 없음 ▶ 자동 출입국 심사 ▶ 유인 출국 심사
Step 7 탑승 게이트로 이동 탑승권의 게이트 번호와 위치 확인 후 이동	**Step 8 항공기 탑승** 탑승 30~40분 전까지 게이트에 도착

출처: 인천국제공항 홈페이지 자료 재구성

승객 출국 절차

1) 여행 구비 서류 확인

예약자와 여권 본인 일치 여부, 비자 소지 및 면제 협정 국가 여부, 외국인·교포 국내 체류 기간 적법성, 항공권 등의 서류를 확인한다.

(1) 여권

여행자가 속한 국가의 정부가 자국민을 보호하기 위해 발행하는 신분증명서 또는 출국 허가서이다. 우리나라는 2005년 5월부터 비접촉식 IC 칩이 내장된 신여권을 발급하여 위조·변조를 방지하고 있다. 여권의 종류에는 여행자의 신분에 따라서 일반 여권, 외교관 여권, 관용 여권, 거주 여권 등이 있다.

① 사용 횟수에 따른 분류

- 단수 여권(single passport, PS): 1회에 한하여 출입국할 수 있는 여권으로 여권 번호가 S로 시작된다.
- 복수 여권(multiple passport, PM): 여권 유효 기간 만료일까지 횟수의 제한 없이 여러 번 사용할 수 있으며 여권 번호가 M으로 시작된다.

② 발급 대상에 따른 분류

- 외교관 여권(diplomatic passport, PD): 외교관 및 그와 동등한 지위를 가진 사람에게 발급되는 여권으로, 외교적 특권을 인정받은 경우이다.

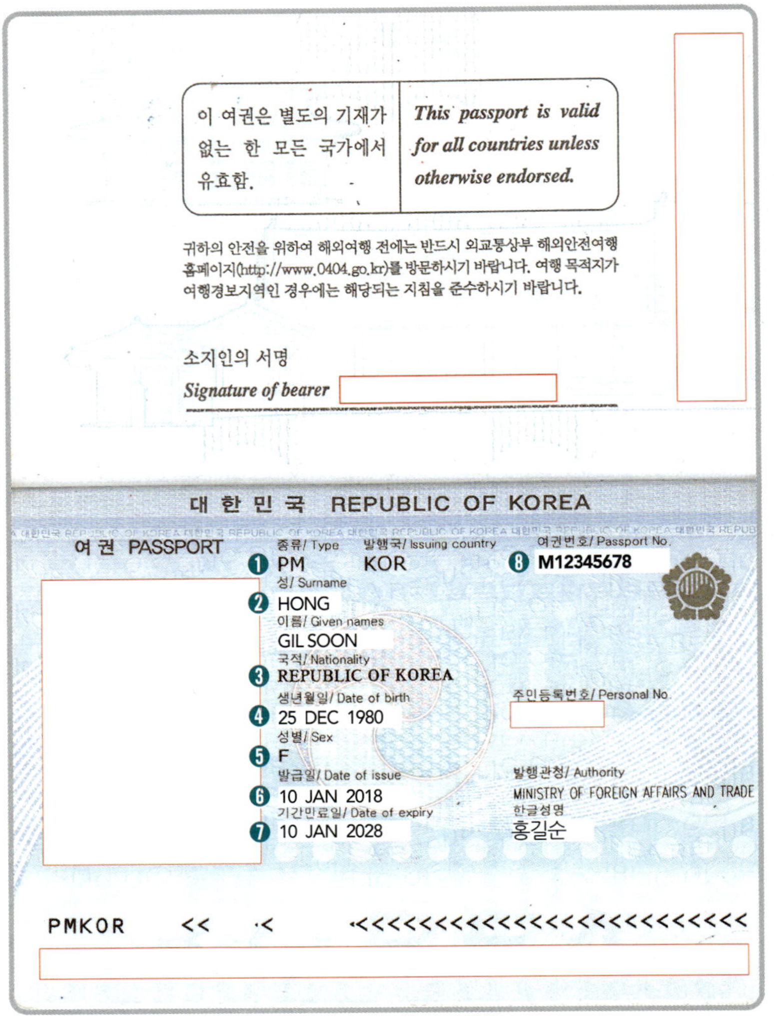

❶ 종류, ❷ 이름, ❸ 국적, ❹ 생년월일, ❺ 성별, ❻ 발급일, ❼ 기간 만료일, ❽ 여권 번호

- 관용 여권(official passport, PO): 정부 또는 공공 기관의 임무 수행을 위해 발급되는 여권이다.
- 거주 여권(residence passport, PR): 해외 이주자 및 영주권자에게 발급되는 여권이다.

(2) 비자(사증)

여행 목적 국가가 여행자에게 발급하는 입국 허가증을 말한다. 여행자가 자국에 있는 여행 목적 국가의 공관에 구비 서류를 제출하면 주재 공관은 자국에 여행자의 입국 비자 신청 사실을 보고하고 승인을 받아 사증을 발급한다. 체류 기간 및 조건은 여행자가 해당 국가에 도착하여 공항 또는 항만에 설치된 출입국 사무소에서 면접을 한 후 최종적으로 결정된다.

▶ **비자의 분류**

입국 허용 빈도	입국 목적
• 단수 비자(single entry visa) • 복수 비자(multiple entry visa)	• 관광 사증(tourist visa) • 상용 사증(business visa) • 체류 사증(staying visa)(학생·주재) • 통과 비자(transit without visa)

Tip 비자 면제 협정

국가 간 비자 면제 협정을 맺은 경우 왕복 항공권, 충분한 체류 경비, 관광 및 상용 목적으로 입국할 때 비자가 없어도 된다.

❶ 비자 발급 장소
❷ 이름
❸ 여권 번호
❹ 성별
❺ Annotation
❻ 발급 날짜
❼ 비자의 유형
❽ 유효 기간

▶▶ 미국 비자의 유형

비자	대상
B1, B2	• B1: 국제 무역이나 회사일로 입국하는 경우 • B2: 관광, 가족 방문, 병원 입원 등의 목적으로 입국하는 경우
A1, A2, A3	• A1: 직업 외교관 및 그 가족, 각국 장관 • A2: 외국 정부 관리 및 피고용인 • A3: A1, A2의 피고용인
C1, C2	• C1: 미국을 경유하는 경우 • C2: 미국에 위치한 UN 지역을 방문하는 경우
D	• 항공기 및 선박 승무원

Tip TWOV(transit without visa)

유효한 여행 서류, 연결편 항공권 확약, 단순 통과 목적의 경우 통과 경유지의 비자가 없어도 된다.

2) 좌석 배정

탑승 수속에 필요한 여행 구비 서류(여권, 비자, 항공권 등)를 확인한 후 항공권 좌석 등급, 사전 좌석 배정 여부, 승객 선호도, 비상구열 좌석 착석 불가 승객 등을 확인하여 좌석을 배정한다. 사전 좌석 배정의 경우 다음과 운영된다.

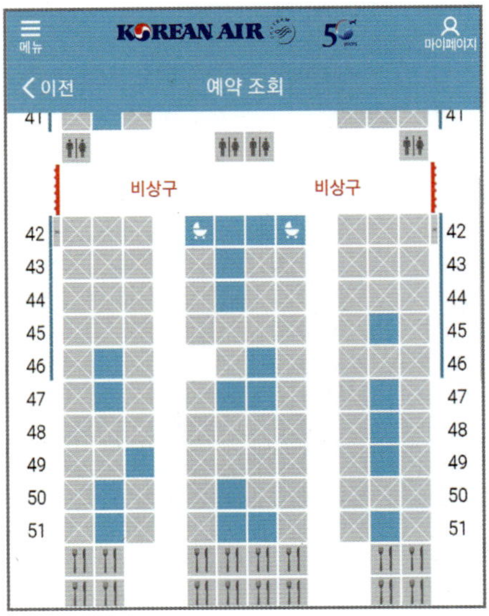

좌석 배정의 예

• 항공사 서비스 센터나 지점, 웹사이트, 애플리케이션, 여행사를 통해 직접 선택할 수 있다(일반석은 출발 48시간 이내, 상위 클래스는 출발 24시

간 이내).

- 타 항공사가 운항하는 공동 운항편 이용 승객, 부정기편 이용 승객, 단체 항공권 구매 승객은 제외된다.
- 비상구열 좌석 및 일부 좌석은 선택할 수 없다.
- 회원 등급 및 구매 항공권의 종류에 따라 좌석 선택이 제한될 수 있다.
- 항공기 교체 등의 사유로 사전 예고 없이 좌석이 변경될 수 있다.
- 지정된 시간까지 탑승 수속을 하지 못한 경우 좌석이 변경될 수 있다.

3) 수하물 접수

수하물은 승객이 여행할 때 동반하는 화물을 말한다. 탑승 수속 시 항공사에 위탁하여 화물칸으로 운반하는 위탁 수하물과 승객이 직접 기내로 운반하는 휴대 수하물로 구분된다.

- 위탁 수하물의 개수와 무게를 확인한다.
- 분실에 대비하여 소유자의 이름, 주소, 목적지 등을 부착하고 포장 상태를 확인한다.
- 위탁 불가 물품 및 세관·문화재 반출 신고 여부를 확인한다.
- 기내 반입 무료 수하물의 개수와 무게를 확인한다.
- 목적지를 최종 확인한다.
- 타인이 수하물 운송을 부탁하는 경우 사고의 위험이 있으므로 대리 운송이 불가하다.
- 카메라, 귀금속 등 고가의 물품과 도자기, 유리병 등 파손되기 쉬운 물품은 직접 휴대한다.
- 필요시 위탁 수하물을 세관에 신고한다.
- 목적지에 도착하여 수하물을 수취하기 위해 수하물 태그를 보관한다.

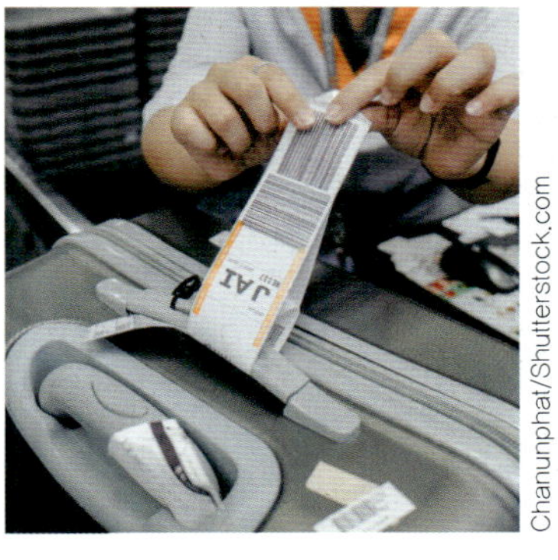
Chanunphat/Shutterstock.com

수하물의 종류에 따른 반입 규정은 다음과 같다.

(1) 기내 반입 수하물

승객이 자신의 책임하에 직접 휴대하여 기내에 탑승하는 수하물을 의미한다. 비행 중 승객이 직접 보관·관리하며 파손되거나 분실되었을 경우 항공사가 책임을 지지 않는다. 카메라, 귀금속 등 고가의 물품과 도자기, 유리병 등 파손되기 쉬운 물품의 경우 직접 휴대할 수 있다.

안전 운항을 위해 기내에 반입하는 짐의 크기를 제한하는데, 통상적으로 일반석은 개당 55×40×20cm, 삼면의 합이 115cm 이하, 10kg 이하라는 기준이 있으나 항공사, 좌석 등급에 따라 기내 반입 기준에 차이가 있다. 한 예로 대한항공의 경우, 일등석과 프레스티지석(비즈니스석)은 수하물을 2개 반입할 수 있고 총무게를 18kg/40lb로 제한하며, 일반석은 수하물을 1개만 반입할 수 있고 총무게를

10kg/22lb로 제한한다. 또한 손가방, 노트북, 서류 가방 중 하나를 추가로 휴대할 수 있으며 기내 선반, 좌석 하단, 코트룸 등에 보관해야 한다.

일반 수하물과 별도로 악기도 기내에 반입할 수 있다. 바이올린과 같이 삼면의 합이 115cm(45in) 이내인 소형 악기에 한하여 무료로 반입 가능하며, 항공사의 규정보다 큰 대형 악기의 경우 별도로 좌석을 구입해야 한다.

좌석 등급	개수	총무게
일등석, 비즈니스석		18kg/40lb
일반석		10kg/22lb

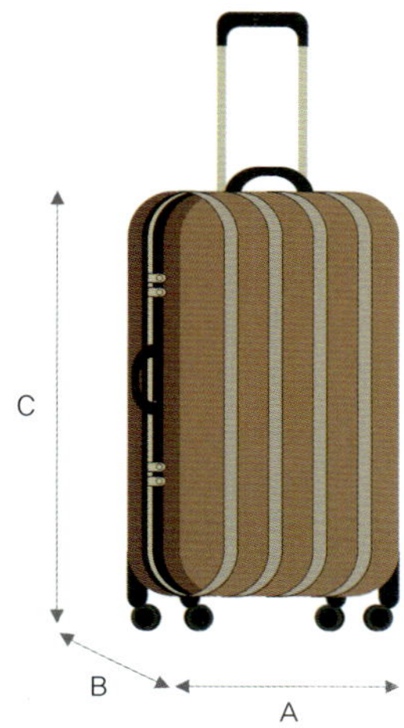

(2) 기내 반입 금지 물품

- 칼, 가위, 다트 등 뾰족하고 날카로운 물건
- 골프채, 당구 큐, 야구방망이 등 둔기로 사용 가능한 물건
- 장난감 총, 총기 모양 라이터 등
- 공기가 주입된 공
- 성냥, 인화성 액체 연료
- 70도 이상 알코올음료
- 폭죽, 뿌리는 살충제 등

(3) 액체류 기내 반입 제한 규정

액체류 기내 반입 제한 규정은 항공 안전 및 보안을 위해 액체류를 항공기 내에

반입하는 것을 제한하는 규정으로, 국제선 항공기 이용 승객에게 적용된다. 단위 용기 용량이 100mL 이하인 통에 담긴 액체류(총합 1L 이내)를 투명 봉투(가로세로 20×20cm)에 넣은 경우 제한적으로 기내 반입을 허용하고 있다. 액체류는 물, 음료, 식품, 의약품, 화장품 등 액체 분무(스프레이) 및 젤류 물품을 말한다.

유아식 및 의약품 등은 항공 여정에 필요한 용량에 한하여 반입이 허용되며, 의약품의 경우 처방전 등 증빙 서류를 검색 요원에게 제시해야 한다. 또한 공항 내 면세점에서 구입한 액체류, 젤류의 경우 면세점에서 제공하는, 국제 표준 방식으로 제조된 훼손 탐지 가능 봉투(STEB)로 포장하면 기내 반입이 가능하다. 면세점에서 구입 시 받은 영수증이 STEB 안에 동봉된 경우 용량에 관계없이 기내 반입이 가능하며, 최종 목적지행 항공기 탑승 전까지 미개봉 상태를 유지해야 한다.

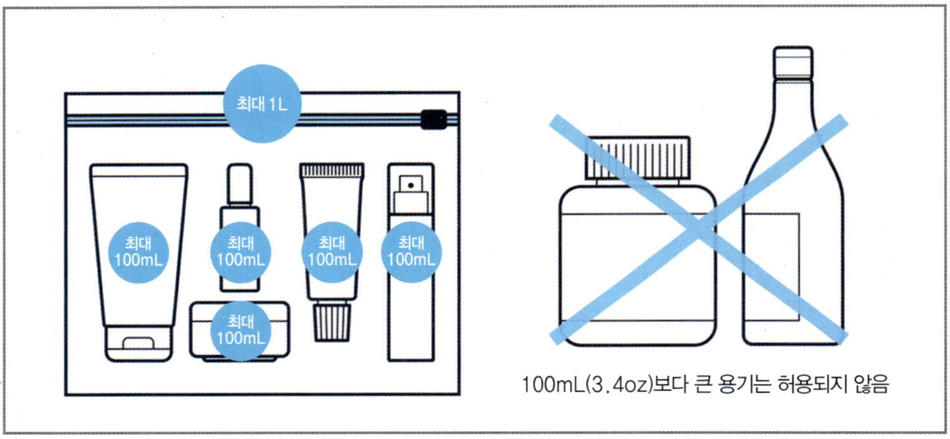

(4) 위탁 수하물

항공사나 노선, 좌석 등급에 따라 위탁 수하물의 기준이 다르다. 보통 일반 수하물은 가로·세로·높이의 총합 158cm, 무게 23kg이 기준이며, 총·칼·가위·톱·골프채 등은 항공기 안전 및 보안에 위험을 초래할 수 있으므로 기내 반입을 금지하고 위탁 수하물로만 운송이 가능하다. 가로·세로·높이의 총합 200cm 이상, 무게 50kg 이상인 경우 대형 수하물로 분류되며, 항공사 탑승 수속 카운터에서 요금을 지불하고 세관 신고를 한 뒤 대형 수하물 카운터에서 위탁한다.

품목별 기내 반입 및 위탁 수하물 가능 여부

구분	품목
기내 반입 가능 품목	• 액체류: 개별 용기당 100mL 이하, 1인당 총 1L 용량의 비닐 지퍼백 1개 • 여행 중 필요한 개인 의약품 등 • 리튬 이온 배터리 • 라이터(1개) • 일반 생활용품
기내 반입 금지 품목	• 칼, 가위, 다트 등 뾰족하고 날카로운 물건 • 골프채, 당구 큐, 야구방망이 등 둔기로 사용 가능한 물건 • 장난감 총, 총기 모양 라이터 등 • 공기가 주입된 공 • 성냥, 인화성 액체 연료 • 70도 이상 알코올음료 • 폭죽, 뿌리는 살충제 등
위탁 수하물 가능 품목	• 칼, 가위, 톱, 골프채
위탁 수하물 탁송 제한 품목	• 귀금속, 화폐, 고가품, 도자기, 보석, 유리병 • 리튬 이온 배터리 • 전자 담배 • 라이터
항공기 운송 금지 품목	• 페인트, 시너, 라이터용 휘발유 등의 발화성 물질 • 산소통, 부탄가스통, 화약, 최루가스 분사기, 탄약, 총기 등의 무기 및 폭발물류 • 독극물, 부식성 물질, 방사성 물질, 자기성 물질 • 그 외 탑승객 및 항공기에 위해를 줄 수 있는 물질

4) 탑승권 발급

여권, 항공권, 비자 등의 서류를 확인한 후 수하물 수속을 하고 좌석 배정이 완료되면 탑승권(boarding pass)이 발급된다. 탑승권의 종류에는 일반 탑승권, 모바일 탑승권, 홈프린트 탑승권, 키오스크 탑승권이 있다. 탑승권과 QR 코드에는 다음과 같은 정보가 담겨 있다.

- 이름, 좌석 등급, 좌석 번호, 마일리지
- 항공기 편명, 날짜, 탑승 시간, 목적지
- 탑승구, 마감 시간

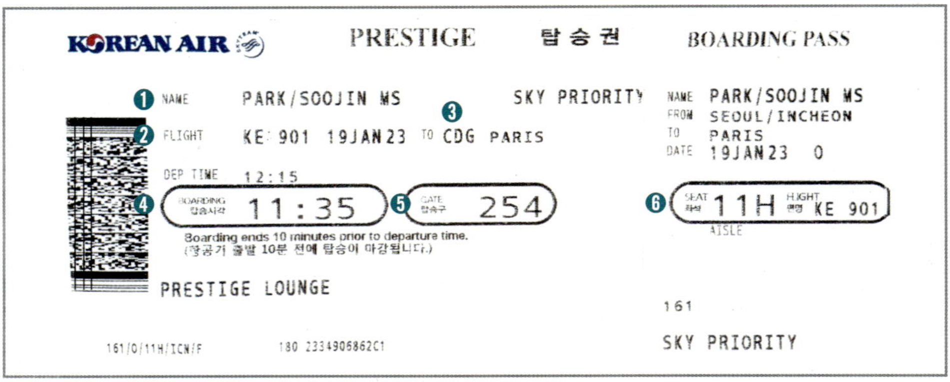

❶ 이름, ❷ 편명/날짜, ❸ 목적지, ❹ 탑승 시간, ❺ 탑승구, ❻ 좌석 번호

일반 탑승권

(1) 카운터를 이용한 체크인

탑승 수속 카운터에서 항공사 직원이 예약 정보 확인, 여행 서류(여권, 항공권) 확인, 탑승권 출력, 수하물 체크인 등의 탑승 수속을 수행한다.

(2) 셀프 체크인

탑승 수속 카운터에서 항공사의 직원이 수행하는 예약 정보 확인, 여행 서류

(여권, 항공권) 확인, 탑승권 출력 등의 탑승 수속을 키오스크 또는 웹·모바일 체크인 서비스를 통해 승객 스스로 하는 시스템이다. 탑승 수속 카운터에서 기다리지 않아도 되기 때문에 보다 신속하게 탑승 수속을 마칠 수 있다는 것이 장점이다. 그러나 비자가 필요한 국가를 여행하거나, 각 국가가 요구하는 여권 유효 기간을 충족하지 못하는 경우, 2세 미만의 유아를 동반한 승객, 반려동물을 동반한 승객, 특별히 항공사 직원의 안내가 필요한 경우, 기타 항공 예약과 발권 과정 중 시스템 오류가 발생한 경우는 이용에 제한이 있다.

국내선, 국제선 셀프 체크인 시 유의 사항

국내선	국제선
• 항공편 출발 20분 전까지 가능 • 유아 승객은 예약 완료 후 이용 • 키오스크 수속 후 수하물 전용 카운터에서 수하물 위탁 • 이용 제한 승객: 항공권 변경 및 재발행을 해야 하는 승객, 휠체어 신청 등 항공사의 도움이 필요한 승객 등	• 항공편 출발 60분 전까지 가능 • 이용 제한 승객: 유아 동반, 휠체어 신청 등 항공사의 도움이 필요한 승객, 타 항공사 운항 코드 셰어 항공편 이용 승객

Kim David/Shutterstock.com

① 웹 체크인

모바일 탑승권

인터넷이나 모바일을 통해 승객 스스로 웹 체크인을 하면 모바일 탑승권 또는 홈프린트 탑승권을 발급받을 수 있다. 위탁 수하물이 있는 경우 공항 내 수하물 전용 카운터에서 수하물을 탁송하고, 위탁 수하물이 없는 경우 바로 출국장으로 이동하여 보안 요원에게 여권과 탑승권을 제시하고 탑승 정보 안내 용지를 수령한 후 보안 검색을 받고 항공기에 탑승할 수 있다.

웹 체크인은 가정에서 손쉽게 탑승권을 발급받는 절차로, 위탁 수하물이 없는 경우 공항 내 체크인 카운터를 방문할 필요가 없기 때문에 항공기 탑승까지의 시간을 절약할 수 있다. 여행 성수기에 공항에서 탑승 수속을 하기 위해 줄을 서지 않고 웹사이트나 모바일 애플리케이션을 이용하여 신속하게 체크인을 하면 유용하다. 그러나 웹·모바일 체크인이 불가능한 항공사도 있다.

K 항공사의 웹 체크인 화면

② 키오스크를 이용한 체크인

키오스크(kiosk)는 옥외에 설치된 대형 천막이나 현관을 뜻하는 튀르키예어(페르시아어)에서 유래된 말로, 간이 판매대 매점을 일컫는다. 그러나 최근에는 정보통신의 발달로 정보 서비스와 업무의 무인 자동화가 보편화되면서 일반인이 쉽게 이용할 수 있도록 공공장소에 설치된 무인 단말기를 가리키는 말로 널리 사용되고 있다. 공항에서도 체크인 카운터 대신 키오스크를 통해 다음과 같이 승객 스스로 체크인 절차를 수행할 수 있다.

❶ 예약 조회 수단을 선택한다.
❷ 수속할 승객을 선택한다.
❸ 승객 및 항공편의 정보를 확인한다.
❹ 좌석을 선택하거나 변경한다.
❺ 여권을 스캔한다(국제선의 경우).
❻ 수속을 완료하고 탑승권을 발급받는다.

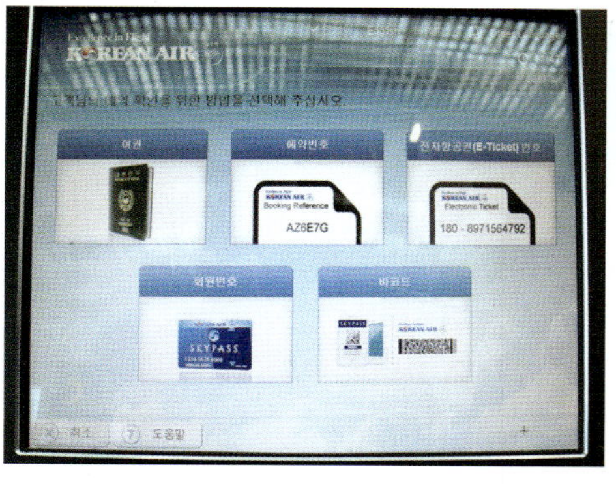

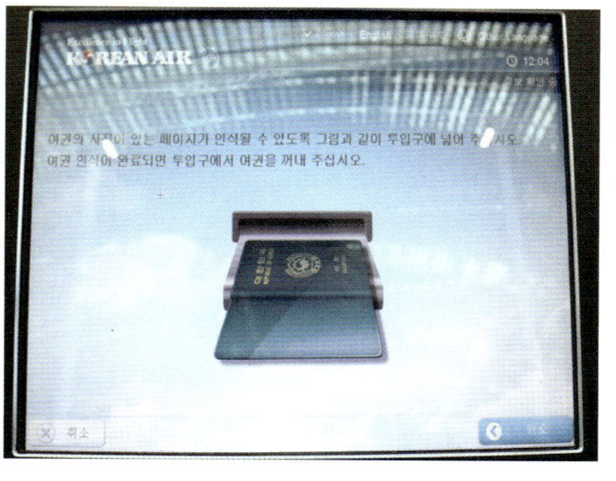

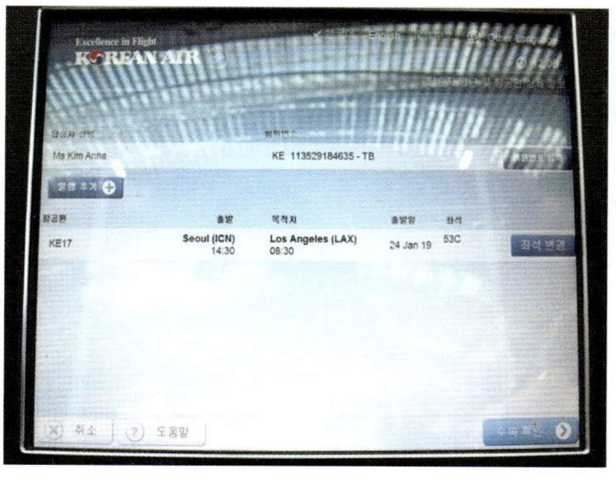

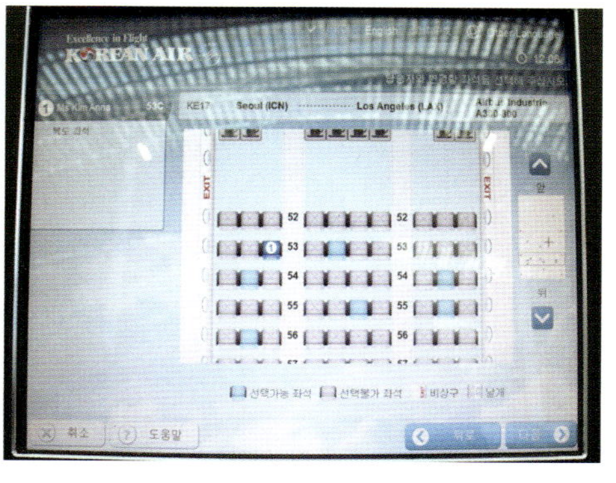

Sorbis/Shutterstock.com

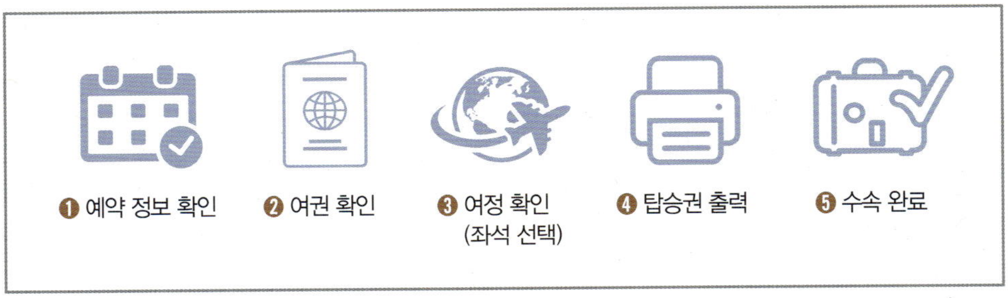

셀프 체크인 이용 방법

(3) 자동 수하물 위탁

셀프 체크인(웹, 모바일, 키오스크)으로 탑승권을 발급받은 승객은 스스로 수하물을 위탁하는 자동 수하물 위탁(self bag drop)을 이용할 수 있다. 그러나 일부 미주행, 연결 여정, 유아 동반, 반려동물 동반, 비동반 소아 등 특별히 도움이 필요한 승객의 경우 이용에 제한이 있으므로 항공사에 문의해야 한다.

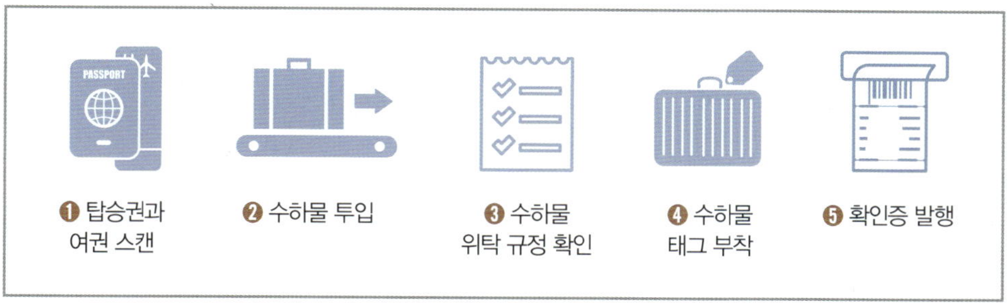

자동 수하물 위탁 이용 방법

Sorbis/Shutterstock.com

06 출국 수속 절차

항공기를 이용하여 다른 국가로 출국하는 모든 여행자는 해당 국가의 출입국 관련 규정에 따라 세관, 출입국, 검역 절차를 거쳐야 한다. 출국 수속은 세관 신고 후에 보안 검색, 법무부 사열 순으로 진행된다.

1) 검역 신고

특정 지역에서 특정 시점에 발생하여 전염되는 질병으로부터 자국민을 보호하기 위해 모든 여행자와 동식물의 검역을 실시하고 있다. 검역 당국은 해외여행자에게 필요한 예방접종 증명서와 국제 공인 예방접종 증명서를 발급한다. 또한 공항, 항만 등에 열감지 장치를 설치·운영하고 감염자는 격리 조치하는 등 철저한 검역을 실시하고 있다. 출국하는 내국인의 예방접종은 국립검역소 또는 보건복지부 지정 병원에서 실시하며, 오염국으로 여행하는 경우 사전 신고가 필요하다.

2) 세관 신고

우리나라에서는 통상적으로 출국 시 반출하는 휴대 물품에 세금을 부과하지 않는다. 그러나 우리나라에 거주하는 여행자가 해외에서 사용하다가 재반입하는 고가 귀중품의 경우 출국 시 세관에 신고하여 확인증을 받고, 이 확인증을 입국 시 제출해야 세금을 면제받을 수 있다.

즉 해외여행 시 사용하고 입국 시 재반입할 고가(통상적으로 미화 600달러 이상의 골프채, 보석, 시계, 카메라, 모피 의류, 전자 제품 등)의 휴대 물품은 최초 출국 시 '휴대 물품 반출 신고(확인)서'에 모델, 제조 번호 등 상세한 규격을 기재하여 세관에 신고해야 한다. 그리고 이러한 물품을 다시 반입하려는 경우 출국 시 받은 확인서를 세관에 제시하면 세금 면제 대상이 된다.

또한 해외로 출국할 때 반출하는 외환도 신고해야 한다. 미화 1만 달러 이하인 경우는 신고 대상이 아니나, 국민인 거주자가 미화 1만 달러를 초과하는 외화를 반출하려면 세관에 신고해야 한다.

휴대 물품 반출 신고(확인)서
Declaration(Confirmation) Form of Carried out Personal Effects

[유의사항]

1. 미화 600달러 이상의 가치가 있는 물품을 출국 시 휴대하였다가 재반입할 경우에는 본 신고서를 작성하여 세관장에게 제출하여야 하며, 휴대 반출 신고한 물품의 제조번호가 세관에 전산 등록된 경우에는 2회 차부터 세관 신고 절차를 생략할 수 있습니다.
2. 세관에 기 신고한 물품이 아닌 새로운 물품을 휴대 반출할 경우에는 반드시 세관장에게 신고하여야 합니다.
3. 제조번호를 등록하지 않은 물품에 대해서는 출국 시마다 본 신고서를 작성하여 세관장에게 신고하여야 하며, 재반입하는 때에 관세를 면세받을 수 있는 근거가 되는 것이므로 소중히 보관하시기 바랍니다.
4. 본 신고서를 허위로 작성하여 신고하면 조사를 받게 되며, 조사 결과에 따라 처벌받을 수 있습니다.

[Attention]

1. If you intend to carry out of the nation personal effects whose value exceeds US $600 and bring them back in after traveling, you should submit the declaration(confirmation) form to the Customs. In the case that the manufacture number (product serial no.) of the personal effects has been already registered with the Customs or the personal effects with a Customs tag attached are repeatedly carried out of and back into the nation, you do not have to make a repeated declaration for the same item after the initial declaration.
2. In the case of new personal effects which have not been declared to the Customs, make sure to declare the items to the Customs.
3. In the case of an item whose manufacture number(product serial no.)has not been registered with the customs or which does not have a Customs tag on it, you should fill in this declaration form and submit it to the Customs. This declaration form provides and important ground for duty exemption when you bring the items back into the nation, so make sure to keep this form carefully.
4. Any falsification in the declaration is subject to an investigation, and you may be punished according to its result.

No :

품명 Item	규격 Description	수량 또는 중량 Quantity or Weight

위와 같이 반출함을 신고(확인)합니다.
I hereby submit a declaration(confirmation) form of the above listed goods.

20 년 월 일
Date : Day Month Year

신고인 성명 : (서명) 국 적 :
Declarant's Name (Signatue) Nationality:
생년월일 : 여권번호 :
Date of Birth Passport No:

세관기재사항(For Customs Use Only)
반출확인자 : ○○세관 ○급 ○○○(서명)
Confimed by ○○Customs house Rank Signature

3) 보안 검색

보안 검색은 항공보안법 제14조(승객의 안전 및 항공기의 보안) 및 제15조(승객 등의 검색) 등에 의거하여 항공기와 승객의 안전을 위해 항공기에 탑승하는 모든 승객과 휴대 물품의 검색을 실시하는 것을 말한다. 이는 불법 방해 행위를 하는 데 사용 가능한 무기 또는 폭발물 등 위험한 물건을 탐지하기 위한 업무이며, 공항에서 이루어지는 보안 검색은 출국하는 승객의 신변 검색과 수하물 검색을 통해 항공기 안전 운항에 위해를 줄 수 있는 위해 물품(총포류, 위험물 등)을 적발하는 것이다. 수많은 사람과 물류가 이동하는 공항은 밀수, 외화 밀반출, 총기류 밀반입, 절도, 밀입국 기도 등 각종 범법 행위가 발생하는 곳이며, 특히 항공 테러는 심각한 인명 및 재산 피해를 일으키므로 보안 검색은 공항 보안의 핵심 요소이다.

보안 검색의 가장 직접적인 목적은 '기내 반입 금지 물품(restricted item)'을 적발하는 것이다. 기내 반입 금지 물품은 '항공기 안전 운항 및 승객의 생명과 재산을 보호하기 위해 항공기에 탑승하는 모든 승객이 휴대하는 물품 중 휴대 및 탑재가 금지되는 물품'을 말한다. 말 그대로 승객이 탑승할 때 기내에 반입할 수 없는 기내 반입 금지 물품은 위해 물품 또는 제한 물품(restricted article)과 그 의미가 유사하다.

(1) 보안 검색의 국내 법령 법적 근거

- 항공안전법
- 항공보안법
- 통합방위법
- 국가 대테러 활동 지침
- 국가 항공 보안 수준 관리 지침

(2) 보안 검색 절차

출국할 때 승객은 항공 보안 요원에게 해당 비행편의 항공권과 여권을 제시하여 신분 확인을 거친 후 출국장으로 이동한다. 그리고 외투, 휴대품, 신발 등의 휴대 물품을 엑스레이 검색대 벨트 위에 올려 통과시키고, 휴대 물품에 이상이 감지되면 개봉 검사를 받는다. 승객이 문형·원형 탐지기를 통과하면 휴대용 금속 탐지기로 신체 부위의 금속을 탐지한다. 이 과정에서 발견된 금속 물질이 무기 또는 위험 물품인 경우 정밀 탐지실로 이동하여 정밀 검색을 실시한다.

보안 검색은 다음과 같은 순서로 이루어진다.

❶ 출국장 입장 시 보안 요원에게 여권과 탑승권을 보여준다.
❷ 신고 대상 물품이 있는 경우 보안 검색을 받기 전에 세관에 신고한다.
❸ 휴대 물품(가방, 핸드백, 코트 등)을 엑스레이 검색대 벨트 위에 올려놓는다.
❹ 소지품(휴대전화, 지갑, 동전 등)을 바구니에 넣는다.
❺ 보안 검색기(인천공항 제1여객터미널은 문형 탐지기, 제2여객터미널은 원형 탐지기)를 통과하고 검색 요원이 검색을 한다.

* 출국 신고서는 작성하지 않는다.

Pack-Shot/Shutterstock.com

Firat Cetin/Shutterstock.com

① 문형·원형 금속 탐지기 보안 검색

무기, 폭발물, 기타 금지 물품을 숨기기에 충분한 휴대 수하물은 엑스레이 검색대 벨트 위에 놓아 통과시키고, 시계·벨트·브로치 등의 금속 물질은 바구니에 담아 통과시킨다. 그리고 승객은 문형·원형 금속 탐지기를 천천히 통과한다.

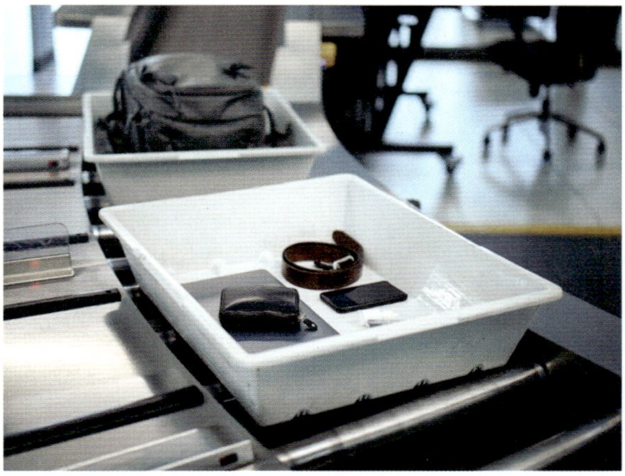

Jaromir Chalabala/EyeEm via Getty Images

JUNG YEON-JE/AFP via Getty Images

② 휴대용 금속 탐지기 보안 검색

문형·원형 금속 탐지기를 통과할 때 경보음이 울리거나 보안 검색 요원이 필요하다고 판단하는 경우 휴대용 금속 탐지기를 이용하여 보안 검색을 실시한다. 휴대용 금속 탐지기가 승객의 신체에 직접 닿지 않도록 3~7cm 떨어진 상태로 머리에서부터 시계 방향으로 신체 둘레를 검사한다.

boonsom/iStock/Getty Images Plus

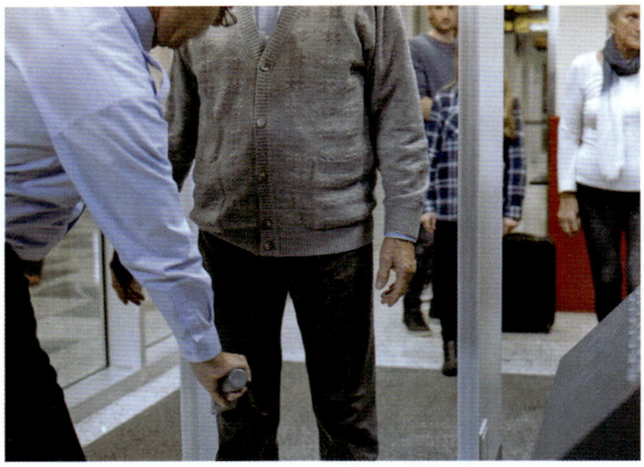

simonkr/E+ via Getty Images

> **Tip 교통 약자 우대 서비스**
>
> 교통 약자는 항공사의 체크인 카운터에서 이용 대상자임을 확인받고 교통 약자 우대 카드를 수령한다. 그리고 전용 출국장 입구에서 여권과 이 카드를 제시하고 보안 검색과 출국 심사를 마친 후 탑승 게이트로 이동한다.

4) 법무부 출국 사열

여행자의 신분을 확인하고 여권, 비자 등 출국 자격을 심사하는 출입국 심사 업무는 법무부의 출입국관리사무소에서 관장하고 있다. 보안 검색 및 출국 심사를 마치고 면세 지역으로 진입하면 일반 지역으로 되돌아갈 수 없다.

도착국 또는 경유국의 비자(사증)가 필요 없는 경우는 다음과 같다.

- 사증 면제 협정 체결 국가로 여행하는 경우
- 대한민국 국민 무사증 입국 허가 국가로 여행하는 경우
- 행선국 또는 경유국의 재입국 허가서를 소지한 경우
- 행선국 또는 경유국이 도착 사증 제도를 실시하는 경우

Chung Sung-Jun via Getty Images

November27/Shutterstock.com

(1) 유인 출국 심사

❶ 출국 심사대 앞의 대기선에서 자기 차례를 기다린다.

❷ 모자, 선글라스 등을 벗고 대기 중 휴대전화 사용을 자제한다(보안 구역에서의 사진 촬영 금지).

❸ 심사대에서 여권과 탑승권을 제시한다.

❹ 출국 확인 후 여권과 탑승권을 받아 심사대를 통과한다.

1000 Words/Shutterstock.com

(2) 자동 출입국 심사

우리나라의 자동 출입국 심사 시스템은 SES(Smart Entry Service)로, 여권 정보와 바이오 정보를 활용하여 출입국 심사를 진행하는 첨단 시스템이다.

❶ 여권을 기계 화면에 접촉하여 스캔한다.

❷ 입구가 열리면 안으로 들어간다.

❸ 사전 등록된 지문을 인식하여 본인 인증을 한다.

❹ 카메라로 안면을 인식하여 본인 인증을 한다.

❺ 심사가 완료되어 출입문이 열리면 통과한다.

▶▶ 자동 출입국 심사 이용 가능 대상

구분	대상	이용 방법
국민	주민등록증 소지자	사전 등록 절차 없이 바로 이용
	주민등록증 미소지자	• 만 14세 이상: 사전 등록 후 이용 • 만 7세 이상 14세 미만: 법정 대리인과 동반하여 사전 등록 후 이용
외국인	단기 체류 외국인(17세 이상)	사전 등록 없이 출국 심사장은 이용 가능
	외국인등록증 소지자	• 만 17세 이상: 사전 등록 없이 이용 • 만 14세 이상 17세 미만: 사전 등록 후 이용 • 만 7세 이상 14세 미만: 법정 대리인과 동반하여 사전 등록 후 이용

Tip 사전 등록

인천공항, 김해공항, 김포공항, 제주공항 등의 자동 출입국 심사 등록 센터에 가서 서명, 지문을 등록하고 사진 촬영을 하면 된다.

▶▶ CIQ 업무

관세청(customs)	• 휴대품 면세·관세 부여 • 물품 통관 허가·불허 결정
법무부(immigration)	• 여권 유효 기간, 본인 여부 확인 • 비자 소지 여부 확인 • 체류 기간, 입국 불가 결정 • 입국 제한자(blacklist) 판정 • 체류 기간 초과자 적발
농림축산식품부(quarantine)	• 승객 반입 식품, 식물, 동물(반려견 등)의 감염 등 확인
보건복지부(quarantine)	• 여행자의 건강 상태(감염자 분류), 예방접종 여부 확인

5) 항공기 탑승

혼자서 탑승이 불가하여 항공사 직원의 도움이 필요한 환자, 장애인, 노약자 등이 우선 탑승한 후 일등석, 비즈니스석, 일반석 승객 순으로 탑승한다.

(1) 탑승 우선순위

❶ 항공사 직원의 도움이 필요한 승객(의료용 침대 승객, 휠체어 승객, 비동반 소아)

❷ 노약자, 유아·소아 동반 승객

❸ 일등석 승객

❹ 비즈니스석 승객

❺ 일반석 승객

(2) 탑승이 거절되는 승객

객실 사무장은 승객 탑승 중 다음과 같은 승객을 발견하면 기장에게 보고하고 기장, 운송 책임자, 객실 사무장이 협의를 통해 해당 승객의 탑승 여부를 결정한다.

rnkadsgn/Shutterstock.com

- 승객의 안전과 항공기 보안을 위해 필요한 정부 기관 및 항공사의 조치를 거부하는 승객
- 관련 국가의 적용 법률, 규정, 또는 명령의 준수를 위해 탑승 거절이 필요한 승객
- 항공기의 안전이나 운항을 저해하는 행위를 금지하는 기장 등의 정당한 직무상 지시 또는 승무원의 통제를 따르지 않는 승객
- 전염병에 걸린 승객
- 만취한 승객
- 마약 등 향정신성 약물에 취한 승객
- 정신적으로 불안정하여 다른 승객에게 위해를 줄 수 있는 승객
- 타인에게 불쾌감을 주는 기괴한 행동을 하거나 심한 악취를 풍기는 승객
- '병약 승객 항공 운송 신청서'에 의거하여 비행이 가능하다고 판단되지 않거나 진단서 또는 의사 소견서를 가지고 있지 않은 중한 질병 상태의 승객
- 보안 검색 또는 신분 확인을 거부하는 승객
- 승객 또는 재물에 손상을 주는 행위에 관련된 승객
- 그 외에 안전 운항을 위해 탑승 거절이 필요하다고 판단되는 승객

(3) 항공기 출항 허가

담당 기관은 법무부 출입국관리사무소와 세관 승기실이며, 제출해야 하는 서류는 다음과 같다.

- GD(general declaration): 승무원 명단 등 출항편의 일반 사항
- PM(passenger manifest): 탑승자 명단 등
- CM(cargo manifest): 탑재 화물 목록 등

07 입국 수속 절차

항공기가 도착하면 승객은 하기 순서에 따라 항공기에서 내린다. 통과 승객은 연결 항공편 수속 및 탑승구로 이동하고, 입국 승객은 항공사 직원의 안내를 받아 입국 동선을 따라가서 검역, 법무부 입국 사열, 위탁 수하물 수취, 세관 검사 등을 거친 후 목적지로 이동한다.

1) 하기 우선순위

❶ 긴급한 의학적 조치가 필요한 승객
❷ 일등석 승객
❸ 비즈니스석 승객
❹ 비동반 소아
❺ 일반석 승객
❻ 휠체어 승객
❼ 의료용 침대 승객

ShutterStockStudio/Shutterstock.com

2) 입국 검역

최근 해외여행객의 증가와 국제 교류의 활성화 등으로 국가 간 감염병 확산 기회가 증가하는 가운데 메르스, 에볼라 바이러스, 동물 인플루엔자 인체 감염증, 코로나 바이러스 감염증 등이 지속적으로 발생하고 있다. 이에 국내외 입출국 항공기, 사람 및 화물을 검역하는 절차와 감염병 예방을 위한 조치 사항 등을 규정하여 국내외로의 유입·확산을 방지함으로써 국민의 건강을 보호하고 있다. 입국장에서 열감지 장치를 운영하여 감염자를 격리 조치하고, 감염병 지역 여행객에게는 건강 상태 질문서를 징구하며, 항공기의 위생 상태 및 적재 화물 등을 점검하고 살충·살균을 위한 소독을 실시한다.

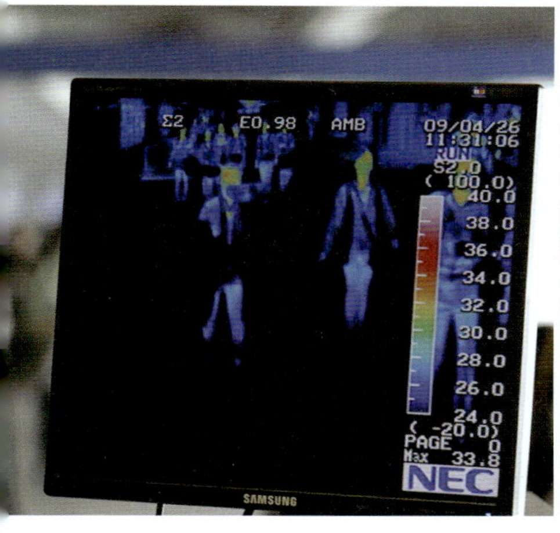

AFP PHOTO/BYUN YEONG-WOOK via Getty Images

Korea Centers for Disease Control and Prevention via Getty Images

(1) 승객 검역

보건복지부 산하 공항검역소는 입국 승객을 대상으로 33℃ 이상의 고열자를 판별하기 위해 열감지기를 운영하고 있다. 또한 오염 국가에 다녀온 승객의 경우 건강 상태 질문서를 받아 이상 징후가 있는 승객을 분리한다.

건강 상태 질문서

성명		성별	[ ]남 [ ]여
국적		생년월일	
여권번호		도착 연월일	
선박·항공기· 열차·자동차명		좌석번호	
한국 내 주소			
휴대전화			

과거 21일 동안의 방문 국가명을 기입해주십시오.		
1)	2)	3)

과거 21일 동안에 아래 증상이 있었거나 현재 있는 경우 해당란에 「√」 표시를 해주십시오.

[ ]설사	[ ]구토	[ ]복통	[ ]발열	[ ]오한
[ ]기침	[ ]콧물 또는 코막힘	[ ]인후통	[ ]근육통	[ ]두통
[ ]호흡곤란	[ ]발진	[ ]모기 물림	[ ]눈충혈	[ ]기타 ( )

건강 상태 질문서 작성을 기피하거나 거짓으로 작성하여 제출하는 경우 「검역법」 제12조 및 제39조에 따라 1년 이하의 징역 또는 1천만 원 이하의 벌금에 처해질 수 있습니다.

작성일 년 월 일

작성인 (서명 또는 인)

국립검역소장 귀하

(2) 동물 검역

연합뉴스

농림축산식품부 산하 국립동물검역소는 휴대 반입 동물, 축산물에 대한 검역을 실시한다. 개, 고양이, 원숭이, 조류, 육류 및 육가공품, 알가공품, 유가공품 등 검역 대상에 해당하는 물품을 반입할 때는 출발국에서 발행한 동물 검역증을 제출해야 한다.

(3) 식물 검역

농림축산식품부 산하 국립식물검역소는 휴대 반입 식품에 대한 검역을 실시한다. 과실, 채소, 묘목, 씨앗 등 검역 대상에 해당하는 물품을 반입할 때는 출발국에서 발행한 식품 검역증을 제출해야 한다.

(4) 수산물 검역

해양수산부 산하 국립수산물품질관리원은 휴대 반입 수산물에 대한 검역을 실시한다. 살아 있는 어류·패류·갑각류, 냉동·냉장 어패류 등 검역 대상에 해당하는 물품을 반입할 때는 여행자 휴대품 신고서의 해당 칸에 작성하면 된다.

3) 법무부 입국 사열

입국한 모든 승객은 내국인과 외국인으로 구분된 전용 입국 사열대를 통해 입국 자격 심사를 받는다. 내국인 중에서 범죄와 관련하여 지명수배되었거나 해외로 도피했다 입국하는 사람은 관계 기관에 통보되고, 외국인은 입국 목적 등을 심사받는다.

내국인	외국인
• 일반 여행자: 입국 • 특별범죄자: 관계 기관이 현장에서 신병 인도 • 지명수배자: 관계 기관 통보	• 적법한 여권 및 입국 비자 심사 • 입국 목적(관광, 취업, 유학 등) 심사 • 체류 기간 결정 • 입국 제한자 판정 및 퇴거 조치

ShutterStockStudio/Shutterstock.com

4) 위탁 수하물 수취

항공기 탑승 수속 시 위탁했던 수하물을 도착 화물 인도 컨베이어 벨트에서 찾아 수하물 표와 대조하여 자기 것임을 확인한 후 세관 검색대로 이동한다. 기내 휴대 제한 물품(security restricted item, SRI)은 항공사 직원을 통해 별도로 인도받으며, 위탁한 수하물이 파손 또는 분실되거나 도착하지 않은 경우 수하물 표를 참고하여 신고서를 작성 및 제출한다.

(1) 수하물이 도착하지 않은 경우

해당 항공편의 항공사 안내 데스크에 수하물 표를 제시하고 지정된 서식에 내용물, 가방의 상표, 외관상 특징, 연락처 등을 기재한다. 분실된 수하물의 정보는 전화나 인터넷을 통해 확인할 수 있으며, 전 세계 300여 개 항공사가 이용하는 수하물 관리 시스템인 World Tracer를 통해 찾는 방법도 있다.

(2) 파손 및 분실 신고

수하물 관련 보상 규정은 항공사마다 다르며, 일부 항공사의 경우 수하물 도착 지연을 도착일로부터 21일 이내에, 수하물 파손 또는 내용품 분실은 수하물 수취일로부터 7일 이내에 항공사에 신고하도록 되어 있다. 또한 일부 항공사에서는 수하물 도착이 지연되는 경우 도착지에 연고가 없는 사람에게 1회에 한해 필요한 일용품을 구입할 수 있도록 미화 50달러 상당을 지급하고 있다.

Tip 수하물 분실 방지책

- 수하물에 영문 이름과 연락처를 기록한다.
- 수하물 표의 내용(목적지, 수량, 중량, 이름)을 확인한다.
- 자신의 수하물이 맞는지 가방에 부착된 수하물 표를 확인한다.

5) 세관 신고

세관 검사의 목적은 첫째, 국내 반입 금지 물품(마약, 총기류, 폭약, 과다 외화 등)의 통관 불허, 둘째, 면세 한도를 초과하는 반입 물품에 대한 관세 부과이다. 승객이 하기할 때 휴대한 수하물은 엑스레이 검색대를 통과시키고 화물 인도 컨베이어 벨트에서 위탁 수하물을 수취한 후, 해외여행 시 구입한 물품의 합계에 따라 면세 검사대와 과세 검사대에서 세관 검사를 받아야 한다.

여행자 휴대품 신고서를 허위로 작성하거나 신고하지 않고 면세 통로에서 범칙 사실이 확인되는 경우 관세법 등 위반 혐의로 처벌을 받을 수 있다(물품 몰수, 벌금형, 징역형). 또한 타인의 부탁으로 물건을 가지고 입국하는 경우 범법 행위가 될 수도 있다.

(1) 검사대 통관 승객

- 면세 검사대: 해외 구입 물품 합계 800달러 미만
- 과세 검사대: 해외 구입 물품 합계 800달러 초과 또는 국내 반입 규제 물품 반입 시

(2) 면세 통관 물품

- 주류 2병(2L) 이내, 담배 10갑(200개비), 향수 약 60mL 등
- 타인에게 판매하려는 목적이 아니라 자신이 사용하려는 목적의 물품

(3) 세관 신고 방법

- 모바일 앱을 이용하는 방법: 여행자 세관 신고 앱 실행 → 개인 정보 입력 → 세관 신고 내용 입력 → QR 코드 발급 → 자동 심사대에서 스캔
- 웹사이트를 이용하는 방법: 여행자 세관 신고 페이지에 접속 → 개인 정보 입력 → 세관 신고 내용 입력 → QR 코드 발급 → 자동 심사대에서 스캔
- 신고 물품이 있는 여행자는 '여행자 휴대품 신고서'를 작성한 후 '신고 있음' 통로를 이용한다.

관세청 KOREA CUSTOMS SERVICE

여행자 휴대품 신고서

- **모든 입국자**는 신고서를 작성·제출해야 합니다.
- **동일한 세대의 가족**은 **1명이 대표**로 신고할 수 있습니다.
- **성명과 생년월일**은 **여권과 동일하게** 기재해야 합니다.

성 명			
생년월일	년 월 일		
여권번호	외국인에 한함		
여행기간	일	출발국가	
동반가족	본인 외 명	항공편명	
전화번호			
국내 주소			

세관 신고사항 해당 사항에 "☑" 표시

1 **휴대품 면세범위**(뒷면 참조)**를 초과하는 "품목"**
- 물품 상세 내역은 뒷면에 기재

⇨ 자진신고 시 **관세의 30%(20만원 한도) 감면**

면세 초과 있음				없음
술	담배	향수	일반물품	

2 **원산지가 FTA 협정국가인 물품으로서 협정관세를 적용받으려는 물품** 있음☐ 없음☐

3 **미화로 환산해서 총합계가 "1만 달러"를 초과하는 화폐 등**(현금, 수표, 유가증권 등 모두 합산) 있음☐ 없음☐

[총 금액 :]

4 **우리나라로 반입이 금지되거나 제한되는 물품** 있음☐ 없음☐

ㄱ. 총포류, 실탄, 도검류, 마약류, 방사능물질 등
ㄴ. 위조지폐, 가짜 상품 등
ㄷ. 음란물, 북한 찬양 물품, 도청 장비 등
ㄹ. 멸종위기 동식물(앵무새, 도마뱀, 원숭이, 난초 등) 또는 관련 제품(웅담, 사향, 악어가죽 등)

5 **동·식물 등 검역을 받아야 하는 물품** 있음☐ 없음☐

ㄱ. 동물(물고기 등 수생 동물 포함)
ㄴ. 축산물 및 축산가공품(육포, 햄, 소시지, 치즈 등)
ㄷ. 식물, 과일류, 채소류, 견과류, 종자, 흙 등
- 가축전염병 발생국의 축산농가 방문자는 농림축산검역본부에 신고하시기 바랍니다.

6 **세관의 확인을 받아야 하는 물품** 있음☐ 없음☐

ㄱ. 판매용 물품, 회사에서 사용하는 견본품 등
ㄴ. 다른 사람의 부탁으로 반입한 물품
ㄷ. 세관에 보관 후 출국할 때 가지고 갈 물품
ㄹ. 한국에서 잠시 사용 후 다시 외국으로 가지고 갈 물품
ㅁ. 출국할 때 "일시수출(반출)신고"를 한 물품 등

본인은 이 신고서를 사실대로 성실하게 작성하였습니다.

년 월 일

신고인: (서명)

< 뒷면에 계속 >

1인당 "품목"별(술/담배/향수/일반물품) **면세범위**

▸ 해외 또는 국내 면세점에서 구매하거나, 기증 또는 선물받은 물품 등으로서

술	2병 합산 2ℓ 이하로서 총 US $400 이하	일반물품	미화 800달러 이하 ▸ 다만, 농림축수산물 및 한약재는 검역에 합격한 것으로서 총 40kg, 총 금액 10만원 이하 (물품별로 수량·중량 제한)
담배	- 궐련형: 200개비(10갑) - 시 가: 50개비 - 액 상: 20mℓ(니코틴 함량 1% 이상은 반입 제한) ▸ 한 종류만 선택 가능		
향수	60mℓ		

- 만 19세 미만인 사람에게는 주류 및 담배를 면세하지 않습니다.

면세범위 초과 "품목"의 상세내역

- ▸ **면세범위 이내 "품목"** - 작성 생략
- ▸ **면세범위 초과 "품목"** - 해당 품목의 **전체 반입내역** 작성

예 시: 술 3병, 담배 10갑, 향수 30mℓ, 시계 1,000달러 반입 시
→ **술 3병, 시계 1,000달러** 작성(면세범위 이내인 담배, 향수는 작성 생략)

품 목	물 품 명	수량(또는 중량)	금 액
술			
담배			
향수			
일반물품			

※ 세관 신고사항을 **신고하지 않거나 허위신고한 경우 가산세**(납부세액의 40% 또는 60%)가 **추가 부과**되거나, **5년 이하의 징역 또는 벌금**(해당 물품은 몰수) 등의 **불이익**을 받게 됩니다.

95mm×245mm[백상지 100g/㎡]

출처: 관세청 홈페이지

(4) 물품 예치 제도 및 유치 제도

예치는 주로 합법적인 반입을 위한 절차를 완료하기 위한 임시 보관을 의미하며, 여행자가 자발적으로 세관에 물품을 맡기는 경우가 많은 반면, 유치는 세관의 판단에 따라 물품을 압류하는 강제적 조치이다. 예치와 유치는 둘 다 세관에서 물품을 보관하는 방법이지만, 다음과 같이 그 목적과 절차, 결과가 다르다. 여행자는 둘의 차이를 이해하고 세관 절차를 밟아야 한다.

① 예치(depositing)

여행자가 반입한 물품을 세금 납부 또는 허가 절차가 완료될 때까지 임시로 맡기는 것으로, 적법하게 물품을 반입하는 것이 주된 목적이다. 예를 들어 면세 한도를 초과하는 물품에 대한 세금을 즉시 납부하지 않았거나 특정 물품이 수입 허가를 받아야 하는 경우, 해당 절차가 완료될 때까지 물품을 세관에 예치한다. 필요한 절차(세금 납부, 허가 취득 등)가 완료되면 여행자는 세관으로부터 물품을 인수할 수 있다.

② 유치(retaining)

세관이 물품을 일시적으로 압류하는 것으로, 물품이 불법으로 반입되었거나 추가 조사가 필요하다고 판단될 때 시행된다. 법적 규제를 위반한 물품인지 또는 물품에 위험 요소가 있는지 확인하는 것이 그 목적이다. 예를 들어 허가 없이 반입된 금지 물품, 신고가 제대로 이루어지지 않은 물품은 유치될 수 있다. 조사를 통해 물품이 적법한 것으로 확인되면 반출이 허용되지만, 불법 물품일 경우 압류되거나 폐기되기도 한다. 또한 법적 위반 사항이 있을 때는 벌금 또는 그 밖의 제재가 따를 수 있다.

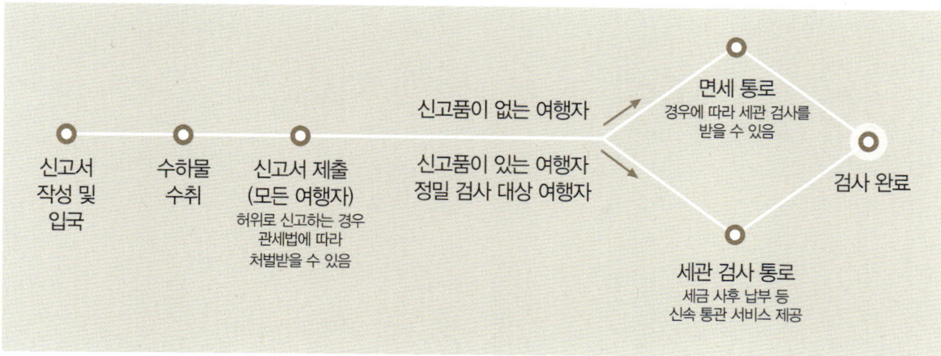

출처: 인천공항 홈페이지

세관 검사 절차

08 여객 운송 관련 서비스

1) 도심공항 서비스

도심에 위치한 공항 터미널에서 탑승 수속, 수하물 탁송 등을 처리하는 서비스로, 여행객의 편의와 공항 이용의 효율성을 위해 운영되고 있다. 도심공항에서 탑승 수속과 출국 심사를 받을 수 있으며, 공항에 도착하면 출국장 전용 통로를 이용하여 신속하게 항공기에 탑승할 수 있다는 것이 장점이다.

서울역과 광명역에 도심공항을 운영하고 있으며, 각 도심공항은 운영 주체, 업무 허가에 따라 상이한 서비스를 제공한다. 도심에서의 이동 시간을 고려하여 항공기 출발 약 3시간 20분 전까지 수속을 완료해야 한다. 탑승 수속과 출국 심사

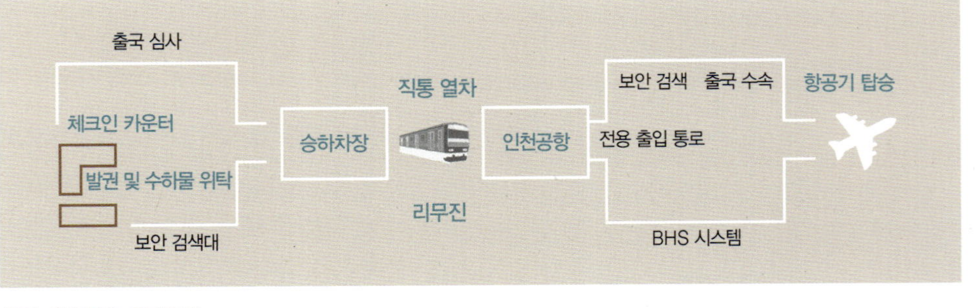

출처: 인천공항 홈페이지

서울역 도심공항 이용 절차

를 마친 승객은 직통 열차, 리무진 등을 이용하여 공항으로 이동한다.

• 이용 대상: 인천공항 출발 국제선 확약 항공권 소지 승객

도심공항 내 출국 심사 센터

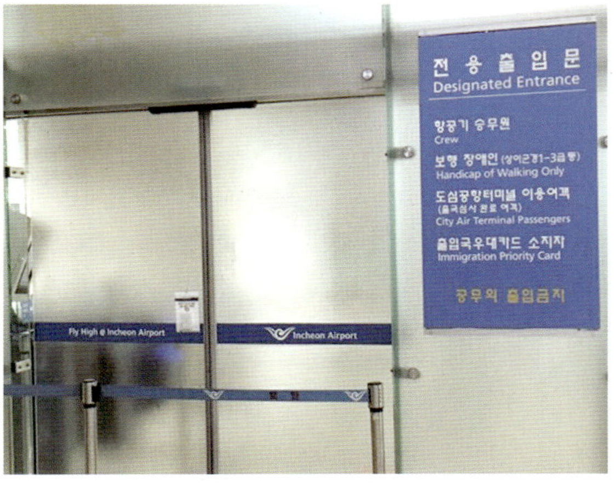

인천공항 T1 터미널의 도심공항 이용자 전용 출입구

인천공항 T2 터미널의 도심공항 이용자 전용 출입구

2) 환승 전용 내항기

국제선 연결 승객을 운송하기 위해 운항하는 국내 항공편으로, 국내선을 타고 인천공항으로 가서 국제선을 이용하는 승객의 편의를 위해 일부 항공사, 일부 구간(국제선·국내선 환승 승객 중 인천-대구, 인천-부산 구간)에서 운영하고 있다. 일반적으로 국내선 수속 후 환승지에 도착하여 국제선 지역으로 이동하며, 국제선 수속 후 출국 심사와 보안 검색을 거치고 국제선에 탑승해야 한다. 예를 들어 부산공항에서 출발하여 인천공항에서 국제선을 이용하는 승객의 경우, 부산공항에서 국내선 수속을 거치고 김포공항에 도착한 후, 인천공항으로 이동하여 국제선 수속 후 출국 심사와 보안 검색을 거치고 국제선에 탑승해야 한다.

그러나 환승 전용 내항기를 이용하면 출발지에서 국내선, 국제선 수속을 모두 마친 후 출국 심사와 보안 검색을 완료하고 국제선 환승 승객과 동일하게 환승하여 국제선에 탑승할 수 있다. 우리나라의 세관 규정상 첫 기착지에서 수하물을 찾아 세관 검사를 마쳐야 하지만, 환승 전용 내항기 이용 승객은 최종 목적지에서 입국, 세관, 검역 신고가 이루어진다.

▶▶ **일반 국내선 탑승과 환승 전용 내항기 탑승 시의 절차 비교**

구분	절차
일반 국내선 탑승 시	국내선 수속 → 국내선 도착 → 국제선 수속 → 출국 심사 → 보안 검색 → 국제선 탑승
환승 전용 내항기 탑승 시	국내선·국제선 수속 → 출국 심사 → 보안 검색 → 환승 → 국제선 탑승

3) 반려동물 운송 서비스

1인 가구의 증가, 고령화, 출산 기피 등과 맞물려 반려동물을 기르는 사람이 지속적으로 증가하고 있다. 또한 국적 항공사의 반려동물 운송 실적이 매년 증가하고 있으며, 이에 발맞추어 국내외 항공사는 다양한 반려동물 운송 서비스를 제공하고 있다. 운송 가능한 반려동물은 생후 8주 이상의 개·고양이·애완용 새이며,

운송하는 방법으로는 승객과 함께 기내에 반입하여 운송하는 방법(pet in cabin, PETC), 수하물로 위탁하여 화물칸에 탑재·운송하는 방법(animal in hold, AVIH)이 있다.

(1) 항공 운송이 불가한 반려동물

국가, 항공사에 따라 반려동물 항공 운송 규정이 상이하다. 우리나라 항공사의 경우 다음과 같은 제한이 있다.

- 개, 고양이, 새를 제외한 모든 종류의 동물(토끼, 햄스터, 페럿, 거북이, 닭 등)
- 안정제나 수면제 등 약물을 투여한 경우
- 불안정하고 공격적인 동물, 악취가 심하거나 건강하지 않은 동물, 수태한 암컷
- 크게 짖는 등 지속적인 소음을 일으켜 주변 승객의 안락한 여행을 방해할 것으로 예상되는 경우
- 맹견, 단두종 등

(2) 반려동물 동반 전 확인 사항

- 국가, 지역, 기종에 따라 운송이 제한될 수 있으므로 항공사의 사전 운송 승인을 받는다.
- 사전 예약 및 승인을 받아야 운송이 가능하다.

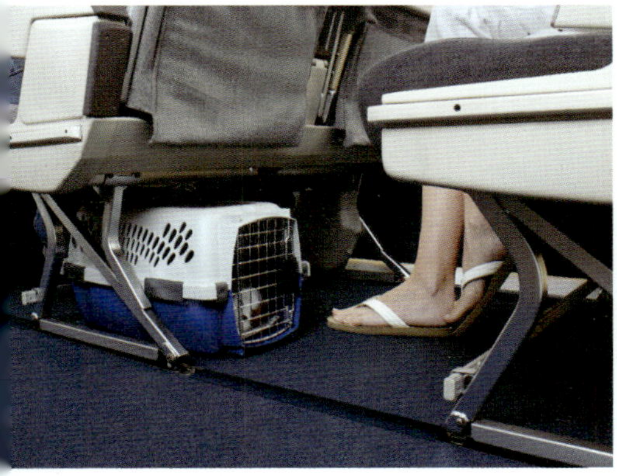
gchutka via Getty Images

Manny Ceneta via Getty Images

- 탑승객 1인당 기내 반입 1마리, 화물칸 위탁 2마리를 운송할 수 있다.
- 반려동물 동반 지정 좌석을 배정받고, 운송 용기에 넣어 승객 앞좌석 하단에 보관한다.
- 목적지 국가로 반려동물을 반입하는 데 필요한 서류(광견병 예방접종 증명서, 검역 증명서 등)를 확인한다.

(3) 반려동물 운송 시 유의 사항

- 기내에서 반려동물을 케이지 밖으로 꺼내지 않는다.
- 케이지를 좌석 위나 무릎 위 등으로 옮기지 않는다.
- 기내 탑승 후 반려동물 케이지를 변형하거나 확장하지 않는다.
- 기내에서 반려동물 취급과 관련된 객실승무원의 요청에 적극 협조한다.

반려동물 운송 기준

항공사마다 반려동물 운송 기준이 다르기 때문에 각 항공사의 기준을 확인해야 한다. 국제항공운송협회(IATA)는 여객과 반려동물의 안전한 운송을 위해 반려동물 운송 기준을 제시하고 있다. 반려동물 동반 승객은 다음과 같은 케이지를 준비해야 한다.

- 반려동물이 움직일 수 있는 충분한 공간이어야 한다.
- 내부 충격에도 잠금 장치가 열리지 않아야 한다.
- 환기구가 있고 방수 처리가 되어 있어야 한다.

출처: IATA Traveler's Pet Corner

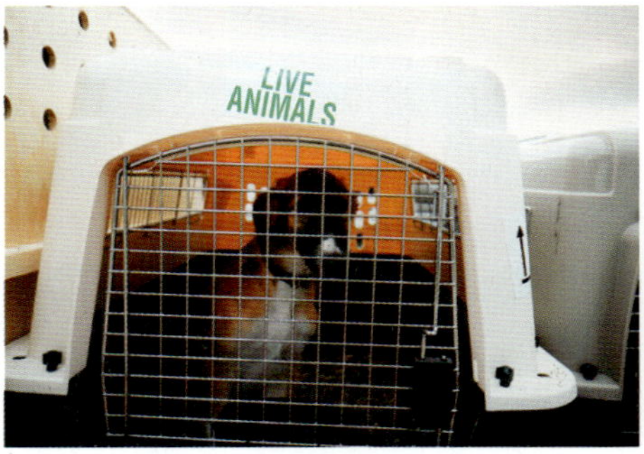

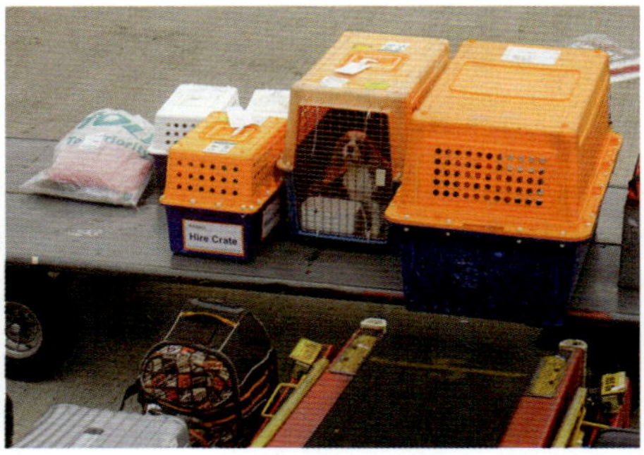

EQRoy/Shutterstock.com

tayoso/Shutterstock.com

PETC	AVIH

삼면의 합이 115cm 이내인 하드·소프트 케이지	삼면의 합이 246cm 이내인 하드 케이지

▶▶ 항공기별 운송 가능 마리 수의 예

구분	B787	B747	B777	A330	B737
PETC	5	6	5	5	4
	F1/C1/Y3	F1/C1/Y4	F1/C1/Y3	F1/C1/Y3	C1/Y3
AVIH	5	5	5	5	5

* F: first class, C: prestige, Y: economy

▶▶ 반려동물 항공 운송 기준(K 항공사 자료 재구성)

구분	PETC	AVIH
운송 조건	• 케이지 포함 7kg 이하 • 기종별 예약 가능 마리 수가 상이함 • 케이지당 1마리 • 안정제·수면제를 투여한 경우, 체온과 혈압이 떨어진 경우, 악취가 심한 경우, 임신한 경우, 맹견류 및 공격 성향이 있는 경우 운송이 제한됨	• 케이지 포함 45kg 미만(45kg 이상의 경우 화물기로 운송)
운송 방법	• 승객 좌석 밑 공간 또는 항공사가 요청하는 공간에 보관 • 비상구열 좌석, 벌크헤드 좌석 배정 불가 • 다른 승객의 편의를 위해 좌석 1열에 1마리 배정	• 항공기 화물칸에 탑재 • 케이지 외부에 영문 이름과 비상 연락처 기재
기타	• 비행 중 케이지에서 꺼내거나 음식을 줄 수 없음 • 수하물 소지 여부와 관계없이 별도의 요금 부과 • 항공사의 '사전 운송 승인', 목적지 국가 관계 기관이 반입 시 필요한 검역 증명서, 광견병 예방접종 증명서 등의 서류 확인	• 온도, 압력, 조명 조절 가능 • 항공기 출발 최소 2시간 전에 반려동물에게 음식과 물을 먹이고 바닥에 종이나 수건 등을 깔아주어야 함 • 항공사의 '사전 운송 승인', 목적지 국가 관계 기관이 반입 시 필요한 검역 증명서, 광견병 예방접종 증명서 등의 서류 확인

(4) 장애 승객 보조 동물

장애가 있는 사람을 보조하는 업무를 수행하도록 훈련받은 보조견을 서비스 애니멀(service animal)이라고 한다. 이러한 보조견은 장애인이 독립적으로 생활할 수 있도록 신체적·정신적 도움을 준다. 예를 들어 시각 장애인을 돕는 보조견은 올바른 방향으로 이끌고 교통 신호를 알려주며, 청각 장애인을 돕는 보조견은 초인종, 휴대전화 벨소리에 반응하고 누군가가 말을 걸 때 이를 알려준다.

미국 출발/도착 운항편 장애 고객 보조견의 경우 2021년 2월 1일부터 미국 교통부 규정에 따라 훈련된 보조견만 장애 고객용 보조 동물로 인정되고 있다. 우리나라에서도 보조견의 기내 동반이 가능하며, 보조견에게는 운임이 부과되지 않는다.

보조견과 함께 탑승할 때는 다음 사항에 유의해야 한다.

- 항공사의 사전 운송 승인을 받는다.
- 목적지 국가로 반려동물을 반입하는 데 필요한 서류(광견병 예방접종 증명서, 검역 증명서 등)를 확인한다.
- 항공기 출발 48시간 전까지 예약한다.
- 최대 2마리를 동반할 수 있다.
- 보조견은 목줄 또는 하네스를 착용해야 한다.
- 보조견은 동반 승객의 통제를 따라야 한다.
- 보조견은 동반 승객의 좌석 앞 바닥에 앉고 복도 공간 또는 옆 좌석 승객의 공간을 침범해서는 안 된다. 또한 비상 탈출 시 방해가 되지 않아야 한다.
- 운송 서약서는 작성하지 않아도 되지만 국가별 검역 증명서 등의 서류가 필요할 수 있다.

Genna Martin/San Francisco Chronicle via Getty Images

부록 1

▶▶ 위해 물질 및 위험물의 세부 품목별 기내 반입 가능 여부

구분	품목	기내 반입 여부
발화 및 인화성 물질	부탄가스·캠핑용 가스·라이터 가스·라이터 기름, 딱성냥, 휘발유, 등유, 아마인유, 70도 이상 주류, 물과 접촉 시 가연성 가스 발생 물질, 기타 가연성이 있는 물질	반입 불가
	일회용 라이터, 성냥	1개만 객실 반입 가능
	석유 버너, 램프 등 캠핑 장비	연료가 없으면 객실 반입 가능
	페인트, 시너, 본드, 솔벤트	수성은 위탁 수하물 처리, 이외 반입 불가
고압가스	화기용 물감	유성 튜브형만 허용, 이외 반입 불가
	가연성 물질 내포 캔	반입 불가
	산소통, 산소캔, 온도계	의료용만 허용, 기타 반입 불가
	이산화탄소 실린더	라이프 재킷용 2개까지 객실 반입 가능, 이외 위탁 수하물 처리
	기타 불활성 가스류	40psi 이하 객실 반입 가능, 이외 반입 불가
	액체 질소, 산소	40psi 이하 객실 반입 가능, 이외 반입 불가
	향수, 화장용품 헤어스프레이	0.5L 이내 2개까지 객실 반입 가능, 이외 위탁 수하물 처리
무기 및 폭발물	총기류 및 위장 무기, 스포츠용 총기 및 실탄, 탄피	승인된 경우 위탁 수하물 처리
	장난감 총기, 도검류, 장난감 뇌관, 딱총알	위탁 수하물 처리
	도검류, 가위류, 도끼, 5.5cm 이상의 날이 있는 뾰족한 물건, 봉투칼(letter opener)	위탁 수하물 처리
	최루가스, 전기, 충격기류, 폭죽, 탄약·화약·폭약류	반입 불가
	자동 톱	전원 장치 제거 시 위탁 수하물 처리
	공구 및 연장류	위탁 수하물 처리
	유사시 무기 사용 가능 물품	위탁 수하물 처리

구분	품목	기내 반입 여부
기타 위험 품목	골프채, 낚싯대, 야구 배트, 스키 세트, 하키 스틱, 다트	위탁 수하물 처리
	당구 큐대, 우산, 소화기, 볼링공, 수예 바늘	위탁 수하물 처리
	독극물, 방사능, 부식성·자기성 물질, 유해·자극적 물질	반입 불가
	유황, 산화제, 표백제 등 화학 물질	반입 불가
	수은 온도계, 수은 기압계	누설 방지 장치 후 위탁 수하물 처리
	가스 포함 헤어 컬러(hair curler)	1인 1개 한도 객실 반입 가능, 이외 위탁 수하물 처리
	배터리 구동 휠체어	배터리 제거, 양극 절연 시 객실 반입 가능
	심장 박동기	의료용으로 착용 시 객실 반입 가능
	알림 장치, 리튬 배터리, 불꽃 생성 물질	반입 불가
	구명조끼	1인 1개 카트리지 객실 반입 가능, 이외 위탁 수하물 처리
	고체 이산화탄소, 드라이아이스	1인당 2kg 객실 반입 가능, 이외 위탁 수하물 처리
	예비용 타이어	연료 제거 후 위탁 수하물 처리
	수중 토치, 램프	연료 제거 후 위탁 수하물 처리
	산소 발생기 휴대용 발전기, 가솔린 엔진, 가스 쇼바	연료 제거 후 위탁 수하물 처리
	모의 전투용 총(painball gun), 잔디깎이	연료 제거 후 위탁 수하물 처리
	부동액, 염색제, 에테르, 질산암모늄 비료	반입 불가
	드라이 시퍼(dry shipper)	유해 물품이 없으면 위탁 수하물 처리

부록 2

▶▶ 미주 STN 코드

APO 코드	공항	도시 코드	도시	국가
LAX	Los Angeles	LAX	Los Angeles	USA
LAS	Mccarran	LAS	Las Vegas	USA
JFK	John F. Kennedy	NYC	New York	USA
ORD	O'hare	CHI	Chicago	USA
IAD	Dulles	WAS	Washington D.C	USA
YYZ	Lester B. Pearson	TOR	Toronto	Canada
YVR	Vancouver	VAN	Vancouver	Canada
ATL	Hartsfield Atlanta	ATL	Atlanta	USA
DFW	Fortworth	DFW	Dallas	USA
SFO	San Francisco	SFO	San Francisco	USA
SEA	Tacoma	SEA	Seattle	USA
HNL	Honolulu	HNL	Honolulu	USA
IAH	George Bush	HOU	Houston	Canada

▶▶ 유럽 STN 코드

APO 코드	공항	도시 코드	도시	국가
CDG	Charles De Gaulle	PAR	Paris	France
FCO	Leonardo Davinci Fiumicino	ROM	Rome	Italy
MXP	Malpensa	MIL	Milan	Italy
FRA	Main	FRA	Frankfurt	Germany
LED	Pulkovo	LED	St. Petersburg	Russia
LHR	Heathrow	LON	London	U.K

APO 코드	공항	도시 코드	도시	국가
TAS	Yuzhny	TAS	Tashkent	Uzbekistan
ZRH	Kloten	ZRH	Zurich	Switzerland
IST	Istanbul	IST	Istanbul	Turkey
TLV	Ben Gurion	TLV	Tel Aviv	Israel
LGW	London Gatwik	LON	London	U.K
MAD	Madrid	MAD	Madrid	Spain
ORY	Paris Orly	PAR	Paris	France
PRG	Ruzyne	PRG	Prague	Czech
SPL	Schipol	AMS	Amsterdam	Netherlands
VIE	Vienna	VIE	Vienna	Austria

▶▶ 일본 STN 코드

APO 코드	공항	도시 코드	도시	국가
NRT	Narita	TYO	Tokyo	Japan
HND	Haneda	TYO	Tokyo	Japan
KIX	Kansai	OSA	Osaka	Japan
CTS	New Chitose	SPK	Sapporo	Japan
HKD	Hakodate	HKD	Hakodate	Japan
NGO	Nagoya	NGO	Nagoya	Japan
FUK	Fukuoka	FUK	Fukuoka	Japan
KOJ	Kagoshima	KOJ	Kagoshima	Japan
OIT	Oita	OIT	Oita	Japan
NGS	Nagasaki	NGS	Nagasaki	Japan
KMQ	Komatsu	KMQ	Komatsu	Japan
KIJ	Niigata	KIJ	Niigata	Japan
OKJ	Okayama	OKJ	Okayama	Japan
FSZ	Shizuoka	FSZ	Shizuoka	Japan
AOJ	Aomori	AOJ	Aomori	Japan
AXT	Akita	AXT	Akita	Japan

▶▶ 중국 STN 코드

APO 코드	공항	도시 코드	도시	국가
CAN	Baiyun	CAN	Guangzou	P.R China
CSX	Changsa	CSX	Changsa	P.R China
DLC	Zhoushuizi	DLC	Dalian	P.R China
HKG	Hongkong	HKG	Hongkong	P.R China
KMG	Kunming	KMG	Kunming	P.R China
PEK	Beijing	BJS	Beijing	P.R China
PVG	Pudong	SHA	Shanghai	P.R China
SHA	Hong-Qiao	SHA	Shanghai	P.R China
SHE	Shenyang	SHE	Shenyang	P.R China
SYX	Sanya Pheonix	SYX	Sanya	P.R China
SZX	Shenzhen	SZX	Shenzhen	P.R China
TAO	Liuting	TAO	Qingdao	P.R China
TNA	Jinan	TNA	Jinan	P.R China
TSN	Binhai	TSN	Tianjin	P.R China
URC	Diwopu	URC	Urumqi	P.R China
WEH	Da Shui Po	WEH	Weihai	P.R China
WUH	Wuhan	WUH	Wuhan	P.R China
XMN	Xiamen	XMN	Xiamen	P.R China
YNJ	Yanji	YNJ	Yanji	P.R China
YNT	Yantai Laishan	YNT	Yantai	P.R China
TXN	Tunxi	TXN	Huangshan	P.R China
NKG	Lukou	NKG	Nanjing	P.R China

▶ 동남아시아 STN 코드

APO 코드	공항	도시 코드	도시	국가
BKI	Kota Kinabalu	BKI	Kota Kinabalu	Malaysia
BKK	Bangkok	BKK	Bangkok	Thailand
CEB	Cebu	CEB	Cebu	Philippines
CGK	Soekarno-Hatta	JKT	Jakarta	Indonesia
DPS	Bali Ngurah Rai	DPS	Denpasar Bali	Indonesia
HAN	Hanoi	HAN	Hanoi	Vietnam
HKT	Phuket	HKT	Phuket	Thailand
KTM	Tribhuvan	KTM	Kathmandu	Nepal
KUL	Subang-Kuala Lumpur	KUL	Kuala Lumpur	Malaysia
ROR	Airai	ROR	Koror	Palau
MFM	Macau	MFM	Macau	Macau
MNL	Ninoy Aquno	MNL	Manila	Philippines
PEN	Penang	PEN	Penang	Malaysia
PNH	Phnom Penh	PNH	Phnom Penh	Cambodia
REP	Siem Reap	REP	Siem Reap	Cambodia
SGM	Tansonnhat	SGN	Hochiminh	Vietnam
SIN	Chang I	SIN	Singapore	Singapore
TPE	Chang Kai Shek	TPE	Taipei	Taiwan
ULN	Ulaan Baatar	ULN	Ulaan Baatar	Mongolia
DAD	Da Nang	DAD	Da Nang	Vietnam
RGN	Yangon	RGN	Yangon	Myanmar
MAA	Chennai	MAA	Chennai	India
CNX	Chiang Mai	CNX	Chiang Mai	Thailand
CMB	Bandaranaike	CMB	Colombo	Sri Lanka
MLE	Male	MLE	Male	Maldives

▶▶ 대양주 STN 코드

APO 코드	공항	도시 코드	도시	국가
AKL	Auckland	AKL	Auckland	New Zealand
BNE	Brisbane	BNE	Brisbane	Australia
CHC	Christchurch	CHC	Christchurch	New Zealand
SYD	Sydney	SYD	Sydney	Australia
NAN	Nadi	NAN	Nandi	Fiji

▶▶ 중동/아프리카 STN 코드

APO 코드	공항	도시 코드	도시	국가
DXB	Dubai	DXB	Dubai	U.A.E
RUH	King Khalid	RUH	Riyadh	Saudi Arabia
JED	King Abdulaziz	JED	Jeddah	Saudi Arabia
CAI	Cairo	CAI	Cairo	Egypt
NBO	Jomo Kenyatta	NBO	Nairobi	Kenya

▶▶ 국내 공항 코드

코드	공항	도시	코드	공항	도시
ICN	Incheon	Incheon	USN	Ulsan	Ulsan
GMP	Gimpo	Seoul	KPO	Pohang	Pohang
PUS	Kimhea	Busan	KWJ	Gwangju	Gwangju
CJU	Jeju	Jeju	RSU	Yeosu	Yeosu
CJJ	Cheongju	Cheongju	KUV	Kunsan	Kunsan
HIN	Sacheon	Jinju	WJU	Wonju	Wonju
TAE	Daegu	Daegu			

▶▶ 항공사 코드(SkyTeam)

항공사	IATA 코드	국가
Korean Air	KE	Korea
Aeroflot	SU	Russia
Aero Mexico	AM	Mexico
Air Europa	UX	Spain
Air France	AF	France
Czech Airlines	OK	Czech Republic
Delta Airlines	DL	United States
Garuda Indonesia	GA	Indonesia
Kenya Airways	KQ	Kenya
KLM Royal Dutch Airlines	KL	Netherlands
Vietnam Airlines	VN	Vietnam
Tarom	RO	Romania
China Eastern Air	MU	China
China Airlines	CI	Taipei
Middle East Al	ME	Lebanon
Saudi Airlines	SV	Saudi Arabia
Aerolineas Argentinas	AR	Argentina
Xiamen Air	MF	China
Middle East Airlines	ME	Africa & Middle East

참고문헌

서정만, 《항공운송서비스 개론》, 한올, 2018

윤문길 외 6명, 《항공운송서비스 개론》, 한경사, 2017

NCS 직무 표준, "NCS 학습 모듈(항공 객실 서비스) 기내 안전 관리, 승객 탑승 전 준비, 승객 탑승 및 이륙 전 서비스, 비행 중 서비스, 착륙 전 서비스, 승객 하기 후 관리, 응급 환자 대처, 객실 승무 관리, 기내 음료 서비스", 2018

강호준, "지상 조업 아웃소싱 서비스 품질의 중요도와 만족도 연구", 한국항공대학교 대학원 석사학위 논문, 2012

박소연, "항공사 객실승무원 교육 훈련 실무 전이 연구", 경기대학교 대학원 박사학위 논문, 2006

박수진, "기내 불법 방해행위의 증거물에 관한 항공 객실승무원의 증명력 확보를 위한 방안 연구", 한국항공경영학회지 제20권 제6호, 2022

박수진, "항공기 내 보안 제도 개선에 관한 법적 연구", 한국항공대학교 대학원 박사학위 논문, 2020

박수진 외 2명, "반려견의 항공 운송 서비스에 관한 정책적 고찰", 한국항공경영학회지, Vol. 16 No. 6, 2018

박수진·김선아·황호원, "음주 승객의 항공기 탑승 거절에 관한 연구", 한국항공경영학회지 제16권 제3호, 2018

박수진·윤영훈·황호원, "항공기 내 불법 방해행위 대응 조치에 관한 법적 연구-객실승무원의 수사 절차를 중심으로", 한국항공경영학회지 제17권 제4호, 2019

서승혜, "객실승무원 항공 안전 교육 프로그램이 안전 의식과 안전 행동에 미치는 영향", 세종대학교 관광대학원 석사학위 논문, 2016

이유정, "신입 남승무원의 팀 배속에 따른 조직 분위기, 조직 몰입, 직무 성과에 주는 영향에 관한 연구", 한국항공대학교 대학원 석사학위 논문, 2013

정도인, "객실승무원 안전 훈련 현황에 대한 인식 조사 및 개선 방안 연구", 한국항공대

학교 대학원 석사학위 논문, 2010
조병석, "항공 보안 검색 실태 및 개선 방안에 관한 연구", 동국대학교 행정대학원 석사 학위 논문, 2010
대한항공 서비스 안전 교범
대한항공 서비스 업무 교범
대한항공 신입사원 입사 교육 교재
대한항공 국제 여객 운송 약관
대한항공 진에서 여객 운송 약관
항공보안법
항공안전법
항공보안법 시행규칙
검역법 시행규칙
고정익 항공기를 위한 운항 기술 기준[국토교통부 고시 제2018-815호]
통합방위법
대한항공 홈페이지(https://kr.koreanair.com)
인천공항 홈페이지(www.airport.kr)
항공 여행 정보 홈페이지(https://airtravelinfo.kr)
IATA 홈페이지(www.iata.org)
NCS 홈페이지(https://www.ncs.go.kr)

저자 소개

박수진

한국항공대학교 항공경영학과 석사

한국항공대학교 항공운항관리학과 법학 박사(항공우주법 전공)

현) 인하공업전문대학 서비스학부 항공운항과 전임교수
한국항공안전교육원 항공안전·보안 강사
항공인적요인학회 이사

전) 대한항공 선임사무장
대한항공 객실훈련원 전임강사
대한항공 객실 교관 및 심사관
2018 평창 동계올림픽 자원봉사 교육 담당